Guía esencial de
JARDINERÍA

EDIMAT Libros

www.edimat.es

Guía esencial de
JARDINERÍA

Susan Berry

Índice

Introducción

Sin lugar a dudas, la jardinería es uno de los pasatiempos más agradables y gratificantes de los que se puede disfrutar, puesto que proporciona una fiesta en todos los sentidos: bonitos colores y formas, una mezcla embriagadora de fragancias con productos deliciosos y una panoplia maravillosa de sonidos y texturas.

Aunque la jardinería ofrece grandes satisfacciones, puede parecer algo desmoralizadora y confusa para quienes sean novatos, puesto que exige asimilar y comprender mucha información. Dominar los nombres de las plantas en latín, saber elegir las mejores especies de plantas según los diferentes tipos de suelo y situación, y aprender las exigencias de mantenimiento en cada estación de un jardín puede parecer un trabajo demasiado duro, pero no tiene por qué serlo. El objetivo de este libro es mostrar lo agradables e inspiradoras que son estas tareas, así como lo simples de dominar que resultan. Explica los principios básicos sobre cómo plantar y mantener un jardín, mientras que al mismo tiempo ofrece una gama de proyectos sencillos que pueden realizarse en un tiempo relativamente breve y sin experiencia previa alguna.

La primera sección, «El comienzo», analiza las etapas preliminares para crear un jardín y subraya los temas que necesita tener en cuenta antes de pensar en usar una herramienta. ¿Qué tipo de jardín encajaría mejor con sus necesidades, de cuánto tiempo dispone o cuánto tiempo quiere dedicarle a su mantenimiento, y qué tipo de jardín le atrae estéticamente? Éstas son las preguntas que debe tener en cuenta si desea un jardín del que estar orgulloso y en el que disfrutar trabajando. Esta sección proporciona una serie de consejos muy fáciles de seguir sobre cómo analizar sus requisitos y la manera de elegir un estilo de jardín adecuado, uno que sea interesante en todas las estaciones y que exija un nivel de mantenimiento adecuado a su estilo de vida. No caiga en la tentación de pasar rápidamente esta etapa preliminar por su ansia de comenzar a plantar:

Cómo planificar su espacio (a la derecha)
Cuando proyecte su jardín, piense en construir piezas centrales y asientos.

La jardinería en macetas (página siguiente)
Por muy pequeño que sea su jardín, las macetas ofrecen la oportunidad de cultivar una amplia gama de plantas, siempre que las alimente y riegue regularmente.

el esfuerzo que invierta en ella producirá beneficios cuando empiece las tareas prácticas de jardinería.

La próxima sección, «Cómo crecen las plantas», proporciona una breve explicación sobre lo que su título indica y sobre por qué existe tal variedad de plantas entre las que elegir. Sin la comprensión de una botánica básica y el entendimiento de cómo los diferentes climas han producido diferentes tipos de plantas, es difícil escoger la información necesaria sobre qué plantas adquirir y encontrar sentido a las instrucciones generales de jardinería; esta sección proporciona la respuesta sobre el porqué, mientras que las secciones posteriores dan la respuesta a «cómo».

La sección «El suelo» se centra en el medio de cultivo. El suelo puede parecer inerte, pero en realidad es la fuente generadora en la que se basa cualquier jardín y supone un riesgo si se ignora. Aquí aprenderá a analizar el terreno que posee, a añadir los nutrientes necesarios para el crecimiento de las plantas que el suelo puede no contener de forma natural y a mejorarlo reciclando residuos de las plantas y de la casa.

La sección «Herramientas y equipo» describe la gama de equipamiento que puede adquirir para organizar su trabajo en el jardín más eficazmente, desde horcas, rastrillos y palas hasta el equipo de riego y aspersión. También explica cómo usar las herramientas de manera óptima y correcta, desde cómo cavar hasta trasladar el equipo pesado sin perjudicar su espalda.

La sección siguiente, «Cómo planificar su jardín», explica cómo crear un plan de cultivo que responda a la gama de diferentes necesidades: para dar al jardín una estructura a la vez horizontal y vertical, para asegurar que tenga buen aspecto durante todo el año y proporcionar intimidad y cobijo. Entre los proyectos útiles se incluyen cómo plantar y dirigir las enredaderas para formar una vertical y cómo realizar un jardín de gravilla de forma horizontal.

En «Las técnicas para plantar» aprenderá a cultivar sus propias plantas, desde plantar especímenes recién nacidos y semillas germinadoras hasta recoger injertos y dividir un macizo de plantas perennes. Incluso existe un proyecto sobre cómo injertar una planta en otra.

La sección siguiente, «El mantenimiento del jardín», proporciona la información básica y esencial sobre las tareas más importantes del jardín para mantener el crecimiento y la salud continua de las plantas (cómo nutrir, regar y, en general, alimentar sus plantas de manera que se obtengan los máximos resultados). También explica cómo mantener a raya la maleza y cómo podar y dar forma a las plantas de manera que florezcan más abundantes. También se incluye una sección breve sobre cómo identificar y

Cómo planear su jardín (a la izquierda)

La sección de planificación le permitirá utilizar las plantas con la máxima eficacia. Por ejemplo, esta fuente de bambú es ideal para crear una estructura vertical y proporcionar cierta intimidad en un jardín.

Técnicas para plantar (página siguiente)

Con el capítulo sobre técnicas para plantar aprenderá a cultivar sus propias plantas, como estas margaritas africanas (puede sembrar semillas en primavera o recoger injertos medio maduros a finales del verano para pasar el invierno en el interior).

LA CLAVE DE LOS SÍMBOLOS

SOL/SOMBRA

Estos símbolos indican qué posición prefieren las plantas:

sol todo el día

sol durante parte del día

sin sol

ZONA

Las zonas muestran la temperatura mínima de invierno que pueden soportar las plantas:

1 inferior a -45 °C (-50 °F)

2 de -45 °C (-50 °F) a -40 °C (-40 °F)

3 de -40 °C (-40 °F) a -34 °C (-30 °F)

4 de -34 °C (-30 °F) a -29 °C (-20 °F)

5 de -29 °C (-20 °F) a -23 °C (-10 °F)

6 de -23 °C (-10 °F) a -18 °C (0 °F)

7 de -18 °C (0 °F) a -12 °C (10 °F)

8 de -12 °C (10 °F) a -7 °C (20 °F)

9 de -7 °C (20 °F) a -1 °C (30 °F)

10 de -1 °C (30 °F) a 4 °C (40 °F)

HUMEDAD

Estos símbolos indican cuánta agua necesitan las plantas para sobrevivir.:

seca

moderadamente húmeda

húmeda

ESTACIÓN DE INTERÉS ESPECIAL

Estos símbolos le permitirán planificar el color del jardín durante todo el año:

primavera

verano

otoño

invierno

todo el año

TIPO DE SUELO

Estos símbolos indican el tipo de suelo preferido para la planta:

tolera el suelo ácido

tolera el suelo alcalino

tolera cualquier tipo de suelo

---

tratar las plagas y las enfermedades, además de unos consejos prácticos sobre el mantenimiento de un elemento acuífero.

«El cultivo en macetas» analiza las necesidades y las cualidades especiales de la jardinería en recipientes (para muchas personas que viven en ciudades y grandes urbes es la única forma de cultivar plantas). Además de debatir la elección de macetas disponibles, explica cómo plantar en ellas y cómo satisfacer sus necesidades especiales de riego y nutrición. También incluye ideas interesantes para cultivar plantas comestibles en macetas y realizar una muestra atractiva como la de un wigwam de guisantes dulces o una cesta colgante.

La siguiente sección, «El jardín cocina», explica cómo crear un jardín productivo de manera que pueda cultivar una amplia gama de verduras, hierbas y frutas con éxito. También existen consejos sobre cómo recolectar y almacenar los productos.

En «El césped y la superficie del terreno» se explican las numerosas y diferentes maneras de cubrir las superficies de un jardín con hierba y plantas, que se extienden desde ideas inspiradas sobre cómo usar hierba de adorno hasta las mejores maneras de colocar y de mantener el césped bien podado. Se incluye un proyecto para realizar un césped de manzanilla maravillosamente aromático con una superficie de hierba primaveral que no necesita podado.

La última sección es un «Índice de plantas» que contiene una amplia lista en orden alfabético, según el nombre científico de más de 150 plantas de cada categoría: árboles, arbustos, enredaderas, plantas perennes, anuales, bulbos, bambú, hierbas, helechos, fruta y verdura. Las descripciones informativas, aunque breves, sobre la resistencia, el tamaño, el tiempo de floración, el color, los requisitos de riego y las necesidades de propagación de cada planta se acompañan de símbolos para una consulta rápida sobre esta información clave (véase el recuadro izquierdo como explicación de los símbolos).

El índice de plantas (a la derecha)

Las plantas, como esta magnolia estrella, están incluidas en el amplio índice que hay al final del libro. Use esta sección para escoger las plantas más adecuadas a las condiciones de cultivo y al diseño de su jardín.

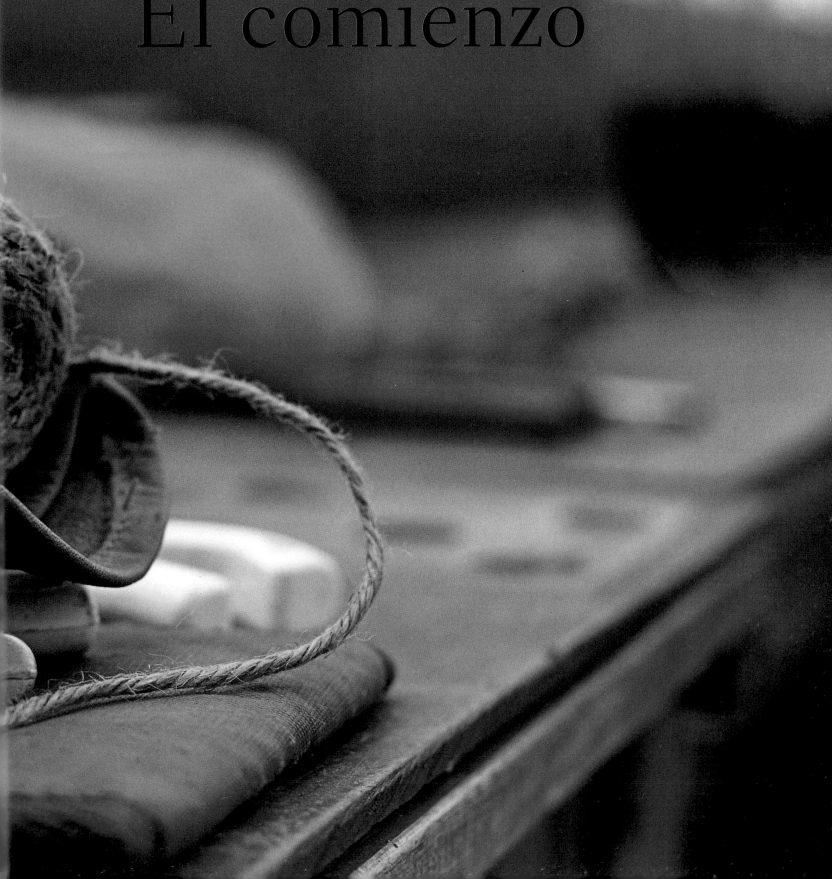

El comienzo

Analizando sus necesidades

Cuando se quiera diseñar o rediseñar un jardín, en primer lugar se deben establecer las prioridades personales. Considere qué quiere del jardín y cuánto tiempo libre tiene; después planifique estas necesidades en el diseño global.

Jardín vallado (abajo)

Las vallas o paredes altas proporcionan cobijo, permitiéndole cultivar plantas que no podrían sobrevivir de otro modo en su región. Plantar con cerca le ayuda a reducir la cantidad de arrodrigonamiento y hace que desmalezar consuma menos tiempo.

Si es la primera vez que trabaja en un jardín, se enfrentará a diversidad de opciones. Naturalmente, puede contratar un diseñador de jardines profesional que, por una suma de dinero, proyectará entero su jardín o, por un precio más barato, le dará consejos sobre qué áreas podría cambiar o mejorar. Tanto si se decide como si no por los servicios de un profesional, deberá plantearse algunas cuestiones clave: qué quiere de su jardín y cómo se propone usarlo.

¿Cuánto tiempo dedicará a su mantenimiento? ¿En qué medida le importa que su jardín se mantenga sobre principios ecológicos?

Estilos de jardín

Antes que nada, necesita saber que ciertos estilos de jardín son más laboriosos que otros. El jardín tradicional con un rectángulo central rodeado de parterres implica un trabajo muy duro, como el gran jardín de plantas comestibles, quizá el que más tiempo consume

de todos en ciertas épocas del año.

En términos de mantenimiento, el calendario del jardín es más pesado en primavera y otoño, cuando tiene lugar la mayor parte del cultivo de terreno, de plantado y de poda, pero el verano también puede ser laborioso si el clima es seco y sus plantas no toleran la sequía. El invierno es una estación de relativa tranquilidad.

Para un jardín de tamaño medio, la mayor parte de las personas quieren: una zona en la que relajarse y entretenerse, ideal para una superficie dura; una variedad de plantas con flores, que florezcan en diferentes épocas del año; y, algunos, la oportunidad de cultivar al menos unas pocas plantas comestibles, como fresas, frambuesas y tomates, además de algunos cultivos de ensalada.

Quienes posean terrenos de campo de extensiones más grandes, tendrán la preocupación de controlar el jardín y, casi con total seguridad, una gran zona estará dedicada a la hierba: las zonas lejanas a la casa pueden perfectamente llegar convertirse en pequeños bosques, e incluso en un prado escarpado. Las plantas más grandes –principalmente árboles y arbustos– deberán eliminarse, y los límites se compondrán de arbustos que florecen y plantas perennes.

Si quiere un jardín que más o menos luzca por sí mismo, probablemente necesitará convertir algunas zonas existentes en superficies duras y adecuadas, tales como pavimento, grava y terrazo. También es posible que necesite replantear la siembra para incluir una cubierta de terreno, de arbustos y de árboles, en lugar de usar límites de plantas perennes, más laboriosos, ya que requieren arrodrigamiento, división y eliminación continua de la maleza.

Opciones de siembra

Las plantas y el estilo de plantación estarán condicionados inevitablemente por el clima, el terreno y las características del jardín. Los jardines a pleno sol, por ejemplo, requieren plantas muy diferentes de aquellas que están en la sombra durante gran parte del día. Si presta atención a las condiciones cuando elija las plantas, se dará cuenta de

que sobreviven mucho más fácilmente y le suponen menos trabajo, ya que es menos probable que sean presas de plagas y enfermedades si están sanas.

Si su jardín está expuesto, sus opciones de siembra estarán más limitadas que si está protegido, ya que el microclima de este último

permite cultivar una gama más interesante de plantas. Donde el espacio esté limitado, es mejor revestirlo con superficies verticales de enredaderas o plantar macetas, que pueden estar en el centro cuando ofrezcan su mejor aspecto y pueden trasladarse a una posición menos prominente en otras épocas.

**Patio ajardinado
(a la izquierda)**
En la ciudad, donde habitualmente predominan las superficies duras, las macetas son la solución evidente. De esta forma, pueden plantarse árboles, enredaderas, arbustos y plantas perennes para proporcionar variedad de altura, formas y color estacional.

El tema del color (abajo)
Los límites perennes informales están adquiriendo cada vez más popularidad. La unidad del color, como estos tonos amarillos y naranjas, aporta un aspecto armonioso en un conjunto de plantas mixto.

LISTA DE CUESTIONES A TENER EN CUENTA EN LA PLANIFICACIÓN

Cuando planifique y diseñe su jardín, necesitará considerar una amplia gama de factores.

- [ ] *¿Qué dirección tiene el jardín?*
- [ ] *¿Se ha cultivado recientemente?*
- [ ] *¿Cuánto tiempo puede dedicarle al trabajo en el jardín?*
- [ ] *¿Lo usará para sentarse?*
- [ ] *¿Lo usarán unos niños?*
- [ ] *¿Querrá recibir personas fuera?*
- [ ] *¿Quiere tener flores?*
- [ ] *¿Quiere césped?*
- [ ] *¿Quiere uno o más árboles?*
- [ ] *¿Quiere incluir un elemento acuífero?*
- [ ] *¿Quiere cultivar verdura?*

Buscando un estilo

Los diseños en jardinería abarcan desde el minimalismo, en el que la atención principal radica en la forma y arquitectura, como por ejemplo el jardín de arbustos formal, hasta aquellos con un carácter exuberante que se centran más en el color y en la variedad, como el jardín de campo informal, compuesto principalmente de plantas perennes herbáceas y unas pocas de comestibles.

En los jardines de estilo minimalista, los materiales duros o el agua cubren gran parte de la superficie horizontal, dejando relativamente poco que hacer al jardinero. Este estilo de jardín puede suponer escaso mantenimiento, pero carece de variedad y ofrece relativamente poco en el aspecto del cambio estacional. Como estilo, es adecuado para los edificios formales y representa una opción excelente para un jardín de ciudad con sombra, por ejemplo, donde muchas plantas lucharán para sobrevivir en condiciones de relativa poca luz. Para conseguir un aspecto armonioso, el diseño requiere una planificación cuidadosa. La relación entre los planos horizontal y vertical es importante, y generalmente este estilo se realiza usando líneas rectas en vez de curvas suaves, aunque algunos diseñadores de jardín, como el difunto Charles Jenks, experimentaron con un estilo minimalista usando curvas en lugar de líneas rectas.

El estilo de jardín de campo, como el jardín de Margery Fish en la mansión de East Lambrook, en Somerset, se basa en plantas perennes herbáceas, cultivadas juntas en gloriosa profusión. Para tener éxito con este estilo de jardín, deberá desarrollar sus habilidades en la jardinería –¡pero recuerde que incluso los grandes jardineros tuvieron que empezar en algún sitio!–. La naturaleza de la siembra estará determinada por el clima local, el aspecto del jardín y el tipo de suelo, aunque la mayoría de las plantas perennes herbáceas da mejores resultados en un suelo alcalino o neutro. Puede cultivarse una gama diferente en suelos ácidos, en los que los arbustos grandes, como los rododendros, las azaleas y las fotinias, están en su

Estilo formal (a la izquierda)

Esta combinación de superficies duras, zona de césped y mezcla de arbustos y plantas perennes, se ha usado para crear interés, en lugar del usual énfasis en las flores.

mejor momento, junto con las plantas ericáceas más resistentes, tales como los brezos y los vacciniums (de la familia de los arándanos).

Los suelos de arcilla y los muy arenosos también imponen límites en la siembra, a menos que se emprendan acciones para mejorarlos (véanse las páginas 44-45). Las plantas perennes y los arbustos de raíz profunda funcionan en terrenos de arcilla; las rosas, por ejemplo, son famosas por preferir estas condiciones. Los terrenos arenosos y secos sin drenar pueden causar problemas en tiempo de sequía. Se cultiva mejor con plantas de tipo mediterráneo de raíces pequeñas y fibrosas. Cubrir la superficie del suelo con grava y astillas de corteza puede mejorar la retención del agua y permite una selección más amplia de plantas para el cultivo.

Minimalismo moderno (a la izquierda)

Este jardín ultramoderno y tolerante a la sequedad usa materiales inanimados, consiguiendo un efecto poderoso con la ayuda de unas pocas plantas bien colocadas en macetas.

Jardín de casa de campo (debajo)

Las plantas comestibles y las flores pueden crecer juntas para conseguir un gran efecto, especialmente cuando están en setos formales. Un recuadro recortado proporciona el marco ideal para parterres mixtos de hierbas, verdura y flores, lo que da al jardín un aspecto atractivo y a la vez práctico.

LA PLANIFICACIÓN DE SU JARDÍN

La jardinería es mucho más que ensuciarse las manos. El interés por la horticultura puede convertirse en un pasatiempo que le aporte placer tanto dentro como fuera del jardín. Leer y aprender sobre jardinería puede proporcionarle información valiosa sobre cómo construir su jardín ideal, así como también darle horas de entretenimiento.

Parte de la diversión de la jardinería se basa en planificar tanto el diseño como las tareas de todo el año. A principios de otoño, cuando las noches empiezan a alargarse, es el momento ideal para rodearse de libros y revistas de jardinería. Obtenga inspiración de los artículos sobre jardines individuales que cautiven su vista; guarde las hojas recortadas de ediciones que muestren planes de jardinería y

selecciones de color que le atraigan particularmente. También es buena idea hojear las columnas de anuncios de los periódicos de jardinería para encontrar proveedores especialistas en semillas de bulbos, plantas y muebles de jardín. Si tiene la oportunidad de desplazarse hasta una exposición de jardinería y flores, será una gran ocasión para lanzarse a su nueva afición e inspirarse.

Uno de los placeres de la «jardinería de sillón» es que el tiempo no estropea su diversión. Con un libro de bocetos y pinturas usted puede crear diferentes disposiciones del color para el jardín que desea plantar. Reuniendo los elementos que quiere usar en su diseño, puede ver cómo se complementan antes de crearlos en primavera.

Mantener su propio diario del jardín siempre es una buena idea: no sólo le facilita recordar lo que plantó en algún lugar (sumamente importante en invierno con las plantas perennes herbáceas y los bulbos, cuando no queda nada para marcar el lugar), sino que también usted tendrá un diario útil del desarrollo de su jardín. Es fascinante, por ejemplo, apuntar las fechas en las que las diferentes plantas florecen, y ver cómo cambia de un año a otro mientras las diferencias climáticas entran en juego. Un invierno suave puede ocasionar que muchas plantas sean tempranas, quedándoles sólo ser presa de heladas tardías.

La jardinería es una aventura, y tanto las sorpresas agradables como los crudos sobresaltos son inevitables para cualquier jardinero.

La jardinería según las estaciones

El ciclo natural de las plantas determina el aspecto y el carácter del jardín. Una de las mayores delicias de la jardinería es el impacto del cambio estacional en las plantas, ya que los colores, las formas y las texturas juegan un papel diferente en varias partes del jardín en las distintas épocas del año.

El otoño y el invierno (debajo)

En esta época del año, el armazón del jardín se vuelve más visible y el ojo se centra en la forma. Las bayas y los escaramujos proporcionan color, mientras que las escarchas eligen las semillas y las hojas perennes.

El calendario del jardinero comienza justo en el punto en que la naturaleza descansa. El otoño es el momento del año para planear y cavar el jardín de manera que todo esté listo para crecer la siguiente primavera. Si recientemente ha adquirido un jardín, fíjese a finales del verano dónde crece cada planta y qué plantas le gustan y querrá mantener. A finales del otoño, cualquier planta perenne herbácea habrá desaparecido y usted puede excavarlas sin darse cuenta si no las marca.

El otoño es un buen momento no sólo para cavar el suelo y quitar cualquier maleza, sino también para añadir fertilizante, preferiblemente con estiércol voluminoso, que enriquecerá el suelo y mejorará su estructura.

Si el jardín carece de características verticales, aproveche el otoño para plantar árboles, arbustos y enredaderas (véanse las páginas 112-115) para darles la oportunidad de asentarse antes de que crezcan nuevamente en primavera. En un pequeño jardín, intente escoger plantas que ofrezcan más de una estación de permanencia: flores de primavera y color del otoño, por ejemplo, o flores fragantes, follaje aromático y fruta atractiva. Los árboles de

hojas perennes son útiles para proporcionar una estructura permanente al jardín durante todo el año, pero incluso los esqueletos desnudos de árboles caducifolios le ayudarán a dar forma al jardín en los meses de invierno. Vale la pena incluir uno o dos arbustos o árboles que florezcan en invierno, tales como el hamamelis, de aroma delicado con sus flores doradas, o el cerezo, que florece en invierno, *Prunus x subhirtella* «Autumnalis».

Los bulbos que florecen en primavera también se plantan en otoño, principalmente de cuatro a seis meses antes de la época de floración. Para mayor comodidad, puede encargar sus bulbos a una de las muchas empresas especialistas por correo. Los catálogos son enviados por las empresas de semillas a finales del verano, de manera que puede escoger sus flores con mucha antelación.

La estación del crecimiento

A finales del invierno, puede comenzar a sembrar plantas comestibles y plantas anuales que florezcan en verano para trasladarlas fuera cuando hayan pasado las heladas. Una vez que la primavera esté empezando y el suelo se caliente, puede plantar bulbos que florezcan en verano. Pode a principios de la primavera las enredaderas y los arbustos que florezcan en verano. Puede sembrar el nuevo césped ahora si no lo hizo el otoño anterior.

Una vez que el tiempo se caldee en primavera, la hierba comenzará a crecer y necesitará establecer una rutina para cortar el césped, generalmente una vez por semana. La maleza también comenzará a crecer a una velocidad tan alarmante que necesitará eliminarse. (Puede impedir su crecimiento rodeando los arbustos y otras plantas con hojas y ramitas, como la corteza astillada.)

Los árboles de hoja perenne y de tronco fino y las enredaderas vigorosas necesitarán apoyos; las enredaderas que no se agarren por sí mismas necesitarán adaptarse en sus soportes. Mientras las flores crecen y mueren, usted mejorará el aspecto de las plantas; puede fomentar que haya más flores si extrae regularmente los pétalos marchitos o casi marchitos.

Cualquier arbusto que florezca en primavera debería podarse después de florecer, pero si el jardín es nuevo para usted, espere una estación y observe qué flores hay en cada momento y organice entonces la poda al año siguiente (véanse las páginas 152-159).

La primavera y el verano (arriba)

En primavera y verano, el jardín florece formando un rico tapiz de colores y formas, desde los tonos brillantes de los bulbos del principio de la primavera al espectáculo casi decadente de las rosas de pétalos suaves de mediados del verano.

Recuadros interiores (de izquierda a derecha)

Dyopteris filix-mas; castaño dulce; Cotoneaster; Rosa rugosa; Buxus semper-vivens; Dicksonia antarctica; narciso; Lychnis chalcedonica; Acanthus mollis; Iris pseudoacorus «lirio amarillo»; Tulipa «Bellona a rayas»; lavanda.

El control del tiempo

El buen mantenimiento de un jardín en un tiempo limitado es en gran parte una cuestión de organización: usted necesita evaluar las tareas que deben realizarse y entonces planificar un horario de trabajo. Si el trabajo es demasiado para usted, necesitará rediseñar ciertas zonas o incluso el jardín entero, de manera que pueda cuidarlo en el tiempo del que dispone.

Es importante que comprenda la naturaleza y el alcance de cualquier trabajo de mantenimiento que tenga que hacer en el jardín y que tenga presente esto cuando planifique la siembra. Nada es más deprimente que planear un jardín visualmente bellísimo que fracasa en sus resultados porque no se tiene tiempo para cuidar de él. Opte por menos plantas y mantenga las que ha escogido con una salud y un vigor completos.

Los jardines de flores y césped, tan populares en las décadas de los años 1940 y 1950, que todavía forman la base de lo que la mayoría de las personas consideran como jardín, estaban cuidados normalmente por amas de casa, cuyo estilo de vida, en gran parte basado en el hogar, les permitía dedicar tiempo al jardín. En la actualidad, con ambos miembros de la pareja

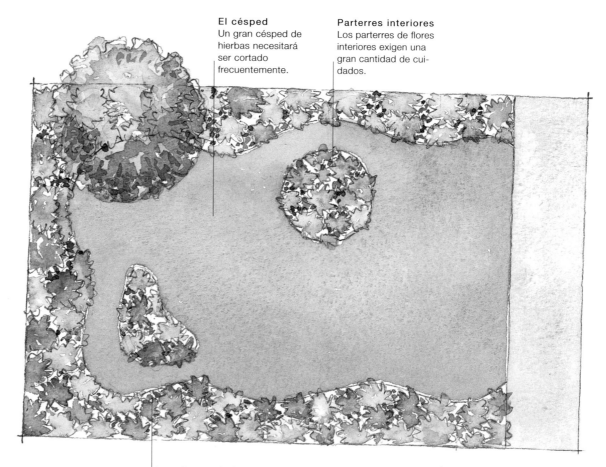

El césped
Un gran césped de hierbas necesitará ser cortado frecuentemente.

Parterres interiores
Los parterres de flores interiores exigen una gran cantidad de cuidados.

Las plantas de los bordes
Los bordes de plantas perennes demasiado grandes requieren mucho tiempo y esfuerzo para su mantenimiento.

JARDÍN DE ALTO MANTENIMIENTO

Arbustos
El plantar arbustos disminuirá la carga de trabajo.

Estanque de agua
Un estanque puede estar libre de mantenimiento durante la mayor parte del año.

Recubrimiento
Una vez colocada, una superficie dura exige poco trabajo.

Mantenimiento bajo (arriba)
Con materiales duros tales como el suelo y el pavimento, que sustituyen al césped, el jardinero tiene más tiempo libre.

Zona para sentarse
El menor cuidado del jardín permite tener más tiempo de ocio.

trabajando, a menudo a jornada completa, y formando una familia a la vez, hay poco tiempo libre, y el tiempo de ocio es muy valioso. Sin embargo, la idea de tener un jardín como un oasis de tranquilidad en un mundo con demasiada presión es más atrayente que nunca.

Cómo consiga esto depende en gran medida de una planificación inteligente, de cierta cantidad de tiempo y dinero al principio, y de que esté compensado por un plan sobre lo que puede cuidar en, como mucho, una hora o dos a la semana. En un jardín más pequeño, esto significa dedicar al menos un tercio del espacio a la superficie dura y asegurar que las plantas restantes estén más o menos libres de mantenimiento. Los arbustos de hoja perenne que tengan una fuerte estructura arquitectónica y requie-

ran poca poda son ideales para crear el esqueleto del diseño; los bulbos y las pequeñas plantas perennes proporcionan color al lugar durante las diferentes estaciones.

Una mejor planificación

Sitúe las zonas de mayor mantenimiento cerca de la casa, de manera que no necesite caminar muy lejos. Asegúrese de que todos los senderos sean lo suficientemente amplios para pasar con una carretilla y que estén llanos, bien construidos y sea fácil caminar sobre ellos (conducir carretillas pesadas sobre grava es difícil). Intente asegurarse de que los árboles caducifolios no cuelguen sobre partes del jardín, tales como los estanques, donde la caída de la hoja es un problema; si tiene un patio pavimentado, asegúrese de que no cuelgan sobre él árboles ni

arbustos de bayas, ya que las salpicaduras antiestéticas de fruta pueden estropear su aspecto.

Quite las zonas complejas de plantas, simplifique el plan de plantación para incluir más arbustos y menos plantas perennes que mantengan las formas de los bordes de manera simple. Es mejor tener un sendero por detrás de cada borde para hacer que su cuidado sea más fácil. Asegúrese de que todas las zonas de la superficie dura están colocadas adecuadamente sobre un parterre a ras de grava de manera que las piedras del pavimento no se muevan. La grava debe colocarse formando una gruesa capa, encima de la membrana permanente, para evitar que la maleza empuje hacia arriba a través de ella.

Cómo crecen las plantas

Los orígenes de las plantas

La gama de plantas disponibles para el jardinero de cada día incluye muchas especies de todo el mundo, algunas de las cuales nos son ahora tan familiares que las consideramos como propias.

S in embargo, debemos mucho a los buscadores de plantas que, hace cientos de años, viajaban por el mundo buscando nuevas plantas en hábitat alejados, a menudo aceptando un gran riesgo personal.

Nuestro uso de plantas con objetivos medicinales había provocado un estudio profundo de las costumbres, la naturaleza y las propiedades de las plantas; al mismo tiempo que el Nuevo Mundo y Oriente se abrieron a los viajes en el siglo XVI, también lo hicieron a los informes de plantas fascinantes de otros países. Desde la patata de sir Walter Raleigh en adelante, la emoción de lo nuevo ha sido fuente de fascinación. Los primeros buscadores de plantas serios en el Reino Unido fueron los Tradescants: John Tradescant padre, jardinero del rey Carlos I de Inglaterra, trajo plantas de Rusia y España. Pero no fue hasta el siglo XIX, con la invención de la caja Wardian (que permitió que las plantas pudieran enfrentarse a largos viajes por mar) que la importación de plantas comenzó a ser importante.

Mucho de lo que crecerá está determinado por el clima y el hábitat; se muestran claramente diferentes características en las plantas que han evolucionado durante millones de años para enfrentarse a condiciones del medio, como este mapa mundial enfatiza.

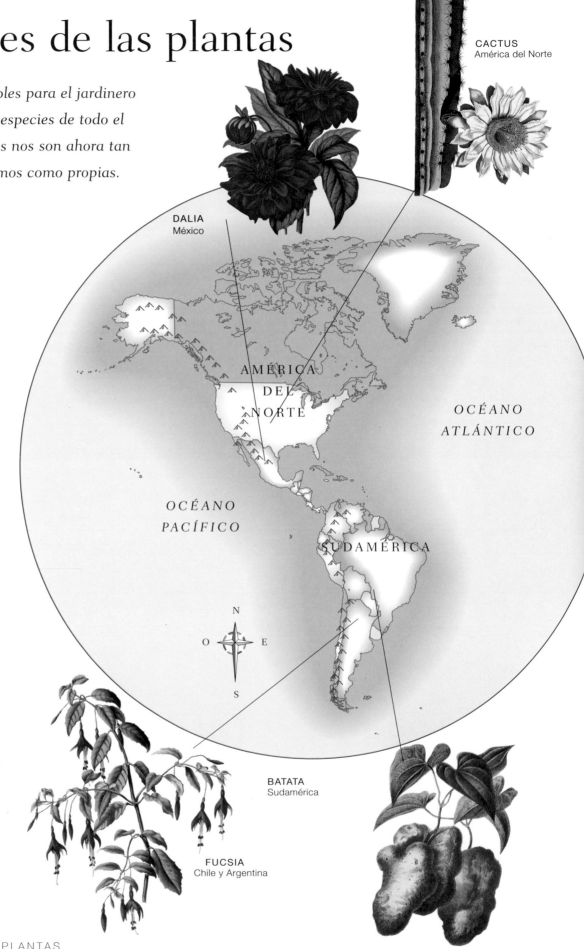

CACTUS
América del Norte

DALIA
México

OCÉANO ATLÁNTICO

AMÉRICA DEL NORTE

OCÉANO PACÍFICO

SUDAMÉRICA

N
O   E
S

BATATA
Sudamérica

FUCSIA
Chile y Argentina

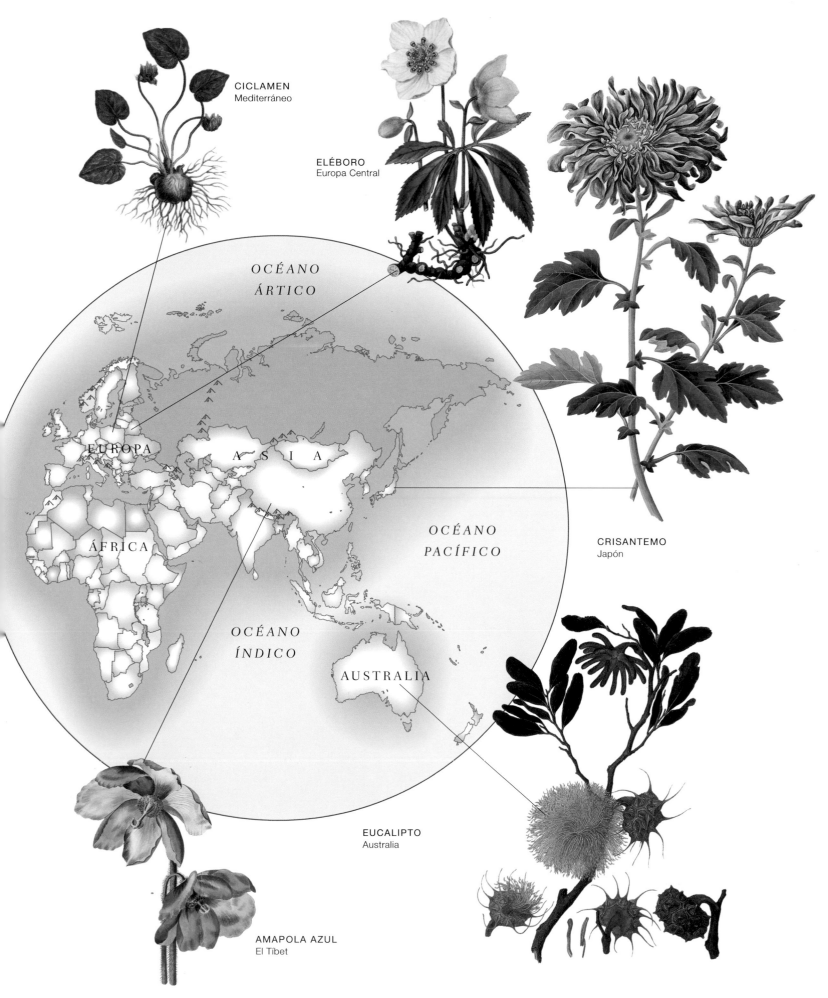

CICLAMEN
Mediterráneo

ELÉBORO
Europa Central

CRISANTEMO
Japón

OCÉANO
ÁRTICO

EUROPA

ASIA

ÁFRICA

OCÉANO
PACÍFICO

OCÉANO
ÍNDICO

AUSTRALIA

EUCALIPTO
Australia

AMAPOLA AZUL
El Tíbet

Las familias de las plantas

Las plantas tienen varias características individuales para distinguirse unas de otras. Los botánicos han usado estos rasgos para clasificarlas en diferentes grupos. A medida que se adquieren nuevos conocimientos, estos grupos cambian, así que los nombres científicos de las plantas no son estáticos. Nuevos cambios y desarrollos ocurren a diario.

Los nombres de las plantas, particularmente los latinos, irritan a muchos jardineros. En primer lugar, los nombres latinos son difíciles de pronunciar, de manera que lo que para un hombre es CotO-Neaster para otro es CotoneASTer cargando la discusión de dificultades. Otro problema es que los botánicos cambian los nombres latinos con frecuencia, de manera que justo cuando se ha acostumbrado a llamar a una planta datura, alguien aparece y dice que ahora es una brugmansia. Al menos un lirio del valle mantiene su nombre para siempre. Sin embargo, los nombres comunes son a menudo regionales y, ahora que la jardinería se ha convertido en algo más internacional con las plantas embarcadas desde viveros de todo el mundo, la confusión es demasiado grande como para tomarla en consideración.

El hombre responsable del sistema de nombres latinos fue Linneo, el naturalista sueco en cuyo libro *Species plantarum* (1753) aplicó un sistema binomial (dos palabras) a todas las plantas de su gran colección. El primero de estos nombres, el genérico, describía el amplio grupo al que la planta pertenecía y el segundo, el específico, el grupo relacionado de manera más estrecha. Más tarde, Pierre Magnol, un botánico de Montpellier, introdujo el concepto de «familias» de plantas, un grupo más amplio que el

Boceto botánico de Linneo (a la derecha)

Los estudios detallados de las familias de las plantas realizados por Linneo hace unos 250 años nos han proporcionado la estructura botánica reconocida internacionalmente por la que se identifican, grosso modo, todas las plantas en la actualidad. Vemos algunos de los dibujos detallados que usaba para apoyar sus teorías.

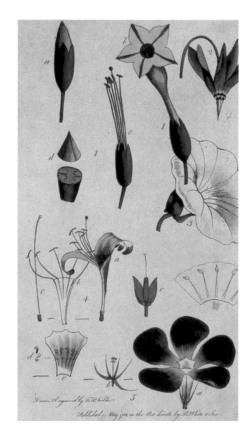

Carl von Linneo (1707-1778) (arriba)

Linneo estableció el sistema de nomenclatura binomial moderno (nombre del género más el nombre de la especie) para el mundo animal y el mundo vegetal.

genérico, en el que se podía encontrar una variedad con características similares. El enlace entre los grupos lo encontró Charles Darwin, que concluyó que si las plantas se parecían era porque tenían ancestros en común, y que la verdadera clasificación nacía de la genealogía. Las plantas, así, tienen un árbol familiar.

Si se profundiza un poco más, se descubre que los nombres latinos pueden ayudar, ya que muchos describen las características de la planta. Por ejemplo, si ve la palabra «fragrans» en el nombre latino, la planta tienen fragancia; si ve la palabra «variegata», significa que tienen marcas de hojas a rayas o con manchas; «glauca» significa pálida; «nigrescens» es negra y «alba» es blanca. Una vez que los términos le resulten más familiares, usted puede empezar a comprender los elementos de los nombres de las plantas. Igualmente, las plantas reciben a menudo el nombre de la persona que las descubrió o que las crió, de manera que *Primula forrestii* recibe el nombre por George Forrest, que la cultivó.

La búsqueda de la variedad

Es aún un misterio cómo se adaptan y cambian las plantas, pero varias mutaciones aparecen a veces y, cuando se producen, una nueva variedad de una especie surge, que puede o no afianzarse y producir una progenie semejante. La búsqueda de la novedad ha llevado al ser humano a intentar crear otras variedades mediante el cultivo selectivo de variedades que brotan naturalmente o por «deporte». Hay gran entusiasmo ante el descubrimiento de cualquier novedad. Esto se veía en su época de mayor apogeo entre los cultivadores de tulipanes en Holanda en el siglo XVII.

Cultivares (a la izquierda)

Estas Astrantia Roma son cultivares de Astrantia major, que brotan de forma natural. Los cultivares se han criado para enfatizar o alterar ciertas características de la especie de planta.

Antigua variedad de tulipán (arriba)

Algunos grupos de plantas, como los tulipanes, han atraído la atención de los que cultivan plantas durante siglos, deseoso cada uno de desarrollar su variedad particular. En el punto álgido de la «tulipomanía», en Holanda en el siglo XVII, nuevos cultivares cambiaron de manos por enormes sumas de dinero.

EL ÁRBOL DE LAS FAMILIAS DE LAS PLANTAS

Las especies de plantas tienen un nombre científico reconocido, formado por dos partes, escrito en cursiva. Las plantas están agrupadas en familias (por ejemplo, los brezos se corresponden con los rododendros), que comparten rasgos similares.

La familia de las ericáceas (brezos)

| *Daboecia* género | *Kalmia* género | *Vaccinium* género | *Rhododendron* género |

D. azorica especie — *D. cantabrica* especie

subsp. *scotica* subespecie

| «William Buchanan» cultivar seleccionado | «Jack Drake» cultivar seleccionado | «Silverwells» cultivar seleccionado | f. *alba* forma | «Bicolor» cultivar seleccionado | «Praegerae» cultivar seleccionado |

Cómo crecen las plantas

Todas las plantas necesitan luz, dióxido de carbono, humedad y nutrientes de forma regular para prosperar; si entendemos cómo tiene lugar este proceso y de qué forma podemos ayudar a proporcionar las condiciones adecuadas en nuestros jardines para las plantas que cultivamos, seremos mejores jardineros.

Una vez que alcanzamos esa etapa de la vida donde la idea de cultivar un jardín es más atrayente que gritar por encima de la música de un bar, la botánica deja de ser aburrida y se convierte en una realidad relevante. De hecho, cuando la tercera clemátide que ha comprado durante tantos veranos no prospera y muere, empieza a imperar un sentimiento de autorreproche por no haber prestado más atención en la escuela.

Aprender técnicas de jardinería mientras se rechaza acérrimamente indagar sobre el funcionamiento de las plantas le coloca, indudablemente, en una posición de desventaja considerable. Usted puede saber cómo llevar a cabo las tareas necesarias, pero no tiene una idea clara sobre por qué las hace. Las instrucciones son mucho más fáciles de recordar si tiene alguna idea sobre las razones que se esconden tras ellas. Es muy tentador ignorar

lo que parece ser un montón de información sobre nada, la letra pequeña, para hacer lo que parece que llega de manera natural. Sólo cuando se pierde un gran número de plantas, o cuando uno se percata de que las que ha plantado no han crecido apropiadamente, entonces se plantea volver a leer el manual de instrucciones y, quizás, continuar leyendo la información sobre botánica.

La mayoría de nosotros puede arreglárselas para reconocer los elementos primarios de una planta: las raíces, el tallo, las hojas, las flores y el fruto o la semilla (aunque las plantas se camuflan bastante bien y lo que pensamos que es una raíz —la parte que está bajo tierra— puede resultar ser el tallo hinchado, como es el caso del azafrán). Lo que está menos claro es cómo se nutre la planta a sí misma, cómo crece y por qué lo hace sólo en determinados días del calendario.

El rasgo común de todas las plantas es que sobreviven gracias a un proceso llamado fotosíntesis. En él, la energía del sol se absorbe por el pigmento verde de las hojas de la planta (la clorofila) y el agua y el dióxido de carbono se transforman en azúcares y oxígeno. El agua, junto con ciertos minerales, se absorbe por las raíces de la planta del suelo que la rodea y lleva estos azúcares y almidones a las células de la planta.

Las partes de una planta (a la derecha)

La planta depende de un sistema doble para sobrevivir. Las raíces se adentran en el suelo para buscar agua y nutrientes que entonces son transportados a través del tallo hasta los brotes, las hojas, las flores y el fruto. Las hojas a su vez fabrican clorofila (véase la página siguiente).

Habitualmente, la parte descuidada de cualquier planta es el sistema de las raíces. El estado de las hojas hace que los jardineros se centren en el bienestar de la planta, pero con frecuencia el problema comienza mucho más abajo, fuera de la vista. Contrariamente a lo que podría esperarse, las raíces necesitan oxígeno. El suelo que es demasiado denso, sin oxígeno en su composición, puede causar que la planta se asfixie. Es de capital importancia asegurarse de que el sistema de raíces de la planta esté bien cuidado y de que el suelo que la rodea sea nutritivo y no compacto. Por esta razón, es una buena idea crear un agujero para plantar varias veces el diámetro de la bola de la raíz. Las raíces finas se extienden en un círculo que se expande para extraer agua y nutrientes del suelo, y sólo pueden hacerlo si se encuentran con las condiciones favorables. Sólo las plantas más fuertes pueden atravesar la arcilla sólida (véanse las páginas 44-45).

Una vez detecte que las raíces no son todas iguales, comprenderá que debe proporcionarles las condiciones adecuadas. Las plantas con raíces finas se extienden cerca de la superficie del suelo; aquellas con raíces principales pueden buscar agua profundamente.

Mientras los árboles, enredaderas, arbustos y árboles perennes sobreviven de un año a otro, a la condición de que reciban luz, alimentación y humedad adecuadas, un pequeño número de plantas, conocidas como anuales, necesitan comenzar de nuevo cada año desde la semilla, ya que mueren después de la floración, mientras que las plantas bienales crecen de la semilla un año y florecen el siguiente, antes de morir.

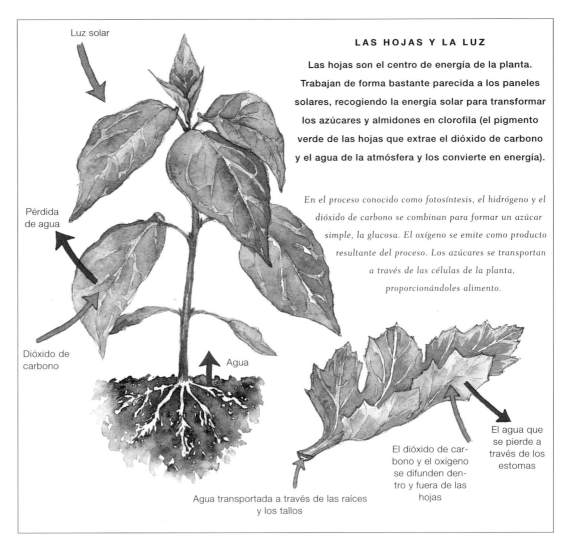

Luz solar

Pérdida de agua

Dióxido de carbono

Agua

Agua transportada a través de las raíces y los tallos

El dióxido de carbono y el oxígeno se difunden dentro y fuera de las hojas

El agua que se pierde a través de los estomas

LAS HOJAS Y LA LUZ

Las hojas son el centro de energía de la planta. Trabajan de forma bastante parecida a los paneles solares, recogiendo la energía solar para transformar los azúcares y almidones en clorofila (el pigmento verde de las hojas que extrae el dióxido de carbono y el agua de la atmósfera y los convierte en energía).

En el proceso conocido como fotosíntesis, el hidrógeno y el dióxido de carbono se combinan para formar un azúcar simple, la glucosa. El oxígeno se emite como producto resultante del proceso. Los azúcares se transportan a través de las células de la planta, proporcionándoles alimento.

TIPOS DE RAÍZ

Las plantas han desarrollado diferentes sistemas de raíces ante la necesidad de adaptarse a diversos tipos de ambiente. Algunas tienen raíces simples y profundas, conocidas como raíces principales, mientras que otras están provistas de raíces mucho más fibrosas que se extienden hacia los lados, absorbiendo el agua cerca de la superficie del suelo. Las raíces principales son fuertes y duras, y pueden penetrar profundamente en los suelos más duros, tales como la arcilla pesada. Las raíces finas tienen muchas ramificaciones para reunir tanto los nutrientes como la humedad de suelos muy finos.

(A la izquierda)

Una planta de raíces fibrosas, con un sistema de raíces de muchas ramificaciones.

Las adaptaciones de las plantas

El agua es el componente fundamental para las plantas y las personas. Podemos sobrevivir largos periodos sin comida, pero sólo un tiempo relativamente corto sin agua. Nuestro peso corporal, y el de las plantas, se compone principalmente de agua. El 70 % de nuestro peso corporal es agua, igual que una col se compone de más del 90 % de agua. No es de extrañar, entonces, que la cantidad de lluvia juegue un papel tan importante a la hora de determinar lo que crece en cada lugar.

Mientras vemos caer la lluvia en nuestro jardín, tenemos que recordar que la lluvia volverá finalmente a subir hacia arriba a través de un proceso conocido como transpiración. Sólo la tercera parte de la lluvia se va; los otros dos tercios son absorbidos por las plantas. Un gran árbol puede extraer del suelo 1.300-1.800 litros (300-400 galones) de agua en un día, liberándola de nuevo a la atmósfera a través de sus hojas. En varias partes del mundo, la cantidad de lluvia es muy elevada o muy baja en ciertas épocas del año; las plantas en estas zonas se han adaptado para sobrevivir en estas condiciones.

Una cosa está clara cuando descuidamos el riego del jardín: algunas plantas se marchitan rápidamente y mueren, mientras que otras sobreviven aparentemente sin problemas. ¿Por qué esto es así? ¿Qué podemos aprender de ello? Las plantas de climas extremos han evolucionado para enfrentarse a diferentes cantidades y épocas de lluvia; su estructura celular se ha adaptado para enfrentarse a estas fluctuaciones. La manifestación más evidente de ello es la forma de la hoja. Si observa alrededor del jardín verá una gran variedad de formas de las mismas. Puesto que las hojas son el medio principal por el cual una planta captura la luz a través del pigmento de la clorofila (véase el recuadro de la pág. 31),

Mapa del clima (abajo)

El clima cambia cuanto más al norte o al sur se aleja del ecuador. Por lo que se refiere a la jardinería, estos cambios climáticos se interpretan como amplias bandas climáticas.

Polar

☐ Casquete polar

☐ Tundra

Fresco y húmedo

☐ Subártico

☐ Continental con veranos frescos

☐ Continental con veranos cálidos

Cálido y húmedo

☐ Templado

☐ Húmedo subtropical

☐ Mediterráneo

Seco

☐ Estepa

☐ Desierto

Húmedo tropical

☐ Sabana

☐ Selva tropical

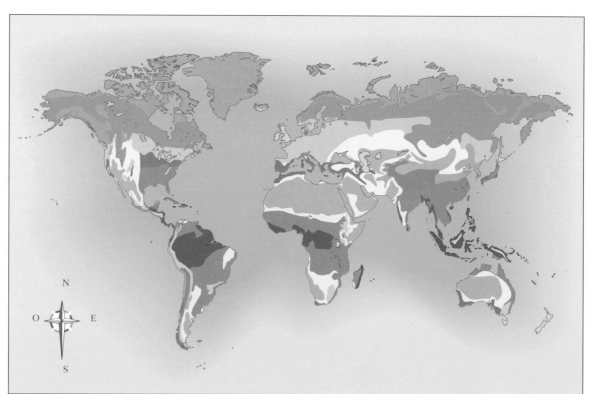

una planta con poca luz necesita hojas más grandes y más pigmento para producir el alimento. Las hojas de las plantas con buena sombra tienden a ser grandes y verdes.

Puesto que la falta de sol significa una ausencia de calor, estas hojas necesitan menos protección en la superficie que aquellas que reciben una fuerte luz solar, donde las hojas pueden estar bien revestidas de cera, fieltro o pelo para evitar la pérdida de humedad. En zonas con poca luz, la manera en que las hojas se sostienen puede ser significativa. Las hojas de la hiedra se aguantan planas y frente a la luz para absorber todos los rayos solares.

En las zonas desérticas, las características de las plantas son rosetones de hojas que recogen el agua en su base, una capa pálida o blanca en las hojas y espinas grandes contra los depredadores.

En las laderas soleadas del mediterráneo, las plantas han evolucionado con hojas finas, divididas,

de fieltro o pálidas, para reducir la pérdida de humedad. En la forma abatida del romero, las hojas grisáceas ayudan a reflejar la luz y a mantener las hojas frescas, lo que evita la pérdida de agua.

En las zonas donde la pérdida de agua puede poner en peligro la planta, las hojas son, a menudo, finas y con forma de aguja. Esto sucede en las zonas calurosas y también en las muy frías, donde el viento seca la humedad, y en terreno helado, donde la planta necesita dejar de transpirar.

Rarezas de la naturaleza

La naturaleza también produce cosas extrañas. En algunas plantas, se desarrollan formas albinas con hojas de color desigual o inexistente. Estas variedades las han convertido en rarezas buscadas, por su forma de hojas abigarradas, que son explotadas por criadores de plantas para producir una gama más amplia de variedades.

FORMA DE LA HOJA Y CLIMA

La forma de la hoja ha evolucionado para enfrentarse a las diferentes condiciones meteorológicas. En países con clima caluroso y seco, las hojas son generalmente de cera o peludas ya que de esta forma se impide la pérdida de agua, mientras que en países tropicales, donde crecen poco en el suelo de la selva, son hojas grandes para maximizar su habilidad de absorción de la luz y suaves a consecuencia de la abundante humedad.

Hojas suaves y grandes

Normalmente, se hallan en aquellas plantas que crecen en zonas húmedas y sombrías, como las selvas tropicales.

Hojas divididas

Suelen encontrarse en zonas templadas y son el modelo para muchas plantas.

Hojas en forma de espinas

Las plantas que crecen en zonas muy secas se han adaptado a estas condiciones almacenando agua en sus células. Las espinas ayudan a disuadir a los depredadores.

Hojas de aguja

Las coníferas crecen en los países más fríos y sus hojas están compuestas por hojas más pequeñas en forma de aguja, sumamente recubiertas para proporcionar protección contra las heladas.

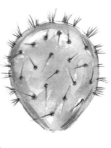

Hojas pequeñas satinadas

Suelen encontrarse en aquellas plantas que habitan las zonas más calurosas, tales como el mediterráneo, ya que la cubierta de cera ayuda a reducir la pérdida de humedad.

Hojas de cera lineales

Largas y con forma de espada, estas hojas suelen encontrarse en climas soleados y calurosos donde las hojas no tienen que actuar tanto como paneles solares. La capa de cera ayuda a reducir la pérdida de humedad.

CRECIENDO DE LA SEMILLA

Desde las judías mágicas que crecían convirtiéndose en un árbol gigante en el cuento de hadas infantil hasta plantar sus primeras semillas en el jardín y verlas crecer, el milagro de la semilla que se convierte en una planta ejerce una fascinación sin fin.

Con bastante frecuencia, los niños suelen plantar algunas semillas de mostaza y berro en papel secante. La velocidad con la que éstas brotan es casi mágica. Cultivar sus propias plantas desde la semilla es un proceso absorbente y satisfactorio, que implica un gasto nada excesivo. Simplemente, añada a sus semillas la cantidad correcta tanto de humedad como de calor, e incluso algunas veces de

oscuridad, y espere. La planta que crece de la semilla forma brotes que empujan hacia arriba, en busca de la luz, y raíces que empujan hacia abajo, hacia el interior del suelo. Una vez que el envoltorio de la semilla que rodea al centro de energía de la planta se caiga, la germinación está en camino.

Sin embargo, el tiempo que este proceso implica y la facilidad con la que germinan las semillas varía sustancialmente de una planta

a otra. Algunas son mucho más fáciles de cultivar a partir de la semilla que otras, siendo esas plantas que crecen hacia la madurez en una estación —conocidas como anuales— las obvias candidatas (véanse las páginas 270-289). Las plantas con tallos de madera, tales como los arbustos y los árboles, necesitan mucho más tiempo y a menudo se cultivan mejor desde partes de la planta de origen —tallos, hojas o incluso raíces— que se plantan y cuidan hasta que también se convierten en unos clones minúsculos de la planta de origen. Este proceso implica una variedad de técnicas que necesitará dominar (véanse las páginas 126-131).

Las semillas requieren una serie de condiciones específicas, de suelo, agua y temperatura, para germinar correctamente que debería comprobar siempre antes de iniciar cualquier siembra o almacenamiento. El periodo de tiempo en el que las semillas son viables varía según la especie. Algunas sólo pueden almacenarse durante un año, mientras que otras pueden dejarse invernar durante varios años hasta que desee plantarlas. Si compra semillas, compruebe siempre la fecha de caducidad para no comprar material viejo que no germine o lo haga incorrectamente.

La reproducción de las plantas

El objetivo de toda reproducción vegetal es mejorar la naturaleza de algún modo. Insatisfecho por un crecimiento mínimo o unas flores sencillas, por ejemplo, quien cultiva plantas intenta seleccionar los genes hasta alcanzar una diferencia estructural que permita a la planta cumplir los criterios deseados de manera más exacta.

Esta ciencia no es nueva: los chinos la practicaban hace más de 1.000 años. Sin embargo, los avances modernos en la comprensión de la genética han permitido sofisticar más el trabajo de cultivador de plantas, mientras que la controversia reciente sobre las plantas modificadas genéticamente ha llevado el tema a la palestra del debate público.

Cómo se reproducen las plantas

Para comprender el proceso de la reproducción de las plantas, necesita saber que se reproducen a través de la polinización, en la que las anteras masculinas de una flor se despojan del polen, que se transfiere mediante el estigma al óvulo femenino de otra flor. Una vez fertilizada, se desarrolla una semilla y, dadas las condiciones adecuadas, esta semilla germinará más tarde para producir la siguiente generación de plantas, conservando las características de ambos padres. En un jardín, nunca está completamente claro qué polen vegetal ha fertilizado el óvulo de otra planta, y la descendencia puede, por lo tanto, ser sorprendente. Los cultivadores de plantas que deseen controlar las características de la progenie extremaran la vigilancia para asegurar el parentesco de la nueva generación de plantas. Aquellos que deseen experimentar, llevarán a cabo ellos mismos el proceso de polinización (véase más abajo).

La semilla de una planta es capaz de tener vida independiente en el momento que se desprende, cuando las condiciones son adecuadas, teniendo en cuenta que éstas varían según el tipo de planta. El calor, la humedad y el oxígeno juegan un papel fundamental en

LA POLINIZACIÓN MANUAL

La polinización manual es una manera de asegurar que la semilla esté ubicada.

El objetivo es cepillar el polen de las anteras (partes masculinas) de la flor a los estigmas (partes femeninas) de la otra flor.

1 *Comience extrayendo con cuidado las anteras de la flor que ha de producir la semilla. Usando un cepillo de pelo suave, recoja el polen de las anteras de la otra flor.*

2 *Usando el mismo cepillo de pelo suave, pase con cuidado el polen que ha recogido sobre el estigma de la flor que ha de producir la semilla.*

3 *Una vez completado este proceso, cubra la cabeza de la flor polinizada con una bolsa de papel para evitar que sea polinizada accidentalmente por cualquier insecto que la visite.*

este desarrollo, y muchas semillas pueden seguir siendo viables, aunque permanezcan dormidas durante varios años, hasta que las condiciones adecuadas actúen como catalizador para la germinación.

Mientras esperamos normalmente a que las plantas continúen reproduciéndose de esta manera, la humanidad ha decidido, por diversas razones, ayudar a la naturaleza en varios puntos. El objetivo de quien cultiva plantas es manipular los procesos de la naturaleza, por lo que las células de la planta madre se combinan para crear varias combinaciones genéticas posibles que llevan a diferentes rasgos o características. De este modo, algunas variedades híbridas pueden crecer mucho, por ejemplo, y otras muy poco. Algunos rasgos de las plantas (como en las personas) son recesivos y otros son dominantes, asegurando así la alta probabilidad de que ciertas características se retengan durante generaciones.

La reproducción selectiva tiene como objetivo reunir los rasgos atractivos en una categoría en particular. Mientras que era, hasta cierto punto, un juego de prueba y error, recientes investigaciones sobre el ADN están haciendo que sea cada vez más probable que quienes cultivan plantas puedan conjurar características por encargo.

La polinización

Hay dos métodos principales de polinización: la polinización del aire y la polinización de los insectos. Las plantas han adaptado su polen para adecuarse a uno u otro método.

La polinización por aire necesita abundante cantidad de granos de polen, los cuales deben ser ligeros y fácilmente transportables. Por ejemplo, un avellano de tamaño medio, con 300 anteras masculi-

nas, produciría más de 600 millones de granos de polen. En plantas polinizadas por el viento, normalmente la fragancia y el néctar están ausentes.

En las plantas polinizadas por insectos, varios mecanismos útiles se han desarrollado para permitir que el insecto realice la polinización más eficientemente. Las marcas sobre los pétalos sólo visibles para los insectos indican la ruta a los granos de polen; los granos de polen son más pesados y pegajosos para asegurar la adhesión a las patas del insecto. Algunas flores tienen características que las hacen particularmente atractivas para ciertos insectos —un largo aguijón, por ejemplo, puede significar que la flor atrae sólo a mariposas que tienen un probóscide particularmente largo con el que alcanzar el néctar.

Cuando se compran plantas, se verá que suelen estar clasificadas por categorías de acuerdo con su forma de reproducción. A las plantas descritas como polinizadas abiertamente se les ha permitido reproducirse de forma natural, sin

la necesidad de realizar híbridos. La progenie de estas plantas se reproduce más o menos fiel al tipo.

Los híbridos F1 se han reproducido mediante el cruce deliberado de dos padres puros. Las plantas resultantes tenderán a mostrar un vigor aumentado y una uniformidad en la apariencia, pero no se reproducirán necesariamente fieles al tipo.

La polinización de los insectos (arriba)
Las moscas dípteros, los abejorros y otros insectos ayudan a transportar el polen por una zona amplia a medida que emprenden su tarea de recolección del néctar.

La polinización del viento (a la izquierda)
Flotando en el viento: esta impresionante fotografía resalta la gran cantidad de polen que transporta el viento.

El clima y sus efectos

Todas las formas de jardinería son una acción en equilibrio entre las fuerzas de la naturaleza y el deseo del jardinero de obligar o engañar a la naturaleza para que actúe bajo su mando. Desde tiempos antiguos, la gente aprendía a cultivar plantas para obtener comida; como, de no ser así, hubiéramos muerto de hambre, aprendimos a tender una mano a la naturaleza proporcionando irrigación en tiempos de sequía o cobijo durante inviernos particularmente duros.

Cualquier jardinero que no preste atención a las exigencias del clima finalmente pagará el precio del bajo rendimiento de sus plantas. Él o ella deben ser conscientes de las condiciones climáticas en las que viven y de aquellas exigidas por las plantas que deseen cultivar. Sin embargo, existen márgenes de error y, siendo la naturaleza como es, nos aguardan sorpresas: la planta etiquetada como tierna sobrevive en un invierno realmente duro, mientras que otra clasificada como resistente a la sequía falla al enfrentarse a una semana sin lluvia.

Sin embargo, hay excepciones a una regla aplicada generalmente. Las plantas evolucionan durante miles de años para enfrentarse a condiciones climáticas determinadas. Ahora importamos muchas plantas de todo el mundo, y, por lo tanto, necesitamos averiguar si crecerán también con nosotros como lo hacen en su hábitat natural. Muchas plantas que consideramos indígenas son, de hecho, importaciones de buscadores de plantas de hace varios siglos, que han sobrevivido y se han adaptado tan bien que ahora son, a todos los efectos, indígenas.

Zonas climáticas

Como ayuda para nuestra comprensión de la resistencia de las plantas, los botánicos han creado mapas que muestran las bandas que sitúan los climas de todo el mundo (véase la página 32). A las plantas se les da entonces una clasificación por zonas que indica su capacidad para resistir diferentes grados de frío. Sin embargo, incluso estas zonas de resistencia no son a toda prueba. Una planta que se somete a un largo periodo de lluvias antes de que descienda la temperatura a un nivel de helada, se enfrentará peor al frío que una planta que estaba seca, ya que es el efecto del frío y la humedad lo

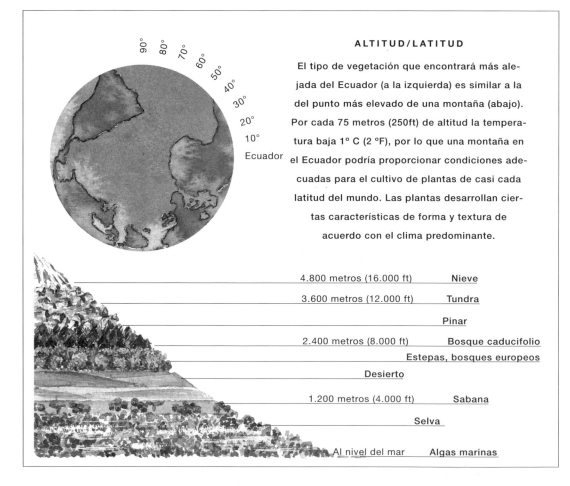

ALTITUD/LATITUD

El tipo de vegetación que encontrará más alejada del Ecuador (a la izquierda) es similar a la del punto más elevado de una montaña (abajo). Por cada 75 metros (250ft) de altitud la temperatura baja 1° C (2 °F), por lo que una montaña en el Ecuador podría proporcionar condiciones adecuadas para el cultivo de plantas de casi cada latitud del mundo. Las plantas desarrollan ciertas características de forma y textura de acuerdo con el clima predominante.

90° 80° 70° 60° 50° 40° 30° 20° 10° Ecuador

4.800 metros (16.000 ft)	Nieve
3.600 metros (12.000 ft)	Tundra
	Pinar
2.400 metros (8.000 ft)	Bosque caducifolio
	Estepas, bosques europeos
	Desierto
1.200 metros (4.000 ft)	Sabana
	Selva
Al nivel del mar	Algas marinas

que probablemente ocasionará que fracase la planta. Igualmente, el frío y el viento pueden tener un efecto muy adverso sobre las plantas, incluso cuando la temperatura de la tierra esté quizás dentro de la zona «segura»; por lo tanto, donde plante —en un lugar resguardado o al aire libre— jugará un papel en la capacidad de la plantas para sobrevivir.

Las valoraciones de la resistencia de las planta indican la temperatura más baja a la que cualquier planta sobrevivirá. En Estados Unidos, el Departamento de Agricultura ha realizado un mapa del país por zonas de temperatura mínima media anual y constante. Un mapa similar se ha desarrollado para Europa. Estas zonas de temperatura, definidas por un número desde la más fría a la más cálida (1-10), se usan para describir el rendimiento de las plantas. Por ejemplo, si la planta se sitúa en la zona 9, esto

indica que sobrevivirá a la temperatura mínima media anual de esa zona, pero no sobrevivirá a las temperaturas más frías de invierno de la zona 8.

Los mapas que acompañan la información por zonas sólo son guías generales, ya que los factores individuales afectan a las temperaturas: las laderas que miran al sur son más cálidas que las que miran al norte (y viceversa en el hemisferio sur), las ciudades son más cálidas que el campo abierto. El mayor factor en el cambio de zona localmente es la altitud: por cada 100 metros (330 ft) de altitud hay una pérdida de temperatura consiguiente de 1 ºC (2 ºF).

Desafortunadamente para el jardinero, la información por zonas a veces no es más que una indicación de resistencia. Si el tiempo no corresponde a la estación, se revelará rápidamente como inútil, ya

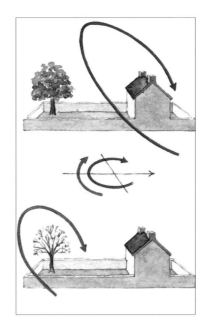

Los niveles de sol
(a la izquierda)

En verano (la línea roja), el Sol está más alto en el cielo y el jardín se expone más a él. En invierno (la línea azul), los niveles de luz son mucho más bajos y sólo algunas zonas determinadas del jardín recibirán de lleno la luz solar.

que las heladas a finales de la primavera pueden matar las plantas que, siguiendo un curso normal, deberían haber sobrevivido; usted debe tener cuidado con el cultivo de plantas que están justo dentro de la zona de tolerancia de su área.

LOS MICROCLIMAS

Incluso en los jardines más pequeños existe gran variedad de condiciones climáticas. Algunas zonas son soleadas, otras sombrías. Algunas ofrecen protección contra el viento, mientras que los edificios y los árboles lo canalizan a través de ciertas zonas. Una solución es construir barreras semisólidas contra el viento. Escoja plantas duras de manera que puedan cobijar otras más tiernas.

Barrera sólida contra el viento

Una barrera contra el viento sólo puede dirigir la fuerza del viento. Cuando el viento golpea un objeto sólido (una pared o una valla sólida, por ejemplo) se crean zonas de turbulencias a ambos lados del objeto.

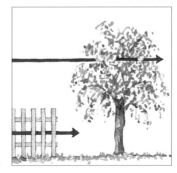

Barrera semisólida contra el viento

Una valla de tablillas, unos arbustos o unos árboles caducifolios sólo forman una barrera parcial para el viento, reduciendo su velocidad sin provocar que cambie su dirección.

Grandes edificios

Desvían el viento causando un aumento de velocidad, creando entonces un descontrol una vez que deja la zona de la pared. Éste es un problema frecuente en las ciudades, donde los edificios altos crean túneles de viento.

Adición extra de arbustos (o árboles)

Los arbustos se plantan a 1,5 metros (5 ft) de la casa como una zona de cobijo. Actúan como un filtro secundario para el viento que rebota del edificio.

La elección de la planta adecuada para cada lugar

Lo principal en jardinería es asegurar que las plantas que escoja florezcan en el ambiente que les ofrece. No basta simplemente con querer cultivar una planta en particular: cada especie tiene sus preferencias y su jardín puede incluir sólo algunos de sus hábitat preferidos.

Afortunadamente, incluso el jardín más moderno tiene unas condiciones naturalmente variantes: lugares a pleno sol, zonas a la sombra, y quizás partes que son más secas y más húmedas que otras. Sin embargo, el suelo de su jardín posee ciertas características que determinarán hasta cierto punto qué plantas puede cultivar.

¿Ácido o alcalino?

Las plantas tienen preferencias sobre el nivel de acidez o alcalinidad del suelo, y aunque exista una gama amplia no demasiado problemática, otras tienen preferencias y simplemente no florecerán si están plantadas en las condiciones equivocadas. Las plantas que se originan en zonas de coníferas han aprendido

---

PLANTAS PARA DIFERENTES TIPOS DE SUELO

Los tipos de suelo varían de acuerdo con la geología subyacente. Usted puede hacer algo para mejorar el suelo ampliando su elección de plantas, pero aun así estará limitado hasta cierto punto por las condiciones en las que trabaja. Los principales tipos de suelo son la tiza (alcalina), la turba (ácida), la arcilla (generalmente ácida) y la arena (generalmente ácida).

Plantas para suelo de arcilla	Plantas para suelo arenoso	Plantas para la turba	Plantas para suelo alcalino
Escallonia.	Calluna.	Acer.	Allium.
Ligustrum.	Cistus.	Camellia.	Alyssum.
Mahonia.	Cytisus.	Cornus.	Anchusa.
Pyracantha.	Fucsia.	Daboecia.	Aquilegia.
Rosa.	Genista.	Epimedium.	Bellis.
Spiraea.	Helianthemum.	Eucryphia.	Brunnera.
Viburnum.	Potentilla.	Fothergilla.	Buddleja.
Geranium.	Anthemis.	Kalmia.	Clematis.
Hemerocallis.	Centranthus.	Magnolia.	Erysimum.
Ligularia.	Echinops.	Phyllodoce.	Gypsophila.
Phlox.	Kniphofia.	Pieris.	Lonicera.
Rudbeckia.	Lupinus.	Rhododendron.	Phlomis.
Solidago.	Monarda.	Vaccinium.	Syringa.
Thalictrum.	Papaver.		Verbascum

a adaptarse a altos niveles de acidez, y si no se les aporta cierto grado de acidez en el jardín, finalmente morirán. Son ejemplos notables los rododendros y las azaleas, que crecen de forma natural a la sombra de coníferas y que necesitan el suelo ácido y la humedad. Existen otras plantas que, habiendo aprendido a enfrentarse a los suelos finos basados en la piedra caliza de sus países nativos, no florecerán en suelos con un alto nivel de acidez.

Una de sus primeras tareas como jardinero es determinar el nivel de acidez del suelo (véanse las páginas 46-47) y asegurarse de que cultiva plantas que gozan de estas condiciones. Hasta cierto punto, puede mejorar o alterar el suelo usted mismo, pero es un proceso lento y será mejor limitar las opciones a aquellas plantas que crecerán de forma natural, antes de cultivar otras más exigentes.

Condiciones de humedad

Muy pocos jardines tienen zonas naturales pantanosas, pero si quiere cultivar plantas que necesiten humedad, no es particularmente difícil crear un jardín con un pantano o un estanque. Las plantas que aprecian la humedad varían desde las que prefieren agua profunda hasta las que simplemente necesitan condiciones de humedad. En un estanque, merece la pena tener más de un nivel, de manera que pueda acomodar tanto plantas de agua profunda como de agua superficial. Los nenúfares, por ejemplo, necesitan un metro (3 ft) de agua, mientras que las caléndulas de pantano prefieren el agua superficial de unos 15 cm (6 in) de profundidad.

Si crea un jardín con un pantano pequeño, usando un revestimiento de caucho de butilo que actúe como una membrana de retención de agua (como lo haría con un estanque), podrá cultivar una amplia gama de plantas que necesiten humedad. Entre éstas se incluyen los magníficos ruibarbos (*Rheum palmatum* «Atrosangui-

neum»), las hostas, las astilbes y las prímulas candelabro por citar sólo algunas. Un jardín con un pantano no sólo varía el carácter de las plantas de su jardín, sino que también hace que la zona del estanque parezca más natural, ya que estará imitando a la naturaleza, donde lo que rodea a un estanque o corriente está poblado por estas plantas naturales que aman la humedad.

Las condiciones de sequedad

Probablemente, en su jardín habrá zonas donde las condiciones son más secas. Casi siempre suele ser la zona de la base de las paredes, y la zona resguardada de cualquier edificio alto. No saber elegir las plantas adecuadas según las condiciones del terreno supondrá incrementar el riego más de lo habitual. Las plantas que disfrutan de las condiciones secas tienden a tener hojas más pequeñas, pálidas o peludas (para impedir la pérdida de agua). Las especies que crecen en las laderas de las colinas en la región mediterránea —como el romero y la lavanda— se encuadran en esta categoría, así como las plantas de los desiertos más extremos, como las pitas y los sedums.

Condiciones de humedad (a la izquierda)

Los estanques y los jardines con pantano dan la posibilidad de cultivar una gama más amplia de plantas en su jardín. Las plantas que necesitan humedad a menudo son de hojas grandes y exuberantes, tales como las hostas y las rodgersias.

Condiciones de sequedad (arriba y abajo)

Muchas hierbas se originan en zonas mediterráneas y están bien adaptadas a las condiciones de sequedad con hojas correosas en forma de aguja, como las de la lavanda (arriba), u hojas recubiertas y resistentes, como las del acebo marino (abajo).

El suelo

Los tipos de suelo

La salud del suelo es esencial para tener éxito en la jardinería, particularmente si trabaja en su jardín siguiendo los principios orgánicos. Para los no iniciados, una zona de suelo puede parecer mejor que otra, pero de hecho ambas están compuestas de distintas cantidades de roca, materia orgánica, agua, aire y microorganismos diferentes.

La composición general básica del suelo determinará su carácter pero la cantidad de materia orgánica que contenga influye en su fertilidad: un suelo sin materia orgánica es incapaz de dar vida a las plantas. Igualmente importante para la salud de las plantas es la humedad y el oxígeno: el suelo que se ha compactado (por ejemplo, con maquinaria pesada) pierde su contenido de oxígeno y las raíces de las plantas se ahogan. El objetivo del jardinero es crear un suelo que tenga una buena textura desmenuzable, con gran cantidad de materia orgánica, y asegurarse de que hay una adecuada cantidad de agua. Tenga cuidado de no compactar el suelo pisando parterres que hayan sido cavados.

El contenido mineral

Que su suelo esté compuesto principalmente de arena, sedimentos o arcilla (principales ingredientes minerales) viene determinado por la geología local. No puede hacer nada para influir en esta característica, pero puede cambiar la capacidad del suelo para retener la humedad o drenarla añadiendo el material adecuado. El añadir materia orgánica al suelo de arena le permitirá retener la humedad mejor; la arena y la materia orgánica añadidas a la arcilla mejoran su capacidad para retener oxígeno.

Para descubrir el tipo de suelo, puede utilizar algunos tests sencillos.

Marga

Creta

Tipos de suelo

Existen cinco tipos principales de suelo que los jardineros pueden encontrar en su jardín y con los que tendrán que tratar mientras hacen planes sobre lo que desean plantar y cultivar. Estos suelos pueden estar formados por un elemento predominante del jardín, o pueden ser una mezcla de dos, normalmente con materia orgánica en su interior, por lo que es mejor comprobarlo con un equipo para examinar suelos y asegurarse. De este modo, usted puede saber con qué tiene que trabajar, y podrá juzgar qué se le puede añadir para alcanzar sus ambiciones.

Limo

Turba

Arcilla

¿Cuándo el suelo es de arcilla?

Después de un par de días de lluvia, haga una bola suelta de tierra en su mano y estrújela. ¿Qué tacto tiene la tierra? La tierra tiene un tacto arenoso y forma cualquier bola con dificultad. El suelo formado por sedimentos forma una bola de manera bastante fácil y tiene un tacto húmedo, pero polvoriento, mientras que el suelo de arcilla es pegajoso. Eche la bola al suelo. Si se desmorona, tiene una textura equilibrada. Si permanece con forma de bola, entonces tiene una textura basada en la arcilla.

¿Cuándo se drena fácilmente?

Cave un agujero de aproximadamente 60 cm (2 ft) de profundidad y relénelo de agua. Tan pronto el agua se drene, vuélvalo a llenar y esta vez observe el tiempo que tarda en drenarse. Si no se ha drenado del todo tras unas horas, tiene un problema de drenaje.

¿Cuándo es demasiado seco?

Riegue una pequeña zona del parterre y dos días más tarde cave un pequeño agujero de apenas 15 cm (6 in) de profundidad. Si la base del agujero está seca, su terreno no retiene suficiente agua.

Mejorar el suelo de arcilla

Si su suelo es muy pesado, la mejor solución es añadir arenisca o arena y materia orgánica. Necesitará hacer esto en grandes cantidades, por lo que tendrá que mejorar una sola zona del jardín cada vez. Si está cultivando comestibles, es conveniente encargarse de estas zonas del jardín primero, ya que la salud y textura del suelo tienen una relación directa sobre la productividad. Para zonas de su jardín donde no puede mejorar el suelo, considere plantar esas especies

que proliferan en el suelo pesado, tales como las prímulas, las astilbes, los helechos y las hostas.

Cómo añadir masa al suelo

Las mejores formas de masa para añadir a un suelo pesado o muy ligero están compuestas de hojas cortadas y de paja o de abono. El abono es rico en nutrientes y, en consecuencia, necesitará añadir menos. La paja debería extenderse bastante gruesa (aproximadamente a 10 cm (4 in) de profundidad) sobre la superficie del suelo. Haga esto en otoño de manera que las heladas del invierno y las actividades de las lombrices en el suelo ayuden a incorporar la materia orgánica a la estructura del suelo para la primavera. Alternativamente, usted puede coger hojas muertas en unos sacos de plástico negro en otoño, y esparcirlas sobre la tierra seis meses más tarde.

Mejorando la textura del suelo (a la derecha)

El enterrar estiércol del corral y sembrar, por ejemplo paja, añade nitrógeno al suelo y mejora la textura.

El equilibrio del suelo

Para cultivar plantas con éxito necesita asegurarse de que el suelo tenga un equilibrio químico adecuado. Algunas plantas prefieren el suelo ácido; otras lo prefieren alcalino. Puede determinar los niveles de acidez y de alcalinidad de su suelo con un simple test. Si es necesario, puede también corregir el suelo demasiado ácido añadiendo cal.

Además de comprender la estructura del suelo, usted necesita saber su nivel de acidez o alcalinidad. Esto viene determinado por la cal (oficialmente calcio) que contiene el suelo, que se conoce como pH. No sólo afecta al tipo de plantas que puede cultivar en su jardín, sino que también tiene repercusión sobre la estructura del suelo mismo. El calcio mejorar la estructura del suelo de arcilla provocando que las partículas se peguen en terrones, de manera que el suelo se vuelve más ligero y fácil de trabajar. Si usted tiene un suelo de arcilla pesado, que tiende a ser ácido, es una buena idea añadirle calcio para mejorar su composición, así como también aumentar la gama de plantas alimenticias que crecen bien en su jardín.

Mire por su zona para ver qué plantas crecen en los jardines vecinos, ya que esto le ayudará a averiguar el balance químico más probable del suelo de su jardín. El brezo (la Calluna y la Erica) y los rododendros son plantas que necesitan un ambiente ácido para proliferar, y si crecen en su jardín o bien cerca de este, indican que el suelo es ácido. Las amapolas y los árboles tales como el fresno y la haya prefieren el suelo que tiene un pH más alcalino, como la mayoría de los componentes de la familia de los guisantes y de las coles, más las clemátides.

La proliferación de cierta maleza indica a menudo contenido en nutrientes, por lo que debe comprobar también qué crece antes de sacarla. Las ortigas disfrutan del terreno que tiene un contenido elevado de fósforo, mientras que en el trébol prefiere el suelo bajo en nitrógeno.

CÓMO TESTAR EL SUELO

Compre un equipo estándar para testar el suelo que sea preciso. Es fácil de encontrar en centros de jardinería.

Le informará del nivel de acidez de su suelo y le ayudará a escoger las plantas adecuadas o a emprender la acción apropiada.

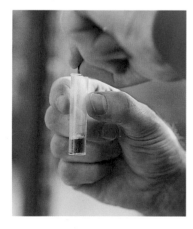 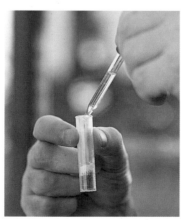  

1 *Coja un pequeño puñado de tierra de la zona que va a ser testada y póngalo en una probeta. Entonces añada el polvo para testar el suelo incluido en el equipo.*

2 *A continuación, añada agua destilada al polvo y a la tierra recogidas con anterioridad, rellenando de esta manera la probeta hasta el nivel marcado en el exterior.*

3 *Ponga el tapón y agite la probeta. Espere unos pocos segundos a que el líquido cambie de color y entonces compárelo con la tabla que hay en la página siguiente.*

4 *Un líquido amarillo o naranja indica un suelo ácido. Un líquido de color verde brillante indica un suelo neutro. El color verde oscuro indica un suelo alcalino.*

Cómo evaluar su suelo

Para conseguir una evaluación más precisa del balance químico, necesita examinar su suelo. Hay disponibles equipos especiales para realizar exámenes que contienen una solución química que cambia de color cuando se le añade tierra, de acuerdo con el nivel de acidez o alcalinidad. Un suelo neutro o medio tiene un pH de 7. Los suelos con un pH más elevado (en una escala de hasta 14) son alcalinos. Aquellos con un pH por debajo de 7 son ácidos. Las condiciones más fáciles para el cultivo son aquellas en las que el pH del suelo oscila entre 5,50 y 7,50.

Cómo equilibrar su suelo

Para reducir la acidez del suelo, le puede añadir cal. Aunque posiblemente merezca la pena hacerlo si lo que quiere es cultivar ciertos vegetales que tengan sólo buen resultado en un suelo más alca-

VARIEDAD DE PH EN SUELOS DONDE CRECEN PLANTAS		
pH	Nivel de acidez	Plantas típicas
3,5–4	Sumamente ácido	Ninguna
4–4,5	Suelo de turba muy ácido	Coníferas
4,5–5	Muy ácido	Moras, arándanos y rododendros
5–5,5	Moderadamente ácido	Patatas, tomates, frambuesas
5,5–6	Moderadamente ácido	Tierra
6–6,5	Ligeramente ácido	La mayoría de cultivos de huerta, la mayoría de plantas de adorno
7,0–7,5	De neutro a ligeramente alcalino	La mayoría de cultivos de huerta, la mayoría de plantas de adorno

lino, es más fácil para las plantas de adorno vivir con las limitaciones que el suelo tenga y cultivar plantas adecuadas para la acidez. Para la huerta, puede aplicar cal normal (carbonato de calcio). Es conveniente añadirla al suelo con mucha antelación a la siembra (el otoño es el mejor momento para el huerto ya que la siembra se hace principalmente en primavera) y de acuerdo con las instrucciones del

fabricante. Deberían dejarse al menos seis meses entre el uso de cal y el de abono, ya que la cal reacciona con el abono. Los suelos arenosos necesitan aplicaciones más ligeras y los suelos de arcilla, más pesadas. La cantidad depende del grado de alcalinidad que se quiera lograr: 2,5 kilos (5 lb) de cal esparcidos por cada 9,3 m^2 (100 ft^2) aumentan el pH en un 75 por ciento.

EL USO DE CAL

Haga esto en un día sin viento y con guantes, ya que la cal es cáustica.
Aplique las cantidades recomendadas por el fabricante.

1 *Llevando ropa protectora adecuada, agite la cal sobre la zona que ha de ser recubierta, esparciéndola bien para asegurarse un revestimiento parejo.*

2 *Con una horca, introduzca la cal ligeramente en el suelo y cúbrala. No añada abono al suelo durante al menos seis meses después de la aplicación.*

Plantas para terreno alcalino (arriba)

Muchas plantas requieren un suelo alcalino. Por ejemplo, la valeriana roja, muy apreciada por las abejas, prospera en condiciones muy alcalinas, a menudo creciendo en el mortero de viejas paredes de piedra. Abandonada, crece bien.

PLANTAS ADECUADAS PARA CADA

Cuando haya definido el tipo de jardín que quiere, debe averiguar qué tipos de plantas le convienen a su suelo. La comprensión de las ideas básicas le ahorrará costosos errores en tiempo y dinero, por lo que es mejor examinar el suelo y entonces, a la luz de los resultados, planear y plantar el jardín de acuerdo con ellos.

Aunque el suelo parezca inerte y sin vida, es, de hecho, un enjambre de actividad frenética o, más bien, debería serlo. Además de las lombrices y otras criaturas que excavan el suelo, que literalmente lo procesan y regurgitan, las bacterias y varias enzimas están constantemente trabajando en la descomposición de los elementos y mejorando la capacidad vital del mismo.

El suelo bueno es una mezcla equilibrada de partículas minerales, materia vegetal descompuesta (humus), agua y oxígeno. El humus es esencial ya que proporciona los nutrientes de los que dependen las plantas, pero sin oxígeno ni humedad las raíces de las plantas no pueden hacer su trabajo. Su tarea como jardinero es asegurar que el suelo esté en óptimas condiciones para hacer posible la vida vegetal sana.

TIPO DE SUELO

Hay miles de plantas que puede seleccionar para un suelo particular: cornejos (*Cornus*) para el suelo de arcilla; los laureles moteados (*Aucuba*) para los alcalinos; fothergillas para el suelo ácido; el elaeagnus crecerá en el suelo arenoso. Todas esas plantas exigen un nivel específico de nutrientes, drenaje y agua. Hay algunas plantas que florecen en varios suelos, pero normalmente las que

crecen en suelos ácidos (tales como la *Calluna*, la *Erica*, la *Nyssa* y la *Philesia*) no toleran ningún otro tipo. Preparando el suelo bien, ya sea erradicando primero la maleza y los desechos o introduciendo fertilizantes y abonos, puede aumentar las posibilidades de cultivar sus plantas con éxito. Sin embargo, el pH de su suelo no se altera dramáticamente a largo plazo, así que es mejor cultivar aquellas plantas que

sean más adecuadas para el suelo que tiene su jardín.

Sean cuales sean las plantas que decide comprar, debe asegurarse de que están sanas, de otro modo sus posibilidades de florecer completamente se verán reducidas. Anote las plantas que encajan en su diseño y luego busque los mejores ejemplares en su centro de jardinería local.

Los nutrientes del suelo

Sea cual sea su tipo, el suelo contiene muchos nutrientes que las plantas usan para elaborar comida y, por lo tanto, crecer y reproducirse. Los principales nutrientes son tres: el nitrógeno (representado por el símbolo N), el fósforo (P) y el potasio (K).

Cada uno de estos tres nutrientes principales juega un papel significativo en la salud de la planta y también en la promoción de elementos particulares de crecimiento. El nitrógeno facilita el crecimiento general de las hojas, el fósforo ayuda a crear raíces fuertes y el potasio favorece las flores y los frutos.

Además de estos nutrientes, que son necesarios en grandes cantidades, hay varios elementos en pequeñas cantidades que son necesarios en dosis menores, pero que son importantes para la salud de la planta. Los principales son el magnesio, el zinc, el azufre, el manganeso, el molibdeno y el boro.

Es posible realizar un estudio detallado de los requisitos de nutrientes de las plantas que ha escogido, ya que éstas varían en sus necesidades. Sin embargo, para la mayoría de aficionados a la jardinería, con una mezcla de plantas de adorno y comestibles, los fertilizantes generales, en los que se han combinado diferentes nutrientes en fórmulas particulares, serán suficientes. Las cantidades exactas de diferentes nutrientes son obviamente de mucha mayor importancia si se están cultivando plantas para mostrarlas o si dirige un jardín de mercado y su sustento depende del tamaño y la calidad de sus cosechas. Si está cultivando comestibles para la mesa, puede necesitar concentrarse un poco más en las condiciones del suelo que si está cultivando plantas que son puramente decorativas. Puede descubrir muy bien que su suelo carece de ciertos nutrientes o elementos

---

DEFICIENCIAS DE NUTRIENTES

A menudo, las hojas indican muy bien las deficiencias nutricionales de su suelo.

Compruebe estos síntomas comunes de falta de nutrientes.

■ **Las hojas más viejas se vuelven amarillas y los principales tallos siguen verdes.**

Indica una deficiencia de magnesio.

■ **Los tallos son cortos de forma no natural. Las puntas de las hojas se vuelven marrones y parece como si se hubiesen chamuscado.**

Indica una deficiencia de potasio.

■ **Las hojas tienen una apariencia demasiado pálida o amarillenta. Las hojas más viejas se vuelven amarillas en las puntas.**

Indica una deficiencia de nitrógeno.

■ **Las hojas son muy oscuras y toda la planta se atrofia. Las hojas más viejas se vuelven algo moradas.**

Indica una deficiencia de fósforo.

Para los jardineros que cultivan fruta y verdura, merece la pena fijarse en lo siguiente:

■ **En los manzanos, aparecen marcas amarillentas en las hojas, que finalmente se vuelven agujeros.**

Indica una deficiencia de manganeso.

■ **Las coles desarrollan un rizado hacia el interior de las hojas, produciendo un efecto de ahuecamiento y a menudo las hojas se vuelven más estrechas.**

Indica una deficiencia de molibdeno.

■ **Los cultivos de raíces, como los nabos y los colinabos, se vuelven grises y blandos en el centro.**

Indica una deficiencia de boro.

Tipos de fertilizantes

Los fertilizantes son de tipo orgánico e inorgánico, y se empaquetan como compuestos o directos. Los directos proporcionan uno de los tres elementos clave que necesitan sus plantas (potasa, nitrógeno y fosfato), mientras que los compuestos contienen los tres. Lea los componentes en el envoltorio y/o pregunte al proveedor para que le dé información sobre la composición del compuesto, de manera que pueda calibrar lo que necesita.

Fertilizante de liberación controlada

Fertilizante compuesto

Abono seco de pollo

Espinas y sangre de pescado

Sangre seca

en pequeñas cantidades cuando los síntomas comunes aparezcan en sus plantas (véase el cuadro de la página anterior).

La aplicación de los fertilizantes se debate en las páginas 146-148.

Cómo suplir los nutrientes del suelo

Hay una variedad de productos orgánicos disponibles que contienen diferentes cantidades de los nutrientes principales: nitrógeno, potasio y fósforo (véase la tabla de la derecha para las fuentes frecuentes de estos nutrientes y los porcentajes encontrados en ellas). El nitrógeno es el más importante y se aplica mejor en forma de abono voluminoso. Cuanto más concentrado esté el nitrógeno, menor cantidad de esa sustancia necesitará aplicar. Por ejemplo, normalmente 500 gr (1 lb 2 oz) de abono de vaca proporcionan suficiente nitrógeno

para 75 cm² (1 ft²) de suelo, mientras que con el abono seco de aves de corral, que es mucho más rico en nitrógeno, sólo necesitará una quinta parte de esta cantidad. La pezuña y el cuerno, la sangre seca, el pescado y la larga carbonilla incluyen grandes cantidades de nitrógeno en su composición.

Los fertilizantes ya mezclados de varias formas se pueden comprar en los centros de jardinería y aplicarse de acuerdo con las instrucciones del fabricante. Si está mezclando su propio fertilizante general, una buena fórmula para aplicar una vez por estación, podría incluir una parte de sangre seca, dos partes de huesos, tres partes de fresno y cuatro partes de humus de hojas. Para aumentar el contenido de nitrógeno de esta mezcla, aumente los elementos de sangre y huesos. Puede diluir la mezcla con abono vegetal o arena de relleno durante toda la estación.

ELEMENTOS DE LOS FERTILIZANTES ORGÁNICOS POR PORCENTAJES

Material	Nitrógeno	Fósforo	Potasio
Huesos	4,0	21	0,0
Pescado	4,0	3	4,0
Humus de hojas	7–8	0,6	
Sangre seca	14		2,0
Algas marinas frescas	1,7	0,8	3,0
Pezuñas y cuernos	12–13		
Cáscaras de cacao	13–14	2,5	2,0
Heno	1,5		0,6
Paja	0,4	0,2	0,8
Abono de setas	0,8	0,6	0,7
Fresno	1,5	0,5	1,0
Carbonilla	5–11	1,1	0,4
Estiércol de corral (seco)	2,0	1,8	2,2
Estiércol de caballo	0,7	0,3	0,6
Estiércol de gallinas	1,5	1,2	0,6

Realizar un parterre elevado

Un parterre de plantas elevado proporciona una zona en crecimiento claramente definida donde es posible trabajar sin tener que inclinarse o doblarse demasiado. También puede proporcionar un espacio de crecimiento extra, porque usando plantas trepadoras puede cubrir las superficies tanto horizontales como verticales del parterre. Esto ayuda a suavizar las líneas y a disfrazar el material usado para la pared de retención si así lo desea.

Los parterres elevados aportan una dimensión extra al jardín. El cultivo de verdura, que necesita una gran atención a la forma de alimento, riego y limpieza, implica doblarse mucho. Si utiliza parterres elevados para cultivar sus cosechas, puede reducir mucho el trabajo duro. Debido a esto, los parterres elevados también son fáciles de usar para los jardineros discapacitados o mayores, y, si son lo suficientemente elevados, pueden cuidarse desde una silla de ruedas.

Una gran ventaja es que el suelo (o el abono vegetal) dentro del parterre puede ser de diferente tipo al del jardín, permitiendo que las plantas que crecen en suelos ácidos puedan cultivarse aunque el suelo que lo rodee sea bastante alcalino. Es posible cultivar estas plantas dentro del jardín principal, pero siempre será una batalla mantener ácido el suelo, o el abono vegetal alrededor de las raíces cuando un suelo se extiende sobre otro. Una de las mejores maneras de contrarrestar esto es mantener el parterre elevado aislado del suelo de debajo construyéndolo sobre una superficie dura. Los maderos del ferrocarril desechados son populares para esta labor, pero hay alternativas más atractivas (y más baratas).

Parterre de tierra ácida (a la derecha)

Las plantas de tierra ácida se han seleccionado para este parterre triangular, que se ha rellenado de abono vegetal ericáceo.

CONSEJO

Los parterres elevados son una manera ideal de plantar hierbas y crear un mini huerto, ya que puede proporcionarles mucho drenaje debajo del suelo.

CÓMO REALIZAR UN PARTERRE ELEVADO PARA PLANTAS QUE NECESITAN TIERRA ÁCIDA

Herramientas y materiales

- Rollos de madera
- Chapas para las esquinas
- Tornillos para la madera
- Polietileno de gran espesor
- Un cuchillo normal afilado
- Estiércol

1 *Use un vallado de tres secciones con rollos de madera de 1,5 m (5 ft) de largo y 45 cm (1½ in) de profundidad para formar un parterre triangular. Sujete las esquinas (de arriba y de abajo) con chapas angulares y tornillos para la madera.*

2 *Use tornillos para la madera, sujete una sección de la valla sobre cada esquina para esconder los ensamblajes y fortalecer las esquinas.*

3 *Recubra el interior del parterre triangular con una hoja de polietileno de gran espesor, presionándola firmemente hacia el interior de los lados del parterre. Realice varias ranuras de drenaje pequeñas en la base con un cuchillo para permitir que el exceso de humedad se drene hasta desaparecer.*

4 *Rellene el parterre con estiércol ericáceo especialmente adecuado para plantas tales como las azaleas, las camelias y los rododendros. Apriete el estiércol en el interior de todos los ángulos del parterre (esto ayudará a que se no asiente más tarde).*

5 *Saque las plantas de sus macetas y plántelas en el parterre, asegurándose de que el estiércol esté apretado firmemente alrededor de la raíz de cada planta.*

6 *Una vez plantado el parterre elevado, use un cuchillo afilado para recortar cualquier exceso de polietileno justo por encima del nivel del estiércol.*

El uso del compost

El uso del compost, que fomenta que la materia de la planta se pudra, es una técnica importante de la jardinería, porque cuando la materia de la planta decae, ésta produce nitrógeno, el nutriente más importante del suelo. Aunque pueda comprar el compost ya elaborado, un compost hecho en casa es siempre de calidad superior.

Usted puede comprar composts concentrados para añadir al suelo, pero carecen del volumen orgánico del estiércol hecho en casa y la estructura del suelo no se beneficia de la misma manera.

Naturalmente, usted podría simplemente enterrar los restos marchitos de las plantas de su jardín en el suelo, pero las bacterias usan el nitrógeno del suelo para pudrir la materia, vaciándolo de este modo temporalmente de ese nutriente. El nitrógeno volverá al suelo cuando este proceso se haya completado, pero tardará un tiempo y mientras tanto sus plantas carecerán del nitrógeno que necesitan. La solución más sencilla es hacer su propio estiércol y añadir la materia totalmente podrida al suelo un par de veces al año, normalmente en primavera y otoño.

El método orgánico más sencillo de obtener nitrógeno para el suelo es usar un abono totalmente corrompido de animales de granja, vacas, caballos y gallinas, combinado con la paja de su cobertizo. La aplicación de restos de granja al suelo es aún un método valioso de fertilización, y usted puede conseguir fácilmente suministros de las granjas y establos.

Proceso de descomposición

El montón de estiércol se descompone por la acción del calor y de la humedad que, si se mantienen equilibrados, provocan que las bacterias de la materia orgánica acaben su trabajo más rápidamente que si el material estuviera justo encima de la superficie del suelo. El objetivo entonces es asegurarse de que el montón de estiércol está en óptimas condiciones para pudrirse: no añada nada al montón que sea demasiado grande, desmenuce el material hasta que tenga escasamente cinco centímetros de diámetro. Cualquier cosa demasiado dura puede necesitar que se desmenuce en trozos más pequeños.

Además de los residuos orgánicos del jardín, los restos de verduras crudas del hogar se pueden utilizar en la montaña de compost, junto con pequeñas cantidades de papel, granos de café, bolsas de té y cáscaras de huevo desmenuzadas.

Resultados rápidos (arriba)

Para obtener resultados rápidos, corte, machaque o desmenuce cualquier tallo grueso u hojas grandes en pedazos más pequeños: así acelerará la descomposición.

Cómo elaborar el compost

Si elabora su propio compost, descubrirá que es un arte y que cada uno tiene su propio método favorito. El principio básico, sin embargo, es favorecer que el material que estaba utilizando para el estiércol se pudra de una manera razonablemente rápida y eficiente, de modo que en seis meses escasos consiga una buena mezcla fácil de deshacerse y bien podrida que usted pueda añadir a su suelo.

Un buen tamaño para una montaña de compost para un jardín de tamaño medio es de cerca de 1,5 m² (5 ft) y un metro (3 ft) de profundidad. Coloque el montón en un lugar conveniente del jardín al que pueda transportar el material fácilmente.

Vuelque una capa de materia vegetal directamente sobre el suelo a una profundidad de cerca de 23 cm (9 in). Entonces rocíe una fina capa, de alrededor de 2,5 cm (1 in), de abono animal u otro agente activador, como el sulfato de amoniaco y las ortigas.

Continúe dando capas de esta manera hasta que alcance la altura final. Preferiblemente mezcle los materiales en cada capa: por ejemplo, no construya capas de hierba ya que ésta se calienta considerablemente. Mezcle recortes de la poda, hierba y residuos vegetales tanto como le sea posible. Riegue el montón, si el material está muy seco, cuando se añada. Incluya unas pocas paladas de tierra de vez en cuando. Finalmente, cubra el montón con un trozo de alfombra vieja o de hoja de plástico: evitará la pérdida de calor, que puede reducir el proceso de descomposición.

La fertilidad del suelo

Quizá el efecto más beneficioso de los residuos orgánicos del estiércol sea la mejora de la fertilidad del suelo. Después de que la materia orgánica se aplique al suelo, se descompone aún más y se liberan ácidos orgánicos.

Estos ácidos ayudan a liberar nutrientes para la planta que pueden estar bloqueados en el suelo. Los organismos que hay en el suelo, como las bacterias, los escarabajos y las lombrices, facilitan la descomposición. Añadido al suelo de arcilla, el estiércol ayuda a abrirlo, permitiendo que entre más aire, mejora su textura y lo hace más fácil de trabajar. En un suelo arenoso, pobre y libre de drenaje, la materia orgánica extra aumenta la capacidad acuosa y la fertilidad.

CÓMO ELABORAR EL ESTIÉRCOL

Los residuos orgánicos contienen algunos nutrientes que no son sólo valiosos para las plantas, sino que también son ideales para mejorar la fertilidad global del suelo. El estiércol es muy barato y fácil de elaborar.

1 *Cree la primera capa de material sobre el fondo del recipiente, esparciéndolo de forma pareja. No presione, permita que se asiente de forma natural.*

2 *Añada una segunda capa de diferentes materiales (como la hierba y los residuos vegetales) al montón, esparciéndolos de forma pareja.*

3 *Añada un activador, por ejemplo una capa de abono animal, o esparza un fertilizante de nitrógeno por cada 23 cm (9 in) de profundidad del montón.*

4 *Cuando haya acabado con las capas de estiércol, cúbralo con una vieja alfombra o una hoja de plástico y déjelo que se pudra.*

Cómo elaborar un cubo de compost

Antes de comenzar con entusiasmo a recoger sus residuos de la casa y del jardín para formar compost, piense dónde y cómo tiene intención de almacenar su estiércol en el jardín. Si está trabajando sobre principios orgánicos y/o ambientales, es una buena idea elaborar un cubo de estiércol hecho en casa con trozos sobrantes de madera.

La elaboración de su propio compost es ecológica, buena para su jardín y divertida. Sin embargo, los residuos pudriéndose apilados en el jardín no son deseables: es una buena idea mantener el compost fuera del alcance de los niños pequeños y de cualquier animal doméstico (los excrementos de gato no son una buena adición para el compost del jardín).

Para mantener su montón de compost ordenado, es mejor guardarlo en un contenedor. Puede hacerlo de diversas maneras, que van desde las unidades ya elaboradas y elegantes de varios tamaños a las construcciones, raras y maravillosas, hechas en casa, creadas de materiales reciclados (bidones de aceite, tablas viejas del suelo, ladrillos sobrantes o hilo de pollo). Probablemente la más eficaz sea

cualquier estructura con una abertura sencilla por delante, hecha de tablillas de madera que puede añadir o extraer como guste para elevar o bajar la altura de su recipiente. Los jardineros verdaderamente dedicados tendrán tres montones de estiércol en diferentes etapas de descomposición, de manera que haya siempre un montón listo para usarse cuando sea necesario.

Un buen uso de los desechos de cada día (a la derecha)

Usted puede usar residuos del jardín, paja, serrín, heno, hojas, hierba, recortes molidos, recortes de setos, residuos del hogar, hojas de periódicos desmenuzados, verdura y fruta (piel, podrida o residual), hojas de té, granos de café y cáscaras de huevo.

CONSEJO

Use estiércol de establo o de aves de corral, sangre seca o huesos para añadir los nutrientes a su montaña de compost.

CÓMO AIREAR EL COMPOST

Realizando agujeros en el revestimiento con una horca, creará canales de aire que favorecerán que las bacterias que hay dentro de las capas se multipliquen y descompongan el material de forma rápida y pareja.

CÓMO CONSTRUIR UN RECIPIENTE PARA EL COMPOST

Herramientas y materiales

- Cinta métrica
- Mazo
- Cuatro postes, de al menos 10 cm (4 in) de grosor
- Balanza de agua
- Clavos
- Paneles de malla de alambre de 2,5 cm (1 in)
- Grapadora y grapas
- Madera de 5 x 5 cm (2 x 2 in)
- Hoja de plástico muy fuerte
- Alambre de malla de pollo
- Tablas de madera

1 *Señale una zona de hasta 1,5 m² (5 ft²). En cada esquina, coloque un poste de 1,5 m (5 ft), dejando cerca de un metro (3 ft) por encima del nivel del suelo. Use una balanza de agua para comprobar que los postes estén rectos.*

2 *En tres lados del cuadrado, clave una tabla de madera de un metro (3 ft) de longitud y de 10 cm de ancho por 19 mm de grosor (4 in x ¾ in).*

3 *Levante una valla de un metro (3 ft) de altitud de paneles de malla de alambre de 2,5 cm (1 in) y grápela al exterior de los cuatro postes para formar un espacio de tres lados. En los dos postes delanteros, clave dos maderas de un metro (3 ft) de longitud de 5 x 5 cm (2 x 2 in) para sostener las tablas delanteras.*

4 *Forre el interior de las tres paredes con una hoja de plástico muy fuerte, o con un forro de estanque, y clávelo al interior de los postes. Esto mantendrá los contenidos del recipiente calientes hacia el exterior, ya que el plástico absorbe el calor del sol y evitará que el estiér-col se vuelva demasiado seco cerca de los bordes del recipiente.*

5 *Realice la base del recipiente usando una capa de alambre de pollo. Pliegue lo sobrante hacia arriba de modo que haya una superposición de al menos 15 cm (6 in).*

6 *Corte las tablas a lo largo. Éstas encajan en las ranuras del interior de los dos postes de las esquinas de delante para realizar la pared final (de delante) del recipiente. Se añaden las tablas mientras se rellena de estiércol, y el montón de residuos las sujetan contra los postes delanteros.*

Herramientas
y equipo

Horcas, palas, rastrillos y azadones

Necesitará al menos parte del equipo que se muestra aquí. El tamaño y el estilo de las herramientas que compre dependerán del tamaño y naturaleza de su jardín y de su propio tamaño y fuerza. Mientras que las palas y las horcas más grandes realizarán el trabajo más rápidamente, si usted es pequeño es mejor no optar por los elementos más grandes y pesados. Compre las herramientas de mejor calidad que pueda, ya que serán más ligeras y mucho más duraderas que los modelos más baratos. Compruebe cómo se siente con la herramienta antes de comprar una puesto que el equilibrio es también un elemento importante.

LAS HORCAS

Hay dos tamaños principales: la horca estándar y la horca de lindes, que es más estrecha, con puntas más pequeñas. Use horcas para cavar la tierra, introducir fertilizantes y levantar vegetales. Las que tienen puntas de acero inoxidable son caras, pero ligeras y fáciles de usar. El asa puede tener la forma de una D o de una Y. Elija la que le parezca más cómoda.

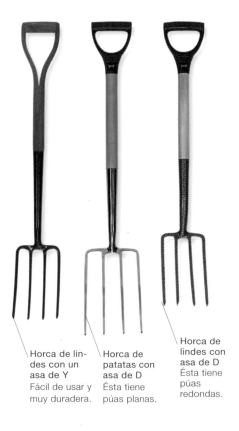

Horca de lindes con un asa de Y
Fácil de usar y muy duradera.

Horca de patatas con asa de D
Ésta tiene púas planas.

Horca de lindes con asa de D
Ésta tiene púas redondas.

Pala de lindes
Adecuada para jardineros más pequeños, le permite cavar sin demasiado esfuerzo.

Pala de lindes
Una hoja revestida hace que este tipo sea fácil de limpiar y de mantener libre de la oxidación.

Pala estándar
La huella en la parte de arriba de la hoja alivia la presión en el empeine.

Pala
Una herramienta ideal para mezclar estiércol.

Pala para postes
Muy duradera, se usa para instalar postes en las vallas.

Pala de Cornualles
Una herramienta inusual que se puede usar para tareas duras como cavar una zanja.

LAS PALAS

De nuevo, hay dos tamaños principales: la pala estándar y la pala de lindes. Las palas sirven para cavar; el tamaño de la pala de lindes es mejor para personas más pequeñas y para situaciones más limitadas. Una pala bien fabricada y bien equilibrada es esencial ya que si no está bien equilibrada será, en gran medida, un castigo y el trabajo será más duro. De nuevo, el tipo de asa será en forma de D o de Y. Las palas son útiles para transportar el estiércol orgánico voluminoso; las palas de Cornualles se usan en Europa en lugar de las palas para cavar la tierra.

LOS RASTRILLOS

Son útiles para crear una buena tierra de cultivo, para un semillero y para recoger hojas. Algunos rastrillos tienen mangos retráctiles, lo que facilita su almacenamiento. Para crear una tierra de cultivo, un rastrillo de acero con púas cortadas muy juntas es lo más valioso. Para recoger hojas, es útil el rastrillo de púas con muelle, donde éstas están más espaciadas. También es bueno para quitar el musgo muerto del césped.

Rastrillo de acero
Cuanto más ligero sea el rastrillo, mucho mejor, pero asegúrese de que compra uno con púas bastante cercanas y cabeza forjada y plana.

Rastrillo de púas con muelle
Se usa para quitar el musgo y la hierba marchita del césped.

Rastrillo para basura
Modelo con dientes de goma que es bueno para barrer piedras y otras basuras.

Rastrillo de púas con muelle
Fabricado con materiales más ligeros que la madera, este modelo es ideal para barrer hojas muertas.

Azadón holandés
Ideal para limpiar de hierbas y marcar límites para sembrar.

Azadón para las lindes
De nuevo, muy bueno para limpiar de hierbas e introducirse en zonas más densas.

Azadón de cuello de cisne (también conocido como azadón de flecha)
Usado para sacar la maleza grande cortándola.

LOS AZADONES

Son útiles para quitar la maleza anual de las lindes y parcelas con vegetales. Hay dos estilos principales: el azadón holandés, con una cuchilla plana rectangular, y el azadón de cuello de cisne, que tiene una cuchilla montada en ángulo recto al mango. Puede escoger el tipo que prefiera. Los azadones con mangos retráctiles se pueden almacenar fácilmente.

El uso de horcas, palas, rastrillos y azadones

Es importante que maneje las herramientas de forma eficaz y correcta. Cuando are o levante grandes pesos, intente mantener su espalda tan recta como le sea posible y las rodillas flexionadas, evitando ejercer una tensión extra sobre su columna vertebral.

Todos los jardines necesitan ser arados en algún momento. El suelo que no sea cultivado durante algún tiempo necesitará ser arado doblemente, es decir, ararse a dos profundidades de la pala. También usted necesitará incorporar alguna materia orgánica voluminosa en el suelo: es mejor usar una horca para esto. El arado más ligero, conocido como arado simple, se hace normalmente cada otoño. Permite que el jardinero are el suelo y añada más materia orgánica. Los bordes que estén llenos de plantas perennes herbáceas pueden necesitar ser arados parcialmente a medida que se extraen o se dividen las plantas viejas y se añaden unas nuevas. Las horcas y palas pequeñas para las lindes son las mejores herramientas para completar esta tarea.

Cuando esté arando, asegúrese de que trabaja siempre de manera sistemática, por hileras. La primera hilera de suelo removido necesitará ser transferida al final de la parcela para rellenar la última hilera. Puede resultarle más fácil esta tarea si marca la zona que planea arar con cordel de jardín. Si está arando una parcela razonablemente grande, le quedará una gran porción de suelo; puede ser más fácil usar una carretilla de mano

EL ARADO

Arar la tierra crea mejores condiciones de crecimiento para sus plantas y es el método más fácil y más rápido para crear una buena capa de suelo libre de maleza. Arar la tierra no sólo mejora el drenaje, sino que abre el suelo al aire, permitiendo que la materia orgánica se descomponga más fácilmente para liberar nutrientes.

1 *Introduzca la pala verticalmente, con un pie presionando sobre la cuchilla de la pala. El mango debe estar algo ladeado y lejos de usted.*

2 *Si la capa superficial está compacta, y es difícil continuar, mueva la pala hacia atrás y hacia delante para conseguir de esta manera la profundidad requerida.*

3 *Llevando el mango hacia usted, deslice su mano derecha por éste y doble algo sus rodillas para tener un buen equilibrio, antes de hacer palanca para sacar tierra.*

4 *Levante el suelo con la pala, enderezando sus piernas para que recaiga sobre éstas el peso y no sobre su zona lumbar. Trabaje con ritmo y coja cargas fáciles.*

para transportar la tierra arada recientemente a su destino.

Con el suelo mejor cultivado, puede ponerse en marcha simplemente arándolo. Use la horca para extraer la maleza, las piedras y otros objetos del suelo acabado de arar.

La limpieza de hierbas

Usted necesitará extraer la maleza (véanse las páginas 148-149). Un azadón de peso ligero es ideal para sacar la maleza anual. Empuje o tire del azadón por la superficie, cortando las hierbas por la base.

Las horcas más pequeñas, con los mangos largos o cortos, también son útiles para extraer la maleza y para pequeñas tareas de siembra.

El uso del rastrillo (a la derecha)

Rastrillando toda la parcela propuesta para un parterre o linde, producirá una buena tierra cultivada para sembrar o plantar.

EL ABONO DURANTE EL ARADO

La clave de un suelo sano es el abono animal o el compost vegetal. El método para incorporar este acondicionador al suelo con un rastrillo zanja es una técnica sencilla de dominar.

CONSEJO

Si el drenaje es escaso, la tierra en el fondo de cada zanja puede desmenuzarse con una horca antes de que el abono se añada la zanja y sea cubierta.

1 *Durante el arado, ponga una capa de 5-8 cm (2-3 in) de abono muy podrido en la primera zanja y mézclelo con el suelo en el fondo antes de volver a rellenar la zanja.*

2 *Una vez que haya abierto la segunda zanja y rellenado la primera con tierra, coloque una capa de 5-8 cm (2-3 in) de abono muy podrido en el fondo de la segunda zanja.*

Herramientas manuales

Hay una amplia gama de herramientas manuales disponibles para tareas específicas de jardinería. Los dos elementos esenciales son una horca pequeña de mano y una paleta de mano. Para tareas de mantenimiento general, se necesitan también un martillo y un mazo, y si tiene adornos necesitará un cepillo de alambre y otro de restregar para extraer los depósitos de algas. También son necesarios los almocafres, la cuerda y el cuchillo. Menos importante, pero útil, es una plantadora de bulbos, particularmente si está plantando bulbos en grandes cantidades (véanse las páginas 110-111).

LAS PALETAS

Como con las palas, éstas vienen en diferentes tamaños y formas. La más utilizada es la paleta de mango corto, pero un modelo con mango largo puede ser útil para espacios complicados, como también lo es una paleta con una hoja delgada. Las hojas de acero inoxidable son más caras, pero son más ligeras y más fáciles de usar.

LAS HORCAS DE MANO

La horca de mano es otra herramienta de jardinería indispensable, con los modelos de mango corto y largo disponibles. De nuevo, son recomendables aquellas con púas de acero inoxidable. Asegúrese de que el mango de la horca esté firmemente fijado a las fugas, ya que en los modelos más baratos el mango se separa.

Paleta manual
Ideal para el uso diario para plantar y mantener los parterres, las lindes y los recipientes.

Paleta de mango largo
Permite que el jardinero trabaje más hacia el interior de la linde.

Horca de mano
Muy útil para remover la tierra y para limpiarla de maleza manualmente.

Horca de mano
Éstas pueden tener tres o cuatro púas según el tamaño.

Horca de mango largo
Puede utilizarse para el acabado en tareas de difícil alcance en su jardín, para evitar doblarse demasiado.

EL AZADÓN MANUAL

Cuando limpie pequeños parterres y lindes de maleza donde el espacio es reducido, un azadón manual es la mejor opción. Funciona de la misma manera que un azadón de jardín normal.

Azadón de cebolla
Permite al jardinero cavar de cerca y hacerlo así con más precisión.

LA LIMPIEZA DE MALEZA

La maleza no sólo es un problema de parterres y lindes, puede también propagarse por el pavimento y los senderos de grava.

Limpiador de pavimento
Le permite limpiar de hierbas justo en las grietas.

EL CEPILLO DE ALAMBRE

Si tiene superficies de madera en el jardín, necesitará fregarlas regularmente para sacar los depósitos de algas. Escoja un cepillo muy fuerte con mango grueso.

Cepillo de alambre
Éste es el tipo perfecto para multitud de tareas que implican la limpieza de los depósitos de algas.

EL MARTILLO Y EL MAZO

Para todos los tipos de tareas de mantenimiento, desde reparar vallas y cobertizos hasta martillear clavos para sostener cables, usted necesitará un martillo y un mazo.

Martillo de garra
Siempre a mano para tareas agrícolas diarias que puede tener que hacer en el jardín.

Martillo de dos manos
Ideal para golpear estacas de árbol y postes de vallas.

Mazo de madera
Útil para golpear estacas y cañas que podrían romperse bajo utensilios más pesados.

LA CUERDA

La cuerda es un accesorio con múltiples objetivos que se puede usar para todo, desde atar plantas hasta marcar nuevos parterres.

Cordón de jardín y marcador
Es la herramienta básica necesaria para colocar las lindes, el pavimento y los bordes de las parcelas de vegetales perfectamente rectos.

LAS ETIQUETAS

Accesorios vitales para cualquier jardinero que quiera saber lo que ha plantado y cuándo. Las etiquetas tienen diversas formas, materiales y colores.

El uso de herramientas manuales

Gradualmente, usted formará una colección de herramientas manuales que le servirán bien durante años. Como con todas las herramientas, es importante escoger las herramientas manuales que les vayan bien a usted y a su jardín y mantenerlas bien. Tómese el tiempo necesario para planear qué herramientas necesitará al comienzo y resérvese un momento para pensar cómo almacenarlas, ya que su pequeña colección de elementos esenciales pronto crecerá.

Las herramientas manuales son utilizadas con más frecuencia que el resto del equipo de jardinería y de muchas formas, son el mejor amigo del jardinero. Con el paso del tiempo, se encariñará con ciertas herramientas y buscará modelos de un fabricante en particular si es de uso ligero, cómodo y eficiente para usted.

Desafortunadamente, las horcas y paletas con mangos marrones se confunden muy bien con las pilas de las hojas, y es frecuente que las pierda, y las encuentre meses más tarde cuando las púas se han oxidado y los mangos se han podrido parcialmente. Para evitar esto, puede pintar los mangos o atarlos con cinta de gran colorido, que será mucho más visible entre los tonos naturales del jardín.

Horcas manuales y paletas

Éstas deberían ser robustas y bien fabricadas, con una sensación de equilibrio cuando se cogen con la mano. La calidad de la herramienta reside no sólo en los materiales de los que está compuesta, sino también en la manera en que el mango y la hoja están unidos. Las herramientas de mala calidad a menudo se parten o se separan por el mango por lo que siempre merece la pena invertir en equipo de buena calidad. Las herramientas de mejor calidad tienen una hoja o púas de acero inoxidable.

El mantenimiento

Como todo equipo de jardinería, las herramientas manuales deben cuidarse. Merece la pena darles un lugar especial en el cobertizo del jardín o en el armario de herramientas, de manera que pueda encontrarlas fácilmente y que no se deterioren. Recuerde limpiar sus herramientas después de usarlas y engrasar las hojas de acero inoxidable regularmente.

El uso de una horca manual (a la derecha)

Las horcas manuales son esenciales para limpiar ligeramente la maleza. Una horca de buena calidad le durará varios años, así que tómese su tiempo para escoger una que sea cómoda de usar.

El uso de una paleta manual (más a la derecha)

Las paletas son valiosas para plantar en recipientes o trasplantar pequeñas plantas. Límpielas bien siempre después de usarlas.

El uso de un azadón manual (arriba)

Arrastre el azadón por la tierra llevando la hoja hacia usted, quitando así la maleza del terreno.

El almocafre (arriba)

Un almocafre es ideal para hacer agujeros durante el trasplante, particularmente de verdura que se ha cultivado en un semillero.

Cepillo de alambre (arriba)

Herramienta excelente para limpiar su equipo de jardinería o, como se muestra aquí, para el trabajo sobre piedra de un estanque o elemento acuífero.

Otro equipo de jardinería

Además del conjunto de herramientas manuales necesario, usted necesitará un equipo, que se mantiene mejor almacenado en una caja de accesible y al alcance. Nada es más irritante que planear pasar tiempo en el jardín para encontrarse entonces con que la cuerda, las etiquetas, el marcador indeleble o cualquier cosa que quiera no están en su lugar correcto.

La cuerda o cordón

Necesitará al menos un ovillo de cuerda o cordón, verde o de color natural. Si compra cuerda en un envoltorio de celofán, no quite el envoltorio: simplemente haga un agujero y saque el extremo de la cuerda. Si le quita el envoltorio al ovillo, se desovillará, enredándose, y nunca encontrará el extremo. Almacene la cuerda en un lugar seco para evitar que se pudra.

El alambre para jardín

De espesor medio o grueso, el alambre de jardín es muy valioso para insertar las enredaderas en las paredes, sujetándolo a los clavos de trepadoras y usando un martillo en la pared.

Los clavos de albañilería y los de trepadoras

Éstos se usan cuando se crean apoyos para plantas de pared: se necesita un martillo con el que clavarlos. Los clavos de albañilería y los de trepadoras deberían insertarse en las juntas de mortero entre ladrillos.

Los lazos y soportes

Se encuentra todo tipo de lazos fácilmente, desde los lazos de goma gruesos, especialmente fabricados para los árboles, hasta las pequeñas tiras de plástico y alambre que se usan para cerrar sacos de basura. Los apoyos vienen de muchas formas.

La jarra graduada

Es muy útil cuando se diluye fertilizante o insecticida. Tenga cuidado de marcar la jarra y manténgala alejada de su batería de cocina diaria.

Las etiquetas y los bolígrafos marcadores

Son esenciales. Las etiquetas tienen muchas formas: desde las etiquetas metálicas de fantasía, que se basan en los diseños antiguos de casa de campo, hasta las sencillas etiquetas de plástico blanco, en las cuales escriben los nombres de las plantas usando un bolígrafo marcador indeleble. El marcador es esencial: el lápiz desaparece y la tinta se va con la lluvia.

Las cestas

Son útiles para recoger las flores marchitas y para cosechar flores y verduras cortadas. Las cestas tradicionales de caña o madera tienen mejor aspecto que las de plástico, que son más baratas, pero merece la pena pagar un poco más.

La lona de acarreo

Es útil para transportar grandes cantidades de hoja u otros residuos de jardín.

Los sacos de residuos de jardín

Esenciales si vive en una ciudad y tiene que deshacerse de basura del jardín en un contenedor municipal. Son más fuertes que las bolsas del hogar.

El equipo de poda y sierra

Hay muchas tareas del jardín que exigen el uso de equipo especial para cortar. La poda de árboles y arbustos es una tarea frecuente, como lo es la de cortar la hierba, para lo cual hay una amplia gama de máquinas podadoras especiales para podar de cerca así como podadoras para la hierba más alta. La seguridad es esencial. Cualquier equipo eléctrico debe ser usado con cuidado. No lo utilice nunca cuando llueva y asegúrese de que esté instalado un disyuntor que corte la energía eléctrica al instante en caso de accidente.

LAS SIERRAS Y PODADORAS

Hay grandes sierras para las ramas de árbol pesadas y hay sierras plegables más pequeñas que son muy útiles para las ramas que son demasiado grandes como para cortarlas con tijeras de poda.

Las sierras deben tener unas cuchillas muy afiladas.

Gran sierra de arco
Muy buena para quitar grandes ramas. Las cuchillas deberían cambiarse regularmente.

Sierra de arco media
Útil para podar árboles a pequeña escala.

Podadora de seto
Ahorra horas de trabajo manteniendo sus setos.

Sierra de podar
La cuchilla está diseñada para usarse en zonas confinadas.

LAS TIJERAS DE PODA Y LOS CUCHILLOS

Además de un cuchillo grueso y de tijeras de jardinería para cortes generales, necesitará tijeras de podar para tareas pequeñas. Hay varios mecanismos hechos a medida de tareas específicas de corte.

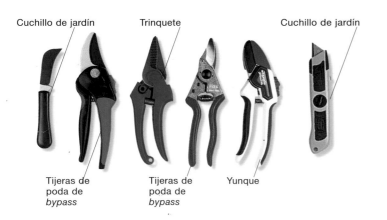

Cuchillo de jardín   Trinquete   Cuchillo de jardín

Tijeras de poda de *bypass*

Tijeras de poda de *bypass*

Yunque

EL HACHA

Usted necesitará un hacha para cortar madera talada, que debería ser de buena calidad y con una cuchilla muy afilada. Puede afilarla profesionalmente cuando sea necesario.

Hacha
Usada para tareas pesadas en el jardín.

EL PODADOR Y LA CIZALLA

Usted puede recortar los setos con una cizalla. Hay varios tipos disponibles. Asegúrese de que las cuchillas estén hechas de acero de alta calidad.

Cizalla de mango largo
Intente comprar cizallas con cuchillas dentadas, ya que sostienen la rama o el tallo mejor cuando se cortan.

Podador
Herramienta esencial para cortar ramas grandes.

Cizalla
Disponible en varios tamaños, compre una que sea cómoda de usar durante varias horas de trabajo.

CUIDADO DE LA HIERBA Y EL CÉSPED

La hierba alta exige diferente equipo que el césped de podado tradicional. Las guadañas (de mango corto o largo) y las podadoras de nailon eléctricas o de gasolina son muy útiles. Las podadoras ofrecen una gama de tipos, desde las ligeras a las pesadas, dependiendo de la naturaleza de la tarea que llevan a cabo.

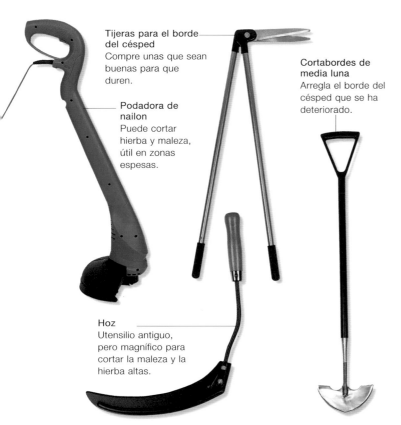

Tijeras para el borde del césped
Compre unas que sean buenas para que duren.

Podadora de nailon
Puede cortar hierba y maleza, útil en zonas espesas.

Cortabordes de media luna
Arregla el borde del césped que se ha deteriorado.

Hoz
Utensilio antiguo, pero magnífico para cortar la maleza y la hierba altas.

Cortacésped eléctrico flotante
Le permite llegar a la mayoría de zonas del césped, y cortar a través del pavimento.

Cortacésped eléctrico de cilindro
Proporciona un acabado excelente apurando el corte.

Cortacésped rotatorio de gasolina
Los recortes de hierba recogidos en una bolsa son perfectos para el estiércol.

EL EQUIPO DE SEGURIDAD

Hay demasiados accidentes en el jardín que se podrían evitar. Si está haciendo un trabajo potencialmente peligroso, lleve puesta ropa protectora: las gafas protegen sus ojos de las astillas de madera, unos guantes gruesos evitan que sus manos resulten arañadas, las orejeras son esenciales cuando se maneja un equipo ruidoso, y un casco y unas botas gruesas con refuerzos para los dedos son una necesidad cuando se podan ramas pesadas.

Orejeras
Asegúrese de que se ajustan correctamente y de que son cómodas.

Guantes
Disponible una amplia gama, dependiendo del tipo de tarea que vaya a realizar.

Un casco duro
Esencial cuando se cortan ramas pesadas.

Gafas
Para todas las tareas que implican restos que vuelan.

Botas duras
La fuerza y la protección son esenciales.

Rodilleras
Sirven para proteger sus rodillas cuando se arrodilla durante largos periodos de tiempo.

El uso del equipo de poda y sierra

Las plantas leñosas pueden ser bastante resistentes, por lo tanto, que las cuchillas estén afiladas es algo esencial. Recuerde que está cortando un organismo vivo, por lo que, como un cirujano, debe realizar cortes limpios para evitar dañar la planta. Eso también asegura que las heridas de la poda se curen más rápido y más eficientemente.

Las herramientas de poda de buena calidad harán breves las tareas duras, por lo tanto escoger el equipo correcto es vital.

El equipo de poda

La primera pieza esencial del equipo son unas tijeras de podar. Merece la pena tener unas realmente buenas que usted cuide especialmente y otras de menor rango para cortar un brote raro aquí y allá. Las tijeras de podar tienen diferentes tipos de cuchilla y varios mecanismos de cierre. Existen muchas opiniones sobre qué tipo debería comprar, pero depende en gran medida de las tareas que esté realizando y de lo que usted personalmente prefiera. Si compra sólo un par, escoja unas de *bypass*.

Además, probablemente necesitará una cizalla, para recortar los setos y topiario. El equilibrio es importante, como lo es el peso correcto, o se encontrará con que sus brazos y hombros se cansan rápidamente ante cualquier tarea a gran escala, para lo cual una podadora de setos eléctrica podría ser la mejor opción. (Véase la página 72.)

El cuchillo de jardín

Un buen cuchillo de jardín es esencial para una amplia variedad de pequeñas tareas que se encontrará en el transcurso del mantenimiento de su jardín. Tareas tales como cortar, recoger flores y vegetales para llevar al interior de la casa, o la poda, pueden llevarse a cabo con un cuchillo plegable, afilado y de uso general. Mantenga la cuchilla engrasada y afílela a intervalos regulares: una cuchilla de borde desafilado que no corta adecuadamente probablemente dañará la planta y favorecerá que penetre alguna enfermedad a través de la herida hecha jirones.

La cizalla

La cizalla de jardín se usa para recortar los setos y para cortar las plantas perennes agonizantes en otoño. También puede usarla para tareas más pequeñas, como el mantenimiento de una pequeña zona de césped. Para lograr un buen corte parejo, debe mantener las cuchillas paralelas a la línea del césped o seto, siguiendo una línea previamente colocada de cuerda o bramante si es necesario.

Los podadores y los taladores

Los podadores y los taladores se usan para tareas más pesadas, como podar ramas. Compre un buen par con cuchillas muy afiladas para

El uso de tijeras de podar (arriba)
Para ramas menores de 12 mm (½ in) de diámetro, las tijeras de poda son ideales. No intente cortar ramas más gruesas, ya que ello dañaría la cuchilla.

El uso de cizalla (arriba)
La cizalla se puede usar para cortar setos y topiario. Asegúrese de que las cuchillas se mantienen afiladas y engrasadas para producir cortes más limpios y más rápidos.

hacer que la tarea sea un poquito más fácil.

Los cortabordes de césped

Si tiene el césped podado, necesitará herramientas para cortar los bordes, con mangos largos para mantener los bordes nítidos. Necesitará una cuchilla de media luna, que corte el césped para conseguir un borde perpendicular, y una cizalla para el césped, muy similar a la cizalla normal, pero montada verticalmente sobre los mangos largos para cortar la hierba alta.

La sierra de poda

Una pequeña sierra de poda es muy útil. Las mejores se pliegan, protegiéndole de los dientes serrados, que son excepcionalmente afilados. A pesar de ser pequeñas, abrevian el trabajo de una rama gruesa y son muy útiles para tareas de poda menores y en lugares complicados.

Los podadores de mango largo (arriba)

Son ideales para podar brotes gruesos que las tijeras de poda no pueden abordar.

Los cortabordes de césped (arriba)

Montada en ángulo con los mangos largos, la cizalla para cortar los bordes del césped forma un borde limpio y nítido para su césped sin que usted tenga que doblarse.

EL USO DE UNA SIERRA

Las sierras se utilizan a menudo para cortar ramas más grandes cuando se podan árboles y arbustos. Debido a que la madera de las plantas vivas está a menudo húmeda y relativamente suave, estas sierras tienen normalmente grandes dientes para evitar que se obstruyan. Para tareas como quitar ramas, incluso con una sierra adecuada, es mucho más seguro seguir una serie de procedimientos en lugar de arriesgarse a dañar la planta o a la persona que realiza la poda.

1 *Realice un corte por debajo de cerca de 15-20 cm (6-8 in) desde el tronco, cortando hasta un cuarto del diámetro de la rama.*

2 *Realice un corte de 5-8 cm (2-3 in) a lo largo de la parte superior de la rama, permitiendo que se divida en el primer corte sin dañar el tronco.*

3 *La siguiente fase es extraer el trozo que queda de la rama cerca del tronco del árbol con tanto cuidado como sea posible.*

4 *Pode el aro de la rama, la zona dilatada donde se une la rama al tronco principal. Dejar este aro intacto favorece la cura rápida.*

Las herramientas eléctricas

Las herramientas que funcionan eléctricamente proporcionan al jardinero la oportunidad de reducir en gran medida la dura tarea del mantenimiento del jardín. Sin embargo, deben ser manejadas con mucho cuidado y cualquier regla de seguridad deberá cumplirse al pie de la letra, ya que la combinación de agua (siempre presente en el jardín) y electricidad es muy peligrosa. Las herramientas eléctricas muy pesadas se pueden alquilar para periodos breves o más largos; aunque es probable que usted las use muy frecuentemente, es mejor alquilarlas, evitando así la necesidad de su mantenimiento. Asegúrese de que alquila el equipo a una empresa con buena reputación, de que ellos le explican exactamente cómo utili-

Cortacésped flotante eléctrico (a la derecha)

Excelente para cortar varias superficies del jardín y, con una bolsa, es una manera perfecta de añadir recortes de hierba a su montón de estiércol.

zarlo y le proporcionan el equipo adecuado de seguridad.

Podadoras de setos

La podadora de setos eléctrica que escoja se determinará por la altura y la longitud del seto y su distancia de la casa. Para los jardines delanteros, una podadora de seto eléctrica con una cuchilla de aproximadamente 40 cm de largo es quizá la mejor opción. Aquellas con cuchillas más largas son demasiado pesadas para un uso no profesional. Para los jardines grandes, donde sería difícil de alcanzar la fuente de energía, una podadora de gasolina

sería lo mejor. Los guantes y las gafas son siempre recomendables para su seguridad.

Cortacéspedes

Su elección de cortacésped dependerá del tamaño del césped que busque o que tenga y de si desea una apariencia tradicional. Si desea un acabado sin hierba suelta, necesita comprar uno con una caja que recoja la hierba. Para

Podadora de seto (arriba)
Las herramientas eléctricas son ideales para abordar tareas mayores. Aquí, un seto está siendo cortado utilizando una guillotina eléctrica para setos.

Un cortacésped (a la derecha)
Para jardines grandes, los cortacésped tipo tractor son la mejor solución. Tienen una amplia gama de estilos y tamaños, y son de gasolina.

céspedes pequeños, un cortacésped manual es perfectamente
adecuado, pero para los mayores
un cortacésped motorizado le
ahorrará mucho esfuerzo. Hay
cortacéspedes motorizados que
van o hacia delante o hacia atrás,
con un movimiento cilíndrico o
rotatorio, y podadores de gasolina,
para ir montado, o tirados por
tractor, para zonas mucho más
grandes.

Los cortacéspedes de acción
cilíndrica normalmente tienen
rollo trasero que produce el efecto
«a rayas» del césped tradicional.
Los podadores flotantes y rotatorios cortan la hierba de modo
similar a como lo hace la guadaña
y son particularmente buenos
para la hierba alta o gruesa. Se
debe tener mucho cuidado con el
flexo de los podadores eléctricos,
y debe colocarse un mecanismo
disyuntor para evitar accidentes

en caso de cortarse el cable. No
use nunca un podador eléctrico (o
cualquier otro aparato eléctrico)
en el jardín en tiempo lluvioso.

Cortadoras de maleza

Son ideales para cortar la hierba y
la maleza de poco peso en zonas
complicadas (en una ladera, por
ejemplo). Las máquinas cortadoras funcionan con un cordón de
nailon cortante, flexible y gira-
torio, y son útiles para cortar la
hierba ligera. Los taladores de
maleza tienen un cabezal rotatorio con una cuchilla metálica y
son útiles para cortar plantas más
pesadas. Ambos pueden moverse
por gasolina o funcionar eléctricamente. Algunas máquinas
cortadoras funcionan con batería,
lo que permite mayor libertad de
movimiento. Sin embargo, la
batería necesitará recargarse
frecuentemente.

Los cultivadores rotatorios

Aligeran el trabajo de arar sobre
una zona grande y son ideales para
un trozo de tierra nuevo. Sin
embargo, el cultivador rotatorio
también puede cortar maleza
perenne y esparcirla de forma
muy amplia, propagándola. Es
aconsejable que saque con la
horca cualquier maleza perenne
de raíces profundas antes de
comenzar a arar.

EL USO DE UN MOTOCULTOR

Hay muchos tipos diferentes de motocultor disponibles y todos funcionan sobre el mismo principio básico, con cuchillas
de acero rotatorias para remover la tierra. La mayoría de máquinas están equipadas con un selector de
profundidad, que funciona limitando la profundidad con la que las cuchillas rotatorias pueden penetrar en el suelo.
La velocidad de la máquina y la de las cuchillas determinarán lo bien cultivada que esté la tierra.

1 *Seleccione el indicador de
profundidad. Si la tierra es dura,
haga un arado superficial antes de
hacerlo con otra profundidad.*

2 *Para tierra de cultivo excelente,
seleccione una velocidad hacia
delante lenta y una rotatoria rápida.
Mueva la máquina a paso regular.*

3 *Permita que el ala trasera se
arrastre sobre el cultivo justo
detrás del rotor para lograr una
superficie nivelada y plana.*

4 *Apague el motor y desconecte la
bujía. Extraiga la tierra con un
trozo de madera y limpie luego las
cuchillas con una manguera.*

El equipo de riego y trasplante

El riego es esencial para el crecimiento de las plantas. A menos que pueda instalar un sistema de riego en su jardín, las regaderas básicas proporcionan un modo de mantener la salud de las plantas. Sin embargo, hay también una multitud de mecanismos modernos disponibles que hacen que el proceso sea mucho más fácil que dependiendo exclusivamente de una regadera. Por otro lado, cuando se transportan herramientas y materiales por el jardín, la antigua carretilla es, con mucho, el equipo más eficiente que puede usar.

LAS REGADERAS

Las regaderas se usan principalmente en los invernaderos, para maceteros y para necesidades de plantas individuales, como plantas de semilleros y esquejes. Hay varios tipos y tamaños disponibles en todos los centros de jardinería y en algunas tiendas de bricolaje.

Regadera de plástico
Una regadera de plástico de chorro largo es perfecta para el jardinero de invernadero.

Regadera metálica
El tipo de regadera más grande es particularmente útil para el jardinero en cuya zona puede estar prohibido usar mangueras debido a la sequía.

Alcachofa
Es desmontable y proporciona un riego grueso o fino dependiendo del tamaño de los agujeros.

El riego (arriba)
La alcachofa de esta regadera se ha girado hacia arriba, proporcionando un fino riego.

Manguera de jardín
Almacene su manguera perfectamente enrollada, de otro modo tras un periodo de tiempo se volverá inutilizable.

Mangueras transportables
Le permiten transportar agua a los lugares más lejanos del jardín sin forzar su espalda.

LAS MANGUERAS

En jardines grandes, una manguera es esencial y resultará más barata a largo plazo si paga un poco más por una manguera de mejor calidad, que le dará años de servicio. Las mangueras tienen varias longitudes, por lo tanto use una que sea lo suficientemente larga para alcanzar todas las zonas de su jardín. Intente mantener su manguera en buen estado evitando que se retuerza. Las modernas tienen variados accesorios que permiten un fuerte chorro de agua, un *spray*, una rociada, una ducha o el alimento.

LOS INYECTORES Y AEROSOLES

Actualmente hay una amplia variedad de utensilios que facilitan que el jardinero alcance cada zona del jardín que necesite agua. Si está regando diariamente o a ciertas horas del día, dirigiendo el aerosol a un área específica o cubriendo una masa del césped y de bordes tan grande como sea posible, los fabricantes han creado algo para ayudarle a ganar la batalla contra la sequía en el verano.

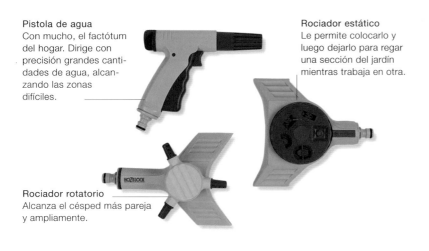

Pistola de agua
Con mucho, el factótum del hogar. Dirige con precisión grandes cantidades de agua, alcanzando las zonas difíciles.

Rociador rotatorio
Alcanza el césped más pareja y ampliamente.

Rociador estático
Le permite colocarlo y luego dejarlo para regar una sección del jardín mientras trabaja en otra.

Lanza de riego
Perfecta para regar cestas y plantas colgantes que son difíciles de alcanzar, como las plantas de maceta de invernadero.

Rociador oscilante
Proporciona un riego concentrado en una zona antes de trasladarse a otra. Ideal para el jardinero con un césped grande o de elevado mantenimiento.

LAS CARRETILLAS

Cuando tenga materiales pesados, tales como el estiércol, que transportar de una parte del jardín a otra, una carretilla le ahorrará tiempo y energía. El «navvy-barrer» es el diseño clásico y es aún popular hoy en día, pero intente comprar una carretilla galvanizada que durará mucho más que una de plástico, dándole por tanto una mejor relación calidad-precio.

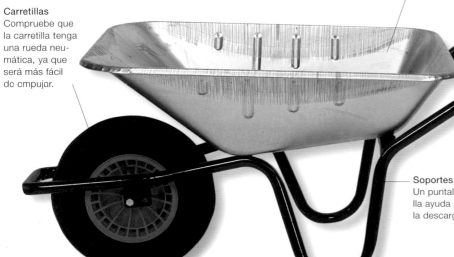

Depósito
Un depósito metálico galvanizado es preferible puesto que será más fuerte y resistente contra la oxidación. Es más profundo por delante, permitiendo que transporte más peso.

Carretillas
Compruebe que la carretilla tenga una rueda neumática, ya que será más fácil de empujar.

Mangos
Asegúrese de que los mangos tienen una buena sujeción y que no se aflojarán con el paso del tiempo.

Soportes
Un puntal delantero de la carretilla ayuda a facilitar mucho más la descarga.

El uso del equipo de riego y aspersión

Usted pasará inevitablemente una gran parte de su tiempo en el jardín asegurándose de que sus plantas tengan un adecuado suministro de agua. Antes de comprar cualquier equipo de riego, considere sus necesidades atentamente y recuerde siempre que el agua es un recurso preciado que nunca debería malgastarse.

Hay una gama muy amplia de equipo y de sistemas de riego disponibles para el jardinero. El equipo que necesita depende del estilo de su jardín y del clima local.

Las regaderas

Usted necesitará casi con seguridad una regadera manual para las plantas que necesitan una atención individual, y para regar las bandejas de semillas y los semilleros nuevos. Las regaderas tradicionales están compuestas de metal galvanizado, y aunque parecen más atractivas, son más pesadas que las de plástico. Las mejores regaderas están bien equilibradas, con un asa arriba para transportarlas y otra en la parte de atrás para estabilizarlas, que debería tener un largo pitorro. Puede comprar las regaderas de diferentes tamaños, desde 0,5 l (¾ pint) hasta 15 l (3 galones) de capacidad. La más grande será quizá más incómoda por pesada para la mayoría de personas cuando esté llena, así que escoja un tamaño que sea cómodo para usted. Una regadera debería regar fácilmente tan pronto como sea inclinada. Las regaderas normalmente vienen con una alcachofa (una boquilla perforada) para pulverizar agua de modo parejo y ligero.

Las mangueras

Para partes más distantes del jardín, o para suministrar agua sobre una zona amplia, necesitará una manguera con algún tipo de boquilla pulverizadora. Asegúrese de que compra una que sea lo suficientemente larga para alcanzar los rincones más lejanos del jardín (aunque las mangueras se pueden unir con ensambladuras adecuadas).

En la actualidad la mayoría de mangueras se hacen de PVC, con varios acabados para evitar que se retuerza el tubo. Las mangueras reforzadas de doble pared son más reacias a retorcerse, pero son caras. Es una buena idea comprar una bobina, de manera que la manguera salga fácilmente y no se enrede.

Varias boquillas están disponibles, incluyendo las lanzas y las pistolas, que dirigen un chorro de agua fina o gruesa a cierta distancia. Los rociadores se pueden acoplar para crear una fina lluvia sobre una zona amplia: puede comprar los tipos oscilantes, rotatorios o estáticos, que dirigen el agua de varias maneras.

Sistemas de riego automático

Para facilitar el riego, puede instalar un sistema por goteo. Hay muchos tipos diferentes en el mercado, que van de la versión más sencilla de manguera goteante, en la que agujeros espaciados de manera irregular golpean el agua al azar a lo largo de la manguera, a modelos más sofisticados con válvulas, sensores automáticos de humedad y mecanismos de cronometraje. Éstos llevan a cabo el riego cuando usted no está en casa, encendiendo los sensores el sistema cuando la tierra está seca. Con todo, las boquillas finas de algunos sistemas de riego automático pueden obstruirse con la tierra. Para evitar desperdiciar un recurso

Sistema de riego por goteo

Éste es el modo perfecto de crear un sistema de riego barato y fácil que riegue todas las partes de su parcela de verduras, parterres y bordes de modo parejo.

tan preciado, también es importante la posición del sistema, ya que usted necesita que el agua llegue cerca de la base de la planta.

Equipo de pulverización

Mantenga un conjunto separado con el equipo de pulverización para manejar productos químicos. Puede comprarlo todo, desde pulverizadores pequeños y manuales con un mecanismo de gatillo, que tienen una capacidad que va desde 0,5 l (¾ pint), hasta los pulverizadores de mochila con una bomba de compresión que contiene grandes cantidades.

El uso de un pulverizador

Usted puede pulverizar productos químicos solamente en días sin viento, preferiblemente durante la noche, después de que todos los insectos beneficiosos se hayan retirado. Lleve ropa protectora y si su piel entra en contacto con cualquiera de los productos químicos, lávela a conciencia.

El riego de recipientes y macetas (arriba)

Los semilleros y las plantas que crecen en recipientes necesitan un riego frecuente, especialmente durante los meses cálidos.

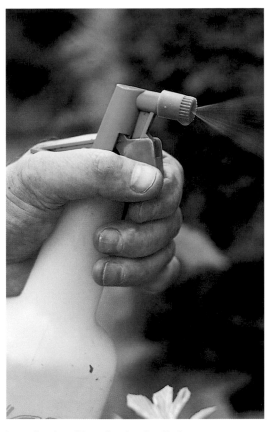

La pulverización selectiva (arriba)

Un pequeño pulverizador manual es ideal para las plantas pequeñas, o para pulverizar una pequeña zona de un espécimen más grande.

EL USO DE UN PULVERIZADOR

La pulverización es una de esas operaciones de sostén principal que han sido una parte esencial de la jardinería durante generaciones. Incluso con el cambio de énfasis de nuevo hacia la jardinería orgánica, muchos de los materiales usados para ayudar a controlar las plagas y enfermedades son todavía aplicados como pulverizadores de las hojas. Es importante limpiar el pulverizador antes de usarlo enjuagándolo con agua limpia, y después de usarlo enjuagarlo con una solución detergente, seguida de agua limpia.

1 *Comience midiendo la cantidad correcta de concentrado químico. Lleve ropa protectora, incluyendo las gafas y los guantes desechables.*

2 *A continuación, llene hasta la mitad el depósito del pulverizador con agua limpia antes de añadir la cantidad medida de concentrado químico al depósito.*

3 *Añada el resto del agua hasta que el nivel de agua/producto llegue a la marca del depósito. Con una caña limpia, mueva los contenidos para que se mezclen bien.*

4 *Selle el depósito del pulverizador e ínflelo con la presión correcta antes de pulverizar las plantas. Nunca pulverice las plantas cuando haga viento.*

Técnicas de levantamiento y traslado

El cuidado del jardín generalmente implica una parte de trabajo pesado, así que merece la pena hacerse con un equipo adecuado de traslado. También necesita aprender a levantar cargas pesadas y a mover objetos específicos grandes, como un recipiente pesado, sin dañarse usted mismo.

Su elección de equipo de levantamiento y traslado depende en cierta manera del tamaño y naturaleza de su jardín.

Sea cual sea la carga que intente levantar, acuérdese de flexionar las rodillas para cogerla, en lugar de doblar la espalda. Si mantiene su espalda recta, sus piernas, en vez de su columna, notarán la tensión de la carga, con muchas menos probabilidades de dañarse. En los jardines que sean pequeños, en lugar de una carretilla puede ser más práctico optar por un pequeño pero sólido carrito de ujier, que se puede usar para trasladar objetos pesados como las bolsas de estiércol o los recipientes. Deslice la carga sobre el reborde y entonces incline el carrito para trasladarla.

Siempre es conveniente la compañía de una segunda persona para ayudarle a estabilizar la carga mientras lleva el carrito hacia su destino.

Las carretillas

Si tiene una parcela de tamaño mediano o grande, necesitará de forma casi segura una carretilla de algún tipo. Hay dos tipos principales: la carretilla tradicional, de una sola rueda bastante estrecha y sólida o una rueda neumática, y la carretilla de balón, que tiene una sola rueda parecida a un balón de fútbol. La primera es mejor para transportar cargas pesadas sobre tierra sólida, y la última, para rodar por tierras recientemente aradas. Recuerde que si invierte en una carretilla metálica de buena calidad, aunque generalmente dure más que una de plástico más barata, finalmente se oxidará (aunque dejar la carretilla del revés cuando no se usa retrasa el proceso)

Sábanas y bolsas de transporte

Normalmente están hechas de plástico entretejido y tienen asas (en cada esquina para las sábanas). Son ideales para transportar los residuos de la poda o grandes cantidades de hojas.

Cestos ovalados y cestas

Los cestos poco profundos tradicionalmente conocidos como cestos ovalados, hechos de madera, se pueden usar para varias tareas en la zona del jardín, desde quitar la maleza

El traslado de materiales pesados (derecha)

Para evitar dañarse la espalda, mantenga siempre una postura erguida cuando traslade una carretilla muy cargada. Mientras que no sobrecargue la carretilla, ésta debería moverse fácilmente sobre la mayoría de superficies de jardín.

manualmente hasta llevar la producción. Los cestos con formas similares están disponibles en plástico, que es mucho más duradero, aunque son mucho menos bonitos.

Mover recipientes pesados

Cuando tenga que trasladar recipientes pesados, debe planearlo por adelantado. Necesita un ayudante, y también requerirá una tabla gruesa y varias espigas (las longitudes de tubo de espesor estrecho son ideales).

Con la colaboración de su ayudante, deslice el recipiente por la tabla, cuyo extremo delantero se habrá elevado usando la longitud de las tuberías o espigas. Entonces deslice una segunda tubería bajo el extremo delantero de la tabla, y haga rodar la tabla con el recipiente en ella hacia adelante, colocando un

tercer trozo de tubería bajo el extremo delantero. Recoja el primer trozo de tubería cuando salga del extremo trasero de la tabla insertada delante. De este modo puede hacer rodar la tabla con el recipiente en ella sobre superficies planas.

Método alternativo

Todo lo que necesita es un ayudante y un gran trozo de tela de saco fuerte para esta tarea. Balancee el recipiente ligeramente hasta que descanse encima de un trozo grande de saco. Usted y su ayudante agarren a continuación una esquina del saco cada uno y tiren del saco lentamente, con su carga, hacia el nuevo lugar. Éste es un método muy directo, pero debería intentar adoptar una postura segura para evitar causarse serios daños a usted mismo.

EL TRASLADO DE RECIPIENTES PESADOS
Si no tiene una carretilla o un carrito de ujier a mano, pero tiene un ayudante cerca,
puede utilizar otros materiales para mover recipientes pesados por el jardín.

Método alternativo (arriba)
Los contenedores también pueden moverse colocándolos sobre una tela de saco o una sábana de plástico pesada y arrastrándolos después hacia su nueva posición. Tenga siempre un ayudante, mantenga un bajo centro de gravedad y no se estire demasiado.

1 *Comience con una tabla fuerte de madera que sea lo suficientemente ancha para transportar su recipiente. Coloque una espiga debajo para hacer palanca, arrastre luego el recipiente hacia la tabla.*

2 *Inmediatamente coloque otra espiga debajo de la tabla y comience a empujar el improvisado carrito a lo largo. A medida que cada espiga salga por detrás, colóquela delante.*

3 *Ahora tiene suficiente impulso para empujar el recipiente hacia su nuevo lugar. Obviamente esto funcionará sólo sobre superficies planas y duras, no sobre la hierba o la grava.*

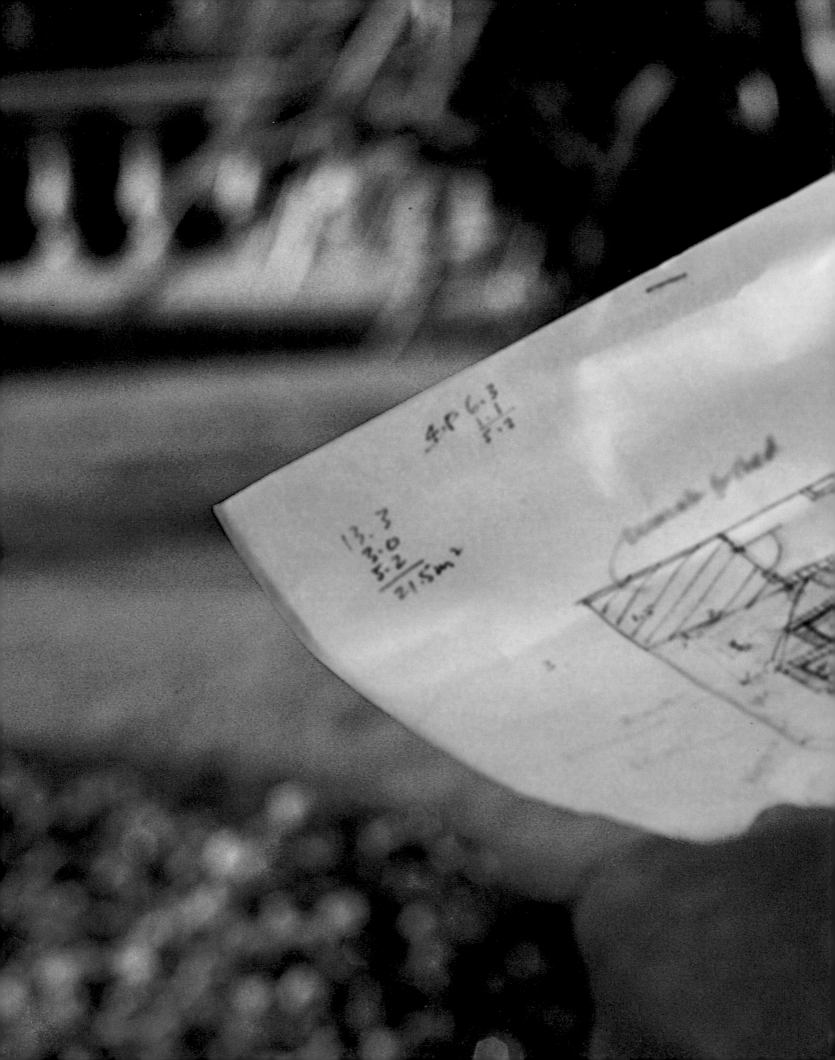

La planificación
de su jardín

Cómo planificar para plantar

Para crear un buen plan para plantar tiene que tener en cuenta los efectos en tres dimensiones, así como también la medida, el color y los cambios con el paso del tiempo. Organizar estos diferentes elementos necesita planearse con cuidado, pero no es necesario que un borde sea obligatoriamente elaborado o que requiera mucho tiempo para ser efectivo.

Cualquier plan para plantar necesita una variedad de material para tener buen aspecto. Es aconsejable cultivar plantas con varias alturas, formas y tipos de hoja. Los árboles, con sus simples troncos y marquesina de hojas arriba, le ayudarán a crear zonas de sombra y añadirán intimidad, también proporcionarán un hábitat muy necesario para la vida salvaje, pero recuerde que las raíces ocupan la extensión de la canopia y los árboles grandes no deberían nunca plantarse cerca de las paredes de una casa. Los árboles achaparrados oscilan entre más de 6 m (20 ft) de altitud y variedades que crecen bajas y se desparraman cubriendo útilmente la tierra. La elección de una mezcla de árboles perennes y caducifolios logrará un jardín atractivo durante todas las estaciones; siempre merece la pena comprobar si las plantas preferidas tienen buen aspecto fuera de la estación, por ejemplo, ¿tienen un color atractivo de corteza y de hoja en otoño o quizá flores olorosas en invierno?

El estilo de plantar

El estilo de plantar que elija se verá determinado no sólo por el espacio disponible, sino también por la hora a la que atiende el jardín. El plantar bien con un mantenimiento bajo

Borde herbáceo tradicional (arriba)
*Aquí, las altas verticales (**verbascums**) añaden interés a un borde y actúan como un punto focal, atrayendo la vista a esta parte del parterre.*

Tendencias de colores (a la izquierda)
En este gran jardín, las plantas perennes de colores armoniosos proporcionarán una cubierta del terreno que es relativamente fácil de cuidar. Los grandes bloques de color dan al jardín una sensación de unidad.

incluye los bordes de los árboles achaparrados, la cubierta de la tierra y las plantas de hoja perenne, como los helechos, los bambúes y la hierba, que requieren una atención mínima.

Bordes de plantas perennes

Para aquellos con más tiempo libre, un borde de plantas perennes herbáceas tradicionales es una delicia y desarrollará su talento como diseñador mientras se esfuerza por orquestar una muestra de plantas de tamaño adecuado con los colores que ha elegido a medida que las estaciones avanzan. No sólo necesita una visión artística para idear el esquema de color, sino que también necesita poder calcular la altura y extensión finales de cada planta, de manera que el borde se eleve hacia atrás, asegurando que cada planta se vea en todo su esplendor. Desarrollos más recientes en cuanto a diseño han abrazado el uso de la hierba en los bordes herbáceos. Aquellos que proponen esta manera mixta de plantar, como Beth Chatto y Piet Oudolf, han mostrado un interés por un estilo mucho más relajado, que implica menos o ningún riesgo y permite que la naturaleza se vea más libre. Este modo de plantar tiende a concentrarse en grandes bloques de color y sombras que dan tono; las plantas se eligen por su similitud de altura y formas, creando un baño de color gentil por todo el jardín.

Ningún esquema de plantación funcionará bien a menos que haya escogido las plantas adecuadas. Las zonas separadas del jardín tienen diferentes condiciones de tierra y niveles de luz. Un borde seco necesitaría una mezcla muy diferente de plantas que una zona húmeda y sombría; de modo similar, un borde sobre un suelo alcalino necesita un tipo completamente diferente de plantar a uno sobre suelo ácido.

Helechos, bambúes y hierba (arriba)

No todos los planes de plantación dependen del color para crear un efecto visual bellísimo en un borde. La textura y la forma tienen la misma importancia, como demuestran estas hierbas y bambúes perennes.

	PLANTAS FRECUENTES DE LINDES		
	Colores fríos (colores pastel) Azul claro, crema, limón, rosa claro, lila claro	Colores cálidos (vibrantes) Amarillo, naranja, rojo, rosa vivo, azul vivo	Colores de contraste (claros y oscuros) Blanco, negro, morado oscuro
Primavera	*Anemone blanda, Clematis montana,* azafrán, narciso «Locura helada»	*Muscari armeniacum,* prímulas, cebollas albarranas, tulipán «Edad Dorada»	*Geranium phaeum,* jacinto (blancos), narciso «Thalia», tulipán «Reina de la noche», campanillas blancas, *Viburnum opulus, Viola riviniana* grupo purpúreo, *Wisteria sinensis* «Alba», *Zantedeschia aethiopica*
Verano	*Dicentra spectabilis, Geranium × oxonianum, Phlox stolonifera, Verbascum chaixii*	Brachyglottis «Rayos de Sol», Crocosmia «Lucifer», delphiniums, *Geranium psilostemon, Geum rivale, Hemerocallis, Lychnis chalcedonica,* Papaverácea oriental, geranios (varios), salvias, tagetes, verbenas	Clematis «Etoile Violette», *Crambe cordifolia,* heliotropos, hostas, leucanthemums, *Lilium regale, Nicotiana sylvestris,* geranios (blancos), peonías, petunias (blancas), *Rosa* «ceberg», *Viola* «Molly Sanderson»
Otoño	*Aster novi-belgii,* crisantemos (tonos claros), *dalias* (limón y rosa), *Osteospermum* «Buttermilk»	Nasturtiums, *Nerine bowdenii,* Pyracantha «Mohave», *retama*	Asters, *Galtonia candicans*
Invierno	*Daphne mezereum, Hamamelis mollis*		*Ophiopogon planiscapus* «Nigrescens»

Cómo plantar para todo el año

Además de elegir las plantas adecuadas para el lugar, necesita pensar qué aspecto tendrán las plantas en los diferentes momentos del año. En la mayoría de los jardines, el mayor espectáculo ocurre en pleno verano, cuando la mayoría de plantas perennes y anuales están en flor. Sin embargo, en primavera, otoño e invierno también puede escoger entre una amplia gama de flores y otras plantas atractivas, desde bulbos a enredaderas o árboles ornamentales.

Es fácil sentirse seducido por la abundancia de color disponible en plantas que florecen en primavera y verano, pero recuerde que el jardín necesita tener buen aspecto todo el año. Plantar bien asegurará que su jardín sea un lugar agradable en cualquier estación.

La primavera

Ésta es la principal estación para los bulbos (aunque hay muchos que florecen en verano, y también en otoño e invierno). Los nuevos brotes se despliegan en tonos delicados de verde manzana, y los colores de las flores son predominantemente pastel, incluyendo los blancos, amarillos claros, azules y rosas claros.

En los primeros meses del año, puede disfrutar de un espectáculo maravilloso de campanillas blancas (especie *Galanthus*), que se naturalizarán y esparcirán si crecen en condiciones adecuadas. El azafrán y los narcisos siguen, con los jacintos, anémonas, jacintos de uvas y tulipanes en rápida sucesión. Entre los arbustos que florecen se incluyen el jazmín de invierno (*Jasminum nudiflorum*, ideal para cultivarse contra una pared, con tallos finos y de color verde claro y flores estrelladas amarillas), el pequeño membrillo con flo-res (*Chaenomeles*), la lauréola olorosa, como la *Daphne bholua*, la forsitia de color amarillo claro (la arqueada, y más delicada, *F. suspensa* es más atractiva que la más común *F. x intermedia*), los viburnums (varios, como los *V. burkwoodii*, tienen un aroma delicioso) y la floreciente grosella, como la *Ribes Sanguineum* («Tydeman's White») de flor blanca y tallo oscuro. Uno o dos árboles pequeños que florecen en esta época, como los cerezos, que son muy ornamentales, completan el escenario.

A finales de primavera, la tierra desnuda desaparece bajo una alfom-

De mediados a últimos de primavera (arriba)
A medida que avanza la primavera, los bulbos tales como los tulipanes ocupan el lugar de las especies más tempranas en la floración, como las campanillas blancas y los narcisos.

A finales de primavera (arriba)
*Antes del estío, las plantas como la blanca **Hesperis matronalis var**, o la albiflora («**Dame's violet**») comienzan a florecer. Se ven contra un fondo de marrones y verdes mientras el jardín comienza a vivir de nuevo.*

Verano (arriba)

A medida que el tiempo se vuelve más suave, los colores se tornan considerablemente más cálidos, con los gloriosos rosas, lilas y azules de los ajos y aquileas.

Otoño (arriba)

En otoño el color de las flores ha desaparecido, quedando sólo los tonos marrones, rojos y dorados de las hojas. El esqueleto del jardín se vuelve mucho más evidente en esta época.

bra de follaje. Las plantas perennes cultivadas por sus hojas, tales como las magníficas hostas, tienen su mejor aspecto en esta época del año, teniendo una cualidad casi translúcida las hojas desplegadas recientemente.

Comienzo y mitad de verano

La gama de color se vuelve más cálida a medida que avanza el verano, comenzando por los rosas, los azules, los albaricoques y los amarillos, cambiando después hacia los cálidos rojos, los naranjas, los rosas chillones y los morados en los meses más calurosos. En los jardines con gran extensión de hierba, mantenga los colores en un grado correcto de vivacidad: demasiados rojos fuertes y verdes pueden resultar irritantes. Sin embargo, en los jardines de ciudad o en aquellos con superficies pavimentadas, las grandes macetas de plantas perennes y anuales, de colores cálidos, tienen un aspecto estupendo.

Para los colores más suaves, las plantas perennes, como los altramuces, las liláceas, las dicentras, los delfinios, las aquileas y las margaritas, ofrecen un aspecto particularmente bueno. En el extremo más cálido del espectro, el brillante escarlata y los geranios rosas, los verbascos amarillos, las lobelias de azul brillante y las cálidas cinias son ideales para la parte delantera de las lindes o los pequeños recipientes.

Ésta es la mejor época del año para muchas enredaderas, incluyendo una gran gama de rosas y clemátides (ambas con flores no muy grandes y los más delicados cultivos de *Clematis macropetala*).

Inicio del otoño

A medida que los días se acortan, las plantas que prefieren este tipo de luz toman el centro del escenario. Entre ellas están los crisantemos, las dalias y los asteres, con una gama de colores verdaderamente magnífica. Algunas de las clemátides, como por ejemplo la *Clematis tangutica*, florecen en otoño. Muchas plantas que florecen a principios del verano, particularmente la rosas modernas, tienen una fase ascendente en esta época del año, produciendo una floración menor.

A medida que los frutos comienzan a aumentar, el jardín adopta un tono más suave. Los escaramujos, el fresno de montaña y las bayas de piracanta se suman a la fiesta visual y real del jardín. Siempre merece la pena cultivar algunas plantas de bayas para alimentar a los pájaros del lugar.

Invierno

Una vez lleguen las heladas, la mayoría del follaje suave se marchita y el jardín adopta otro carácter, volviéndose más prominentes las formas de los árboles y de los arbustos. Esto ocurre al llegar el momento de las plantas perennes, que dan estructura y forma al jardín. Unos pocos arbustos de aligustre o de recuadro recortado nítidamente, una mahonia con sus hojas espirales de flores de un amarillo vivo, las hojas oscuras y nítidas de la *Skimmia japonica* con sus olorosas corolas blancas, rosas o rojas, las flores olorosas de la *Hamamelis mollis* ayudan a dar atractivo al jardín en invierno. A ras de suelo, la flor de lis argelina (*Iris unguicularis*) y la rosa de Navidad (*Helleborus niger*) están entre las pocas plantas que florecen en invierno.

Crear un plan de plantación

Si está planeando plantar un nuevo jardín, o volver a plantar uno ya existente, necesitará idear un plan. Éste puede abarcar a todo lo jardín o sólo a una parte de él. Si planta una parte, asegúrese de que el plan armoniza con el resto del jardín. Un cambio demasiado brusco en el carácter entre las partes, sin mampara, puede conseguir que el jardín parezca incómodamente inquietante.

Usted necesita, en primer lugar, considerar los elementos prácticos clave. ¿Dónde se sentará usted? ¿Cómo llegará al cobertizo del jardín? O si no tiene uno, ¿lo necesita? ¿Cómo se moverá de un lado a otro del jardín? Es mejor evitar los senderos sinuosos, e inevitablemente nadie emprende la ruta más larga a menos que usted les imposibilite hacerlo de otro modo. Sin embargo, los trayectos en línea recta del jardín no son acogedores, así que el secreto estriba en realizar pequeñas barreras encajonadas o de santolina, o quizá crear un parterre que ocupe dos tercios del camino a través del jardín, de manera que la vista desde la casa hasta el lejano extremo se interrumpa. Esto, hace que el jardín parezca más grande de lo que es y añade atractivo visual.

Cómo añadir altura

Es importante considerar los elementos verticales igual que los horizontales. Añadir un par de árboles pequeños o de arbustos muy grandes crea una sensación de coto, intimidad y seguridad en el jardín. Si no tiene elementos del jardín más altos que una persona media, el jardín puede parecer bastante desamparado. Al incluir un elemento ocasional más grande, usted creará una zona de sombra debajo. Esto le permite variar el estilo de plantar, ya que la forma y el carácter de las plantas que prefieren la sombra (grandes hojas y pequeñas flores) son muy diferentes de las que prefieren el sol (a menudo de colores más vivos y de hojas más pequeñas).

Cómo empezar a planificar

Si usted no ha realizado nunca un plan de plantación, entonces la clave es hacerlo de manera sencilla. En un dibujo a escala de su jardín, diseñe primero la estructura: los grandes árboles y arbustos, y cualquier elemento vertical o seto (pérgolas, arcos, etcétera). Una vez que piense que tiene la posición de estos elementos clave como usted los quiere, puede comenzar a considerar completar la plantación.

La mayoría de las personas encuentra difícil realizar la transición mental de un plano a la realidad en tres dimensiones del jardín. Una solución es hacer fotografías del jardín, y aumentarlas. Entonces, usando un bolígrafo, dibuje las proporciones de los perfiles y for-

El uso de la fotografía (a la derecha)
Una fotografía le permite visualizar su jardín actual en tres dimensiones, lo que facilita el proceso de planificación en gran medida.

mas de la nueva plantación en la fotografía.

Es importante que planifique su plantación con cuidado para hacer justicia a las plantas. Necesitamos anotar no sólo el color de las flores, sino también la forma de las hojas, la estación de floración y la altura y anchura probables de las plantas. Los mejores planes para plantar son aquellos en los que usted hace un dibujo a grandes rasgos de las formas de las plantas que tiene la intención de cultivar.

Escriba el momento de floración en el dibujo y coloréelo adecuadamente. Si la planta se cultiva principalmente como follaje, utilice el color del follaje como elemento principal.

Cuando resuelva cuántas plantas incluir, anote su altura y anchura finales y deje suficiente espacio para que crezcan. No todas las plantas dan exactamente los mismos resultados que se indican en la etiqueta, pero si deja, en líneas generales, dos tercios del espacio indicado, será más o menos lo correcto. Mientras espera que los huecos se rellenen durante los dos primeros años, plante plantas perennes y anuales grandes que crezcan rápidamente y que pueda quitar fácilmente. La *Nicotiana Silvestris* o la *Macleaya cordata* son plantas grandes y buenas para rellenar estos huecos. Las plantas más grandes son, en general, mejores que las más pequeñas para este propósito, ya que su carácter, tamaño y color a menudo se ajustan al aspecto general del plan mejor que aquellas plantas más pequeñas, que se pueden perder en una plantación compleja. Nada parece más fuera de lugar que las plantas diminutas de colores vivos en los parterres que son como motas delante de de una línea de bustos grandes. El cambio repentino de color y escala simplemente es demasiado sorprendente.

Planta del tabaco (a la derecha)
Esta planta anual de verano elegante y alta, Nicotiana sylvestris, es ideal para rellenar detrás de los bordes. Tiene una forma arquitectónica llamativa y contribuye con su olor embriagador al jardín de noche.

Planeando un dibujo a escala (a la izquierda)
Cuando dibuje un proyecto a escala, empiece con la estructura básica, incluyendo todos los elementos permanentes, como las paredes o arcos, y todas las plantas grandes, como los árboles y los arbustos grandes. Después puede ir rellenando los detalles.

Los elementos verticales

Un jardín que tiene sólo un plano horizontal, con todas las plantas muy por debajo del nivel ocular, puede resultar monótono. Intente incluir elementos verticales, naturales o artificiales, en intervalos razonables. Le ayudarán a anclar el resto de plantas y hacer que el jardín parezca menos desabrigado.

Cualquier esquema para plantar ha de tener una dimensión vertical además de una horizontal. Es conveniente crear estos cambios de nivel en varios puntos, de manera que el ojo no viaje automáticamente hacia la distancia más lejana. Un truco es crear compartimentos dentro del jardín, de manera que esté compuesto de jardines más pequeños dentro del conjunto. Éstos pueden estar tapados completa o parcialmente según desee.

Entre los elementos verticales están las plantas más altas, principalmente árboles y arbustos, así como también estructuras más artificiales, como las mamparas, pérgolas, túneles y arcos sobre los que se puede fomentar que crezcan las plantas trepadoras. Intente unir el estilo de cualquier estructura al jardín. Hay varios materiales y formas a elegir. Los materiales naturales, como el sauce o el avellano, están siendo cada vez más populares y son ideales para los obeliscos, mamparas o enrejados de estilo rústico; encajan en un estilo de plantas de casa de campo como las clemátides y las rosas, las capuchinas trepadoras, los dulces guisantes e incluso las judías verdes.

Si crea mamparas enrejadas para aumentar la altura de las vallas o paredes o para crear compartimentos dentro del jardín, opte por maderas recias en lugar de enrejados frágiles comercializados. Pinte la madera de un tono delicado de verde salvia o gris azulado, para que armonice con las plantas y actúe como conservante. Cualquier enrejado necesitará postes gruesos en intervalos para asegurarlo. Deberían hundirse en el suelo y equiparse con cubiertas de plomo para evitar pudrirse. Consulte a un especialista en vallas para obtener una información detallada.

Seto divisor (arriba)

Estos setos cuadrados crean divisiones mientras que añaden forma al plan del suelo.

El enrejado divisor (arriba)

En un jardín japonés, se han usado la caña y el bambú para dar una dimensión vertical en armonía con el estilo minimalista de los jardines orientales.

Plantación vertical

Si le gustan las rosas, merece la pena crear una pérgola o enrejado de cuerda sobre el que mostrarlas. Las anticuadas rosas trepadoras están entre los ejemplos más espectaculares con pétalos alojados delicadamente y un aroma particularmente refinado.

El follaje también se puede utilizar para revestir los elementos verticales. La ornamental vid *Vitis coignetiae* tiene unas hojas enormes con forma de corazón que adoptan un rico color rojo rubí en otoño. El lúpulo de hojas doradas (*Humulus lupulus* «Aureus») crea una pincelada de oro puro en una zona soleada.

Las plantas caerán como una cascada y crecerán hacia arriba. Puede usar la parte alta de los muros para las plantas que crecen hacia abajo, por ejemplo las aubrietias, las diascias, el *Convolvulus sabatius* o las capuchinas. Las macetas se pueden montar en muros que de otro modo serían sencillos y llenarlos después de plantas. Para conseguir la unidad,

plante con tonos de un solo color o que sean todos cálidos (rojo, amarillo, naranja, lila y rosa) o todos fríos (blanco, azul claro, rosa claro, amarillo limón claro). Para lugares como estos son buenas plantas los geranios que están a ras de suelo con flores pequeñas, las verbenas, los pensamientos y las petunias, combinadas con plantas de follaje como el *Helichrysum petiolare* para añadir volumen.

Usted puede plantar arbustos o árboles en puntos estratégicos para crear un punto focal o de parada. Los grandes recipientes de plantas altas, como la yuca, también se pueden usar y, siendo transportables, le permiten hacer cambios en diferentes épocas del año, dependiendo de qué elementos desee resaltar.

Cubrir las paredes con plantas trepadoras produce una enorme zona de poder floral a cambio de una inversión relativamente pequeña de espacio horizontal. Particularmente, en los jardines pequeños es una gran ventaja.

Límite de rosas con postes y cuerda (arriba)

Las guirnaldas de rosas que crecen sobre cuerdas dividen el espacio sin esconderlo. Igualmente se pueden usar con éxito en lugares formales o informales, y en pequeños o grandes espacios.

CÓMO REALIZAR UN ENREJADO

Un enrejado elegante, embellecido con vistosas plantas trepadoras o reptadoras, crea un punto focal hermoso y puede distraer la atención de las zonas menos favorecidas. Es un lugar ideal para cultivar plantas olorosas, tales como las rosas y la madreselva, por lo que puede disfrutar de un paseo perfumado por el jardín.

1 Después de calcular la cantidad de madera necesaria, corte las secciones de madera a lo largo antes de comenzar a ensamblar el enrejado.

2 Para ensamblar el armazón del enrejado, taladre los agujeros y atornille cada panel a su posición a medida que progrese el ensamblaje.

3 Una vez que todas las partes estén en su posición, ajuste el enrejado y mire que el armazón sea cuadrado y nivelado (utilice una balanza de agua si es necesario).

4 Pinte toda la estructura con un conservante de madera para alargar la vida del enrejado. Pinte todos los extremos serrados con al menos dos capas de conservante.

Cómo plantar una bordura

Ya esté planeando un linde muy pequeño o uno mucho más grande, ponga atención en el color, la altura y la anchura finales de sus plantas. Considere también si es adecuado para el tipo de suelo y el aspecto: sol o sombra, húmedo o seco, ácido o alcalino, arena o arcilla.

Si quiere crear una bordura herbácea, necesitará calcular las posiciones de las plantas y su anchura probable, así como también su altura final. Necesita pensar en términos de conjunto, no de plantas aisladas. La mayoría de diseñadores con experiencia planta en grupos de números impares, tres, cinco o siete, que proporcionan una sensación relajada y fluida a las plantas. Usted estará mucho mejor si opta por grupos mayores de menos plantas que por un plan que sea demasiado denso. La inserción de plantas clave ocasionales en este borde agrupado proporciona a todo el plan un impacto mayor. Una pirámide bien recortada puede estar situada en el centro de una bordura, o quizá en un extremo, para lograr una parada en el lugar en que el borde se una al resto del diseño del jardín. Dos o tres plantas estándares con flores podrían plantarse para dar una altura adicional al borde.

En una bordura tradicional de fondo, las plantas más altas van atrás y luego disminuyen de tamaño hasta la parte delantera del borde, de manera que puedan ser vistas adecuadamente cuando florecen. Desgraciadamente, aunque los libros de referencia ofrecen información sobre la altura y la anchura, éstas son sólo aproximadas, ya que cada planta rinde de manera distinta en diferentes condiciones. Por ejemplo, si la planta en cuestión necesita humedad y calor y otra planta la sombra seca, o no prosperará o crecerá en menor medida de lo que marca su altura. La planta de al lado de ésta, a la que le van bien las condiciones, rendirá de acuerdo con las especificaciones, y por lo tanto la bordura planeada con cuidado no se materializará como se preveía.

Incluso los grandes jardineros cometen errores: uno de los trucos de los expertos en jardinería es transportar esas plantas que no florecen a un lugar donde lo hagan. Si una planta no crece de la forma

LA ALTURA DE LAS PLANTAS

Tenga en cuenta que los arbustos crecen en altura y amplitud, y las perennes sólo en amplitud. Deje suficiente espacio alrededor de las plantas para que crezcan como se prevé en dos o tres años. Después de eso, puede tener que dividir las plantas perennes y podar los arbustos para mantenerlos controlados.

Segundo año

Primer año

CÓMO DISEÑAR EL TRAZADO DE LA BORDURA CON PLANTAS

Una vez que haya realizado su plan en el papel y comprado las plantas relevantes, pruebe con un paseo práctico antes de comenzar a plantar. Coloque las plantas en sus posiciones previstas y vea cómo funcionan las combinaciones de forma y colores del follaje.

Aunque puede que haya escogido las plantas por la combinación de colores de las flores, este periodo es relativamente corto y el resto del año usted verá sólo el follaje. Es siempre una buena idea intentar contrastar las formas y tipos de follaje, hojas altas con forma de espada al lado de otras más pequeñas y redondas, formas arqueadas al lado de otras con forma almohadillada. Esto ayuda a dar vigor a la bordura y variedad cuando no está en flor.

esperada durante un par de estaciones, pruebe a cambiarla a una posición que sea marcadamente diferente a aquella en la que ha sido plantada al principio.

Cuando plante una pequeña bordura, es conveniente colocar las plantas en sus posiciones previstas antes de plantarlas de manera permanente. Puede muy bien encontrarse con que elementos de su plan no funcionan bien en la realidad, por ejemplo, los colores del follaje pueden no tener un buen aspecto juntos, así que prepárese para realizar algunos cambios.

Preparación

Una vez que la bordura esté plantada, será difícil adentrarse en ella para excavar, así que realice todos los preparativos principales antes de comenzar a plantar. Usted debe ser meticuloso al quitar la maleza perenne, como la cizaña o el saúco; cada brizna debería ser excavada y quemada. Es muy sencillo ser impaciente o perezoso, pero más tarde

pagará un alto precio por emprender este camino fácil, ya que esta maleza rampante asfixiará sus preciadas plantas y las raíces que van por debajo, a través y alrededor de sus especímenes elegidos con cuidado, venciendo cualquier intento de extraer a los intrusos.

Es aconsejable preparar la tierra de la bordura en otoño, escarbándola y quitando la maleza a conciencia, e incorporando mucha materia orgánica voluminosa. La primavera siguiente, en cuanto el suelo se caliente un poco, ya puede plantar.

Cómo plantar con éxito una bordura
(a la izquierda)

Para plantar bien una bordura debería incorporar una mezcla de formas de plantas, texturas de hojas y colores armoniosos o contrastantes. Las plantas altas están colocadas hacia la parte trasera de la bordura con las variedades que crecen bajas cultivadas contra el pavimento de delante.

Setos y mamparas

Los setos pueden servir para todo tipo de propósitos dentro del jardín. Son excelentes mamparas y barreras, especialmente donde los muros y las vallas no son prácticas. También proporcionan un hábitat útil para pájaros y demás vida salvaje, así como también un telón de fondo natural para otras plantas del jardín.

La intimidad y el cobijo son factores importantes en cualquier jardín. Una parcela que está totalmente expuesta a los elementos dificulta el trabajo del jardinero en gran medida, y muchas plantas apreciadas se pierden con el mal tiempo. Igualmente, un jardín sin sensación de cerrado no es particularmente relajante. Es el maravilloso sentido de ser privado lo que crea la mayor sensación de calma en el jardín. Merece la pena visitar algunos de los grandes jardines, simplemente para observar las muchas maneras diferentes en las que se han encerrado o separado de los vecinos, y partes del jardín de otras zonas.

Una planta para un seto

Los setos de tejo son una forma muy apreciada y tradicional de enclave en jardines, pero necesitan un poco de tiempo para desarrollarse a una altura útil. No son, sin embargo, tan lentos en su crecimiento como a menudo se piensa, creciendo 18 cm al año. Una razón

---

PLANTAS BUENAS PARA SETOS

Perennes	Caducifolias
Tejo (*Taxus baccata*) a 6 m (20 ft)	*Berberis thunbergii* a 1,2 m (4 ft)
Buxus a 1,2 m (4 ft)	*Carpinus betulus* a 6 m (20 ft)
Escallonia a 2,4 m (8 ft)	Espino (*Crataegus monogyna*) a 3 m (10 ft)
Aligustre (*Ligustrum*) a 1,8 m (6 ft)	*Fuchsia magellanica* a 1,5 m (5 ft)
Elaeagnus x ebbingei a 3 m (10 ft)	Rosa rugosa a 1,5 m (5 ft)
Acebo (*Ilex*) a 4 m (13 ft)	Haya de cobre (Fagus sylvatica Grupo de la Atropurpúrea) a 6 m (20 ft)
Prunus laurocerasus a 3 m (10 ft)	
Viburnus tinus a 2,4 m (8 ft)	

Varias plantas de seto diferentes, incluyendo la mezcla de variedades caducifolias y perennes se combinan en este seto como un tapiz.

La creación de formas (arriba)

En esta versión del siglo XXI de setos formando nudos, las plantas se entrecruzan para formar un dibujo interesante que divide el espacio geométricamente.

importante para plantarlos es que necesitan una poda menos frecuente que en el aligustre, que crece rápidamente, por ejemplo, y necesita recortarse tres veces. En jardines menos formales, los setos que configuran un tapiz de plantas mixtas tienen una forma bastante rápida y atractiva de crecer y tienen la ventaja de ser un refugio para la vida salvaje local.

Cómo crear refugios

Entre las alternativas para crear refugios en un jardín está el uso de estructuras realizadas por el hombre, sobre las cuales se cultivan trepadoras. El enrejado grueso se usa mucho para este propósito y durará una media de aproximada de ocho años. Otras posibilidades incluyen las mamparas hechas de bambú o sauce. Las mamparas de sauce vivo se han convertido cada vez más en algo común entre los jardineros en los últimos años, y a menudo se entretejen formando dibujos y formas muy atractivas.

Mampara de avellano (arriba)

Esta alta mampara fuertemente tejida de avellano talado forma una barrera efectiva aunque natural. Proporciona intimidad, pero permite que el viento la atraviese, es la mejor mampara posible para las plantas.

Mampara de sauce (arriba)

El sauce es igualmente efectivo como material de mampara, pero ligeramente menos duradero que el avellano. Siendo más flexible, se puede trabajar con éxito para realizar una gama de dibujos interesantes.

CÓMO CREAR UNA MAMPARA TEJIENDO DE FORMA BÁSICA CON MADERA DE SAUCE

Una mampara de cañas de avellano puede resultar un perfecto cerco para un jardín seccionado de flores, o incluso un fondo de enredaderas tales como los dulces guisantes.

1 *Empuje una serie de piezas verticales al menos a 20 cm (8 in) dentro del suelo, usando las cañas gruesas y rectas como puntales verticales.*

2 *Empuje las diagonales dentro del suelo, poniendo las más largas en la sección central y dejando 30 cm (1 ft) de espacio entre ellas.*

3 *Ate las diagonales a los puntales y donde se crucen, retuerza sus extremos alrededor de las horizontales y luego átelos.*

Cómo plantar setos

Los setos más efectivos son perennes, ya que ofrecen la mayor protección e intimidad, pero algunas plantas caducifolias también forman setos atractivos, aunque son menos densos en invierno. Los setos espinosos, como las rosas rugosas, pueden formar obstáculos efectivos contra los animales vagabundos e intrusos.

Los setos tradicionales de jardín tienden a ser formales y bastante recortados a una altura y perfil deseados. Deben cortarse al menos una vez al año (dos o tres veces para algunas de las plantas más vigorosas) para crecer bien y sustituir los nutrientes perdidos cuando los recortes del seto les son quitados; estos setos tienden a competir con plantas cercanas por la alimentación. Sin embargo, un seto informal puede crearse bastante fácilmente plantando una hilera de arbustos florecientes; este tipo de seto tiene la ventaja de necesitar podarse sólo una vez al año, después de florecer.

El mejor momento para plantar depende del tipo de plantas. Las plantas caducifolias son más baratas comprando sólo la raíz en manojos para plantarlas entre finales del otoño y principios de la primavera, mientras que las plantas perennes de hoja amplia y las coníferas están normalmente disponibles como plantas crecidas en macetas y pueden plantarse a principios del otoño o desde finales de la primavera a principios del verano.

Un seto se planta a largo plazo, por lo que el suelo debería estar bien preparado de antemano y las plantas cortadas regularmente durante los primeros años, para favorecer el crecimiento y que se vuelva grueso y tupido en la base. Los espacios dependen en cierta medida de la velocidad de crecimiento de la planta elegida y de su hábito. Como guía, las plantas altas y estrechas como el aligustre (*Ligustrum*) están espaciadas en intervalos de 60 cm, (2 ft) y las plantas extensas, como la berberis y las rosas rugosas, a 90 cm (3 ft). Usted puede plantar en línea recta o en una hilera que haga eses con espacios en diagonal. Esta última crea un seto más grueso y denso.

El crecimiento en el primer año (a la izquierda)

Una vez plantado, durante la primera estación mantenga el suelo libre de maleza y bien regado durante los periodos secos.

CÓMO PLANTAR UN NUEVO SETO

Herramientas y materiales

- Cordón de jardinería
- Una pala
- Una carretilla
- Unas plantas
- Compost

1 Comience marcando el curso del seto con un cordón de jardín.

2 Usando una pala, cave el agujero para la primera planta y coloque la tierra en una carretilla (esta tierra se puede llevar al extremo de la línea del seto y usarse para llenar el agujero final para plantar).

3 Saque la planta de su recipiente y colóquela en el agujero, asegurándose de que la raíz esté a la profundidad correcta.

4 Cave el agujero para la segunda planta y coloque la tierra de este segundo agujero alrededor de las raíces de la planta del primer agujero.

5 Ajuste el nivel de las raíces de la planta (si es necesario) y afiance la tierra en el agujero con el tacón de su bota o zapato. (Repita los pasos 3, 4 y 5 hasta que el seto esté completo.)

6 Finalmente, extraiga el cordón de jardín y cubra el suelo con una capa de estiércol orgánico bien podrida para suprimir la maleza y retener la humedad.

El topiario

El arte de recortar arbustos perennes con formas geométricas data de la época de los romanos, cuyo deseo de orden en todas las cosas se extendió a sus plantas. La popularidad del topiario ha aumentado y disminuido, aunque nunca ha pasado de moda en Francia, donde el famoso diseñador André le Nôtre lo convirtió en un elemento en muchos afamados jardines.

El topiario en ocasiones implica amaestrar las plantas para formar setos bajos y realizar formas elaboradas, conocidas como parterres. A menor escala, formas entretejidas intrincadamente a manera de nudos crean un entramado para plantar flores o hierbas.

El arte del topiario también incluye elaboradas formas fantásticas con las plantas perennes recortadas, que van desde un conjunto completo de ajedrez a una escena de caza. Ejemplos de topiario creativo, no siempre a gran escala, se pueden ver en muchos jardines famosos.

Aunque las formas más frecuentes de topiario pueden exigir un grado considerable de arte, las formas más simples están dentro de la capacidad de cualquier jardinero. La paciencia es esencial, sin embargo, ya que se necesitarán varios años para que cualquier planta perenne que crezca lentamente alcance la forma final deseada.

Plantas para el topiario

Las mejores plantas para el topiario son aquellas con hojas perennes pequeñas y un hábito de crecimiento bastante lento, de manera que sólo es necesario el recorte infrecuente. Obviamente, en climas más fríos las plantas deben ser resistentes. Algunas plantas serán adecuadas para formas muy básicas (simples esferas, conos o bolas), pero las formas más complejas

**Esculturas de jardín
(a la derecha)**

Un enfoque más inusual en cuanto al topiario en un gran jardín demuestra sus cualidades esculturales. ¡Definitivamente no es un proyecto para un principiante!

PLANTAS BUENAS PARA EL TOPIARIO		
Nombre de la planta	**Altura final; velocidad de crecimiento**	**Descripción**
Buxus sempervirens (muchos cultivares).	2,4 m (8 ft); muy lenta.	Hojas muy pequeñas, de acuerdo con el cultivar.
Chamaecyparis lawsoniana «Green Hedger».	2,4 m (8 ft); crecimiento más lento que la especie.	Follaje de conífera típico y denso.
Cupressus sempervirens.	3 m (10 ft); crecimiento medio.	Conífera, oscura y esbelta con forma de columna.
Ilex aquifolium.	4 m (13 ft); lenta.	Hojas verdes oscuras y espinosas. En la «Reina Dorada» las hojas tienen un borde amarillo.
Laurus nobilis.	3 m (10 ft); crecimiento medio.	Hojas aromáticas de color verde oscuro, ovaladas, brillantes y más bien grandes.
Myrtus communis.	3 m (10 ft); crecimiento medio.	Hojas verdes aromáticas y pequeñas y flores blancas pequeñas que se pierden al podar.

requieren hojas más pequeñas y brotes jóvenes bastante flexibles.

La planta más utilizada es el boj (*Buxus*), del cual hay varias especies adecuadas. Pero se necesitan diez años para que alcance 1,2 m (4 ft), por lo que ésta no es una opción para formas grandes de topiario. El tejo (*Taxus baccata*) también crece lentamente, pero un poco más rápido que el boj, consiguiendo 1,8 m (6 ft) en diez años. Su follaje oscuro es una buena lámina para las flores de colores vivos. Para el aficionado menos remilgado, el aligustre (*Ligustrum ovalifolium*) es un buen sustituto ya que crece más rápido; en consecuencia, exigirá una poda más frecuente para mantener su forma.

Trucos con el topiario

Si no desea esperar a las plantas que crecen lentamente, como el boj, puede crear unas similares para el topiario usando hiedras, que crecen rápido (especie *Hedera*). Éstas se amaestran sobre el alambre del mismo modo que otro topiario (usando varias plantas en macetas de 25 cm –10 in– de diámetro). Coloque cada planta en la base de los alambres verticales y entonces alimente y riegue regularmente. Meta los brotes rebeldes, entonces pode la hiedra una vez que haya alcanzado la altura requerida. Ésta cubrirá rápidamente el entramado y adoptará una forma atractiva y densa. Otra razón para usar hiedra es que tendrá buen resultado a la sombra, en la que las plantas tradicionales como el boj no florecen (aunque funcionará bien en penumbra).

Si siembra sus plantas de topiario en maceteros, podrá girarlas con frecuencia, lo que las ayudará a crecer derechas. Un topiario es algo atractivo, solicitado y no es barato, por lo que cambie cualquier macetero de la parte delantera del jardín a la parte de atrás del muro por seguridad.

Topiario formal (izquierda)
Los parterres, en los que los setos bajos nítidamente cortados crean un modelo rellenado con grava o plantas, han sido un elemento de diseño importante en grandes jardines durante siglos. Versiones en miniatura se pueden reproducir en pequeños jardines.

CÓMO REALIZAR UNA PIRÁMIDE DE TOPIARIO

El verdadero secreto para conseguir un topiario es podar poco y a menudo, comprobando constantemente las plantas y recortando cuando sea necesario para formar un hábito de crecimiento compacto y denso. Pode los brotes mientras sean cortos para mantenerlos ramificándose: pellizcando el punto de crecimiento entre el dedo y el pulgar ayudará a comprobar los brotes jóvenes y obligarlos a ramificarse más abajo.

1 *Agite las ramas. Realice una plantilla con cañas de bambú y colóquela alrededor de la planta.*

2 *Pode la planta, extrayendo cualquier exceso y recortando al nivel de las cañas.*

3 *Realice un aro que encaje alrededor de la parte más ancha de la planta (un tubo sería ideal).*

4 *Apriete el aro conforme se vaya moviendo hacia la parte superior. Pode a medida que va subiendo.*

Enredaderas y arbustos de pared

Ningún jardín debería carecer de una buena selección de plantas trepadoras y arbustos de pared. Añaden color e interés a varios niveles, creando elementos atractivos a partir de paredes y vallas que de otro modo no lo serían, y se les puede inducir a mezclarse con otras plantas para extender la estación de florecimiento.

La mayoría de trepadoras son bastante vigorosas, y los problemas tienden a surgir cuando su vigor natural requiere control. Como señaló memorablemente Christopher Lloyd, famoso escritor especializado en la jardinería, nada hay más molesto que mirar las ramas largas y desnudas de una trepadora mientras el extremo exuberante de su planta ha invadido el jardín vecino. Para evitar este tipo de molestia tan usual en algunos jardines, necesita una estrategia de poda adecuada (véanse las páginas 152-159).

Color para todo el año

Merece la pena tener una mezcla de trepadoras de flores y de follaje y arbustos de pared y asegurarse de que florecen en la mayoría de las estaciones. Muy a principios de la primavera, el jazmín de invierno (*Jasminum nudiflorum*, que no es una trepadora, sino un arbusto de pared) funcionaría en paredes orientadas al este. También son buenos para cubrir paredes a principios de año el membrillo japonés (*Chaenomeles* x *speciosa*) con flores blancas y rojas, y muchas camelias (usadas ambas como arbustos de pared). A principios de primavera un par de clemátides pueden estar en flor, como la *C. armandii* de aroma delicioso, apareciendo la *C. montana* y la *C. alpina* poco después. Estas dos últimas son una buena opción para una pared fresca. A principios de verano la *Solanum crispum*, «Glasnevin», muestra una gran profusión de flores azules estrelladas con una corola amarilla durante una larga estación, y los cultivos de *Clematis macropetala*, con campanas abiertas de flores pequeñas, estarán también en flor, pero durante un tiempo más breve.

Cómo cubrir paredes (a la derecha)

Si desea cubrir bien una pared, la glicina y la tierna solanácea realizarán la tarea por usted. Proporcionan un buen color de fondo en este jardín de patio formal.

Las rosas producen su rendimiento máximo de principios a mediados de verano. La dificultad estriba en conocer qué elegir entre tanta variedad. Las vigorosas rosas trepadoras, tales la rosa «Bobby James» o la rosa filipes, «Kiftsgate», crecen hasta 9 m (30 ft) o más y lo hacen mejor sobre estructuras elevadas e independientes, como los árboles importantes. A continuación vienen las plantas que rinden realmente bien, como la clemátide «Jackmanii» de flores malva y la vistosa *Campsis* x *tagliabuana*, «Madame Galen», naranja y roja.

Entre las trepadoras de follaje, las muchas y diferentes variedades de hiedra (especie *Hedera*) realizan un gran servicio en paredes a la sombra. Elija entre formas con hojas triangulares y pulcras, como la *H. helix* «Sagittifolia» o entre las vistosas hiedras multicolores o la *H. helix* «Ranúncula», aunque las formas multicolores no funcionan tan bien a la sombra. Las enredaderas y las trepadoras tienen la ventaja añadida de exhibir un follaje otoñal de maravilloso colorido y el lúpulo dorado (*Humulus lupulus* «Aureus») tiene grandes hojas ornamentales y se las arregla en la penumbra.

Para obtener efectos llamativos, cultive un par de enredaderas contra una pared o sobre un obelisco para dar un color mixto durante una estación o para una sucesión de color durante más de una estación, dependiendo de las especies elegidas. Las combinaciones que merecen la pena probar son: la rosa «Albertine» con la clemátide «Vyvyan Pennell» (en verano rosa y malva), la *Solanum crispum* «Glasnevin» con la clemátide alpina «Frances Rivis» (azul en primavera y verano); la *Humulus lupulus* «Aureus» con la clemátide tangutica (follaje dorado en verano y otoño, flores amarillas en otoño); la *Hydrangea anomala* subespecie *petiolaris* con la rosa «Iceberg trepadora» (combinación veraniega de color blanco).

Trepadoras en macetas (arriba)
Un «wigwam» de guisantes proporciona un aroma glorioso y es una buena forma de usar trepadoras en un espacio limitado.

La glicina (arriba)
Esta planta es muy apreciada, con largos racimos de flores aromáticas que aparecen a finales de la primavera. Rápidamente cubre cualquier superficie disponible, pero necesita una poda cuidadosa para producir muchas flores.

Muestras a gran escala (arriba)
Las grandes trepadoras, como esta *Actinidia kolomikta*, se vuelven pesadas, asegúrese de que el soporte elegido puede sostener el peso.

TREPADORAS VIGOROSAS PARA PÉRGOLAS

Actinidia deliciosa (grosella china, de fruto kiwi)

Campsis x *tagliabuana* «Madame Galen»

Clematide montana

Humulus Lupulus «Aureus»

Jasminum officinale

Lonicera x *brownii* «Dropmore Scarlet»

Rosa «Bobbie James»; *R. filipes* «Kiftsgate»; *R.* «Rector trepadora»

Vitis «Brant»; *V. coignetiae*; *V. vinifera* «Purpúrea»

Glicina floribunda; *Glicina sinensis*

Plantar y dar forma a las enredaderas

Las plantas trepadoras pueden ser de un gran valor para el jardinero de varias maneras: para cubrir las paredes desnudas; para esconder estructuras y objetos antiestéticos dentro del jardín; y para actuar como una cubierta de la tierra, extendiéndose sobre el suelo o sobre otras plantas.

Con tendencia hacia los jardines pequeños, la jardinería vertical se ha convertido cada vez más en algo popular para asegurarse de que cada espacio disponible dentro del jardín está utilizado plenamente.

Además de las paredes, vallas y otras superficies, los postes, las pérgolas y los arcos también pueden utilizarse para sostener enredaderas y proporcionar esta dimensión añadida al jardín. Sin embargo, incluso las verdaderas enredaderas (aquellas plantas que tienen guedejas, ventosas o tallos retorcidos), que se sostienen por sí mismas, necesitan ayuda para establecerse y comenzar a utilizar plenamente cualquier estructura de apoyo cercana. Otras plantas, como las rosas, necesitarán siempre ayuda adicional del jardinero para mantenerse en su lugar.

Para reducir la cantidad a amaestrar, intente siempre colocar cualquier estructura de apoyo entre la planta que sostiene y la fuente de luz. La planta crecerá hacia la luz, así que esta posición la obliga a seguir su camino a través de la estructura de apoyo para alcanzarla. Una planta que se enrosca a través de su apoyo necesitará mucho menos ser atada y orientada que una que esté simplemente descansando contra ella.

Muchas plantas trepadoras prefieren que sus raíces se planten en un lugar fresco, húmedo y con sombra, pero a menudo las plantamos cerca de la base de un árbol, pared o valla, donde las condiciones son secas (y a veces calurosas). Incluso las plantas jóvenes que sólo han estado en su posición permanente durante dos o tres años necesitarán al menos 25 litros (6 galones) de agua cada semana en verano. Por lo tanto es importante que las nuevas adquisiciones se planten bien, para darles la mejor oportunidad posible de supervivencia durante los primeros años hasta que se establezcan.

Amaestrar de una planta joven (izquierda)

Una simple estructura de rejilla proporciona un apoyo ideal para una planta trepadora. Aquí, las cañas inclinadas provocan que la planta crezca hacia la rejilla.

CÓMO PLANTAR UNA CLEMÁTIDE

Herramientas y materiales

- Una clemátide
- Un cubo de agua
- Una pala
- Una malla de alambre
- Nudos

1 Antes de plantar la clemátide, es importante asegurarse de que el abono en el que está creciendo esté bien regado. La mejor manera de hacer esto es meter la maceta en un cubo de agua y dejar que se empape.

2 Eleve la maceta del agua y permita que cualquier agua sobrante se drene antes de quitar la planta de su macetero.

3 Cave un agujero de un tamaño al menos el doble de las raíces de la planta para provocar que las nuevas raíces crezcan dentro de la tierra que la rodea después de plantar.

4 Rellene de nuevo el agujero, afianzando la tierra alrededor de la nueva planta a medida que se llena el agujero.

5 Después de plantar, separe los brotes para darles tanto espacio como sea posible. Para los brotes muy rezagados, coloque un nudo por cada 30 cm (1 ft) aproximadamente a lo largo del tallo para sostener la planta cerca del alambre, de manera que pueda afianzarse el nuevo crecimiento.

6 Donde sea posible, empuje las partes que han crecido nuevamente en el espacio entre los alambres y la estructura de apoyo; a medida que la planta crezca hacia la luz, ésta se aferrará a los alambres. Después de acabar de plantar y atar, riegue la planta con al menos 9 litros (2 galones) de agua para que se aposente la tierra alrededor de las raíces.

Plantar para un arreglo rápido

Por varios motivos, usted puede necesitar una solución a corto plazo: para rellenar un vacío creado por la pérdida de alguna planta permanente, para ayudar a cubrir el suelo desnudo en un jardín hasta que las plantas perennes y los arbustos se desarrollen y sustituyan a la planta provisional, o para crear color en verano durante el famoso vacío de principios de verano, cuando el primer color de florecimiento se ha marchitado y el segundo tiene aún que empezar.

Las plantas anuales que crecen rápido son perfectas para este propósito, y están disponibles en tamaños y colores que oscilan desde los altísimos girasoles a las pequeñas joyas, tales como la lobelia de azul zafiro o las margaritas multicolores de Livingstone, que son ideales para una jardinera de ventana o una maceta.

Las plantas anuales se cultivan normalmente a partir de la semilla o se compran en bandejas en un centro de jardinería como plantas jóvenes. Es claramente menos caro comprar semillas, pero necesitarán cuidado y atención en forma de un riego frecuente y es demasiado fácil perder una siembra completa por el descuido o, en climas más fríos, por plantar demasiado pronto, cuando pueden golpear las heladas. Las plantas jóvenes y tiernas son un gran atractivo para las babosas y los caracoles, así que asegúrese de que se ha ocupado del problema usando los comprimidos contra las babosas o, si desea usar productos orgánicos, usando trampas para babosa que contienen cerveza.

Muestras de plantas más altas

Entre las plantas que crecen rápido y que le ofrecerán un color de relleno para los vacíos excelente en la frontera veraniega está la gran planta del tabaco, *Nicotiana sylvestris*, con bonitas hojas grandes y de color verde manzana claro y corolas de flores blancas aromáticas. Crece hasta a 1,5 m (5 ft) aproximadamente de altura, y generalmente

El uso de macetas (abajo)

Si las plantas son relativamente resistentes durante todo el año, puede introducir el color más cerca de la casa y el patio plantando varias macetas.

Usar la altura para obtener un buen efecto (arriba)

*La planta anual de los guisantes crece rápido produciendo una
buena muestra de flores y creciendo hasta 1,8 m (6 ft) de altura.*

Cómo rellenar parcelas desnudas (arriba)

*Si tiene una parcela desnuda en su jardín, entonces podría considerar plantar semillas de cosmos en primavera.
Una gran diversidad de flores fértiles rosas y claras creará un trasfondo de color que durará todo el verano.*

germina fácilmente de la semilla.
Las variedades de *N. sanderae* de
colores mixtos, que crecen hasta
cerca de 60 cm (24 in) de altura, se
podrían usar delante de esta especie. Las formas de flores de color
rojo oscuro o verde lima tienen un
aspecto particularmente bueno.

Presentaciones en grupos

Una presentación blanca parecería
efectiva en la mayoría de planes y
se puede usar para rellenar un vacío
en un borde o en un rincón. Cultive las plantas más altas de *Nicotiana sylvestris* y *Macleaya cordata*
en la parte de atrás con antirrinos
blancos (*Antirrhinum* «Maravilla
blanca»), los blancos nomeolvides
y los blancos candytufts (*Iberis
amara*) en la parte de delante.

Las formas más pequeñas de los

girasoles son de valor incalculable
para los bordes en verano, como lo
son las vivas flores del cosmos, que
se parece a la margarita. Plante las
dos especies juntas para deslum-
brar con sus vistosos colores.

Si planta pequeñas anuales en
maceteros, puede agrupar la muestra para hacerla más atractiva
visualmente. Para dar vida a una
pared vacía, plante macetas de
pared y cuélguelas sobre soportes.

Presentaciones pequeñas

Las plantas de relleno para la parte
delantera de un borde incluyen la
caléndula francesa de vivo color
naranja (*Tagetes*); la planta de
huevo hervido (*Limnanthes dougla-
sii*) de vivo color amarillo, y flores
de borde blanco; las plantas aromáticas (*Matthiola incana*), con flo-

res moradas, rosas o blancas en
pequeños clavos; y las amapolas de
California (*Eschscholzia califor-
nica*), con unas flores de color
naranja vivo maravillosas que duran
todo el verano.

Las trepadoras

Para una altura adicional, cultive
los explícitamente aromáticos y sin-
gularmente bonitos guisantes
(*Lathyrus oloratus*). Vienen en una
gama de colores brillantes, los guisantes de color carmesí oscuro casi
negros tienen un gran atractivo.
Igualmente buenas son las capuchinas trepadoras (derivadas de
Tropaeolum majus), con suaves y
redondeadas hojas verdes y sus
vivas flores de color naranja, amarillo o escarlata. Ambas trepadoras
necesitarán soportes.

Cómo crear un jardín de grava

Materiales como la grava, los guijarros y diferentes tamaños de piedrecitas se han convertido en algo ampliamente utilizado como alternativa al césped. Más recientemente, los recortes de pizarra gris o azul se han convertido en una alternativa popular a los guijarros, proporcionando un contraste atractivo contra el follaje vegetal.

Cubierta de tierra de bajo mantenimiento (debajo)

En vez de usar corteza y mantillo (que finalmente se tendrán que sustituir), la pizarra galesa utilizada aquí durará muchos años.

Cubrir la tierra con estos tipos de materiales ayuda a impedir el crecimiento de maleza (evitando que la luz llegue al suelo) y a reducir la cantidad de agua que pierde el suelo debido a la evaporación. Este tipo de jardinería se presta particularmente a los lugares cálidos y soleados, especialmente donde el suelo es ligero y arenoso y muy propenso a drenarse. Sin embargo, en estas situaciones las plantas que se han de cultivar deben seleccionarse atentamente para enfrentarse con las condiciones secas y cálidas, ya que el calor reflejado de las piedras puede crear un microclima muy caluroso. Por esta razón, las mejores plantas a elegir son aquellas con follaje plateado o gris y una cubierta de fieltro o de pelo sobre la superficie de la hoja.

Antes de poner las piedras, necesitará cubrir el suelo con una capa permeable al agua o una membrana, como el plástico entretejido de color negro. Esto ayuda a controlar la maleza, reduce el nivel de evaporación del suelo, y significa que puede usar una capa más superficial de piedras. Cubrir la lámina con piedras no sólo mejora el aspecto general, sino que también ayuda a extender la vida de la lámina, ya que la mayoría de las formas de plástico se degradan cuando se exponen a la fuerte luz del sol.

Los materiales orgánicos alternativos, tales como las astillas de madera o la corteza cortada y molida, se pueden usar para cubrir la membrana, pero estos materiales se descompondrán lentamente y necesitarán ser rellenados cada dos o tres años. También tienden a desaparecer a la luz del sol, volviéndose rápidamente bastante sosos de aspecto, y tienden a difuminarse por el jardín si se secan.

LA PROTECCIÓN DE SUS PLANTAS

Es importante proteger las plantas más pequeñas y jóvenes de su parterre antes de añadir materiales duros.

Para evitar inundar las plantas más pequeñas, cúbralas con un macetero del revés antes de esparcir el mantillo, y luego extraiga el macetero. Esto es más fácil que tener que recoger grava o astillas del follaje y evita que las plantas se dañen por la gavilla o piedras que esté utilizando para cubrir el parterre.

CÓMO PLANTAR UN PARTERRE DE GRAVA

Herramientas y materiales

- Plástico negro entretejido de gran calibre
- Un cuchillo afilado
- Una paleta
- Plantas
- Material inorgánico (trozos de pizarra o grava)

1 *Comience limpiando y nivelando la zona antes de plantar. Coloque una lámina de plástico negro entretejido de grueso calibre sobre el parterre y entierre los bordes al menos a 15 cm (6 in) de profundidad, estirando el plástico tanto como sea posible.*

2 *Usando el talón de su bota o zapato, cierre firmemente el surco del suelo que sostiene la lámina de plástico.*

3 *Usando un cuchillo afilado, corte una cruz en el plástico en el punto donde se ha de colocar cada planta y pliegue los faldones de plástico para revelar el suelo que hay debajo.*

4 *Usando una paleta, cave un agujero lo suficientemente grande para alojar las raíces de la planta.*

5 *Sujetando la planta por sus raíces, colóquela a través del plástico dentro del agujero con la base de la raíz en la base del agujero. Usando la paleta (o sus manos si lo prefiere), tape el agujero alrededor de la planta y presione suavemente.*

6 *Inmediatamente después de plantar, pliegue los faldones de plástico de nuevo a su posición anterior alrededor de la base de la planta. Vuelque las pilas de material inorgánico como los trozos de pizarra o la grava encima del plástico alrededor de la base de las plantas y extiéndalos de forma pareja. Finalmente, cubra toda la zona de plástico con una capa del mismo material, extendiéndolo por igual sobre la lámina hasta que se esconda completamente.*

Técnicas para plantar

Qué comprar

Cuando esté decidiendo cómo plantar su jardín, lo primero que necesitará hacer es calcular un presupuesto realista para las plantas. También necesitará considerar el tiempo en el que se pueda realizar el trabajo. Estos dos aspectos necesitan solucionarse antes de que compre plantas para su nuevo jardín.

Es sensato extender la plantación durante varias estaciones, por motivos tanto de coste como de tiempo. También necesita organizar algún tipo de agenda de prioridades para plantar.

Usted puede dividir el trabajo de varias maneras, dependiendo en alguna medida del tamaño y tipo de su jardín, y si está plantando desde cero o simplemente rediseñando secciones de un jardín ya existente.

Centro de jardinería o vivero

Si está preparando un jardín desde cero, necesita planear (y probablemente comprar) los elementos más grandes primero. Habiendo decidido cuáles serán estos elementos clave (véanse las páginas 82-87), entonces proceda a seleccionarlos. Su mejor fuente para grandes plantas es un vivero de cierta reputación, donde las plantas se han cultivado por los dueños. Los centros de jardinería funcionan comprando a los cultivadores, pero la calidad puede variar considerablemente dependiendo del proveedor.

Habiendo dicho esto, un buen centro de jardinería con una elevada facturación es probablemente una opción más segura que un vivero que, por un motivo o por otro, ha comenzado a restringir su producción.

Cualquier planta que compre debe estar en buen estado, y cuanto mayor sea la planta, más cara será, por lo que es importante no malgastar dinero en árboles enfermos o dañados o grandes arbustos. Además de la salud y vigor de la planta, ésta necesita haber conseguido una buena forma equilibrada, preferiblemente con alguna educación en sus primeras estaciones de crecimiento. Que sean fuertes, resistentes y tupidas es algo normalmente bueno: lo débil y larguirucho es normalmente malo. Sin embargo, el hábito natural de la planta, hasta cierto punto, gobernará su forma.

Antes de comprar, compruebe la sección ilustrada de la guía de referencia de plantas buenas y establezca qué aspecto se supone que tendrá la planta que usted está pla-

Almácigas (derecha)

Cuando elija sus plantas, asegúrese de que estén sanas; si no, no prosperarán.

neando comprar. Es casi siempre mejor plantar en las estaciones más frías del año, cuando hay menos riesgo de que se sequen las plantas del jardín. Si planta en otoño, ello les da una estación completa a las plantas para que establezcan el sistema de raíces antes de la explosión de crecimiento activo y nuevo en primavera.

Es siempre una buena idea plantar herbáceas perennes en grupos, no de una en una o de dos en dos, por lo tanto aunque pueda desear comprar una amplia gama de plantas diferentes, es quizá mucho mejor limitar las posibilidades y

no sólo formarán un elemento mayor, sino que también el efecto en el jardín será más armonioso y equilibrado. Opte por números impares de plantas, ya que éstos facilitan en mucho la creación de un grupo atractivo.

Compra de plantas por correo

Varios viveros venden sus productos por correo o vía internet, ofreciéndole un catálogo de plantas que puede o no puede estar ilustrado, pero que normalmente tiene una descripción escrita de cada planta. Las plantas entonces le serán enviadas por correo o mensajero.

PUNTOS A COMPROBAR CUANDO COMPRA PLANTAS

Es probablemente más fácil buscar cosas a evitar que comprender lo que constituye una planta sana.
Aquí hay algunos de los pocos problemas principales de las plantas que puede encontrarse.
Elija un repuesto si la planta que ha escogido padece cualquiera de ellos.

Hojas dañadas. *Lo más probable es que esto esté causado por plagas como los acáridos, los pulgones o las babosas, pero también podría deberse a un suelo pobre donde los nutrientes son escasos. Si la planta está muy dañada, elija otra.*

Hojas amarillas. *Puede ser el resultado de varios problemas, como la marchitación del husario, que provoca que la planta se marchite. Compruebe si hay deficiencia de nutrientes y aplique estiércol y fertilizante de nitrógeno.*

La comprobación de las plagas. *Lo primero que debe hacer cuando compre una planta es examinarla de cerca por cualquier señal de actividad de insecto o de larvas. Varias plagas pueden dominar rápidamente las plantas jóvenes.*

Cómo plantar plantas perennes, anuales y bulbos

Estos tres tipos de plantas se pueden combinar para formar un bonito espectáculo. Las perennes añaden color y estructura al jardín y forman la base de su plan para plantar. Las anuales son maravillas de un año que ofrecen color y forma instantáneos. Los bulbos requieren un esfuerzo relativamente pequeño y producen un espectáculo notablemente bueno, principalmente en primavera y verano, y varían desde pequeñas joyas a gigantes espectaculares.

Usted pasará mucho tiempo escogiendo sus plantas; plantarlas correctamente maximiza sus posibilidades de éxito. Un bulbo se planta normalmente al menos al doble de su profundidad, por lo tanto los bulbos que miden, digamos, 5 cm (2 in) de arriba abajo se plantan al menos a 10-13 cm (4-5 in) de profundidad. Los bulbos que crecen más altos, como los gladiolos, requieren soportes bastante fuertes, tales como las cañas de bambú, para mantenerlos rectos.

Plantar bulbos

Los bulbos más cortos con corolas más pesadas, como los bulbos de los jacintos, también necesitarán soportes adecuados. Una caja bonita y atractiva se puede crear a partir de tallos flexibles de sauce atados con rafia.

El suelo pesado y pobremente drenado, que puede ocasionar que los bulbos lleguen a pudrirse, se puede mejorar bastante antes del

Listos para plantar (arriba)

El narciso «Dutch Master» antes de plantarse. El bulbo delantero tiene uno más pequeño adherido que no florecerá normalmente en su primer año.

Color glorioso (derecha)

Plantas perennes bulbosas, como estos jacintos altamente aromáticos, en otoño con la punta del bulbo por debajo de la superficie del estiércol.

plantado mezclándolo con arenilla de horticultura.

Repetir la floración

Si quiere que sus bulbos continúen floreciendo en su segundo año, debe alimentarlos y regarlos una vez que se ha acabado la floración. Esto proporciona los nutrientes necesarios para que el bulbo (en efecto un órgano de almacenamiento) produzca flores al año siguiente. No quite las hojas hasta que estén completamente marchitas, ya que son necesarias para fabricar alimento para la planta.

Plantar vegetales perennes

Es mejor plantar vegetales perennes resistentes en otoño o en primavera. Plantar en otoño ofrece la mejor oportunidad para las plantas de establecerse antes de la siguiente estación de floración.

El agujero para plantar debe ser de un tamaño adecuado, cerca de 13 cm (5 in) más grande en diámetro que la raíz. Antes de plantar, llene el agujero preparado con agua si la tierra es seca, y mezcle luego una pequeña cantidad de fertilizante de huesos (u otro fertilizante parecido) dentro de la base del agujero. Coloque la planta de manera que la corona esté a ras del suelo que la rodea, luego rellene de tierra el agujero. Finalmente, apriete la tierra alrededor de la planta con cuidado con el talón de su bota o zapato.

Plantar vegetales anuales

Las plantas anuales cultivadas en maceteros bajo protección se plantan del mismo modo que las perennes, pero esta vez pueden pasar sin el abono de huesos en la base del agujero de la planta. Las plantas anuales que han crecido en maceteros biodegradables se pueden plantar sin quitar antes los maceteros, lo que facilita en gran medida su manejo.

Planta anual (arriba)

El guisante de olor o arvejilla es una de las plantas anuales favoritas de jardín, disponible como trepadora que crece muy alto, ya que alcanza una altura de 2 m (6 ft).

CÓMO PLANTAR BULBOS

Los bulbos y los tubérculos se agrupan a menudo bajo el nombre genérico de bulbos por lo que se refiere a cuidado y plantación general. Una cosa que tienen todos en común es que plantarlos a la profundidad correcta en el suelo del jardín o en el estiércol puede ser crucial en cuanto a cómo crezcan las plantas de bien, florezcan o no. Estos bulbos de gladiolos deberían plantarse al triple de su propia altura para proporcionar un apoyo extra.

1 *Compruebe que los bulbos de los gladiolos estén firmes y sólidos cuando los presione suavemente. Los bulbos blandos indican que están deteriorados.*

2 *Coloque los bulbos en grupos al azar sobre suelo recientemente excavado y sin maleza, normalmente en grupos de cinco o siete para plantar en un borde.*

3 *Cave un agujero con una paleta del triple de la altura del bulbo. Colóquelo en el agujero con el vértice creciente hacia arriba y presione la base dentro del suelo.*

4 *Cubra el bulbo con tierra y apriétela suavemente.*

Cómo plantar enredaderas y arbustos de pared

Gracias a su crecimiento vigoroso, la mayoría de enredaderas y arbustos de pared necesita plantarse con cuidado en lugares donde puedan extenderse de manera cómoda. Usted puede tener que proporcionar un soporte adecuado para las plantas, dependiendo de su propio método para trepar.

Las enredaderas no son diferentes de los árboles en términos de espacio requerido para las raíces, pero la mayoría necesita ayuda después de plantarlas para animarlas a crecer en la dirección correcta, por encima de los soportes que usted ha proporcionado. Ya que las enredaderas se plantan cerca de un soporte, como por ejemplo una pared, donde el suelo puede ser seco y carente de nutrientes, probablemente será necesaria más preparación de la normal para darle a las plantas un buen comienzo y ayudarlas a establecerse.

Las paredes, las pérgolas, las vallas, los árboles y las viejas cepas proporcionan un útil fondo o apoyo para varias plantas trepadoras. También puede cultivar trepadoras sobre arbustos o sobre otra trepadora, pero en el último caso necesita cuidar de que la planta más vigorosa no asfixie a la más débil.

Algunas trepadoras son excepcionalmente vigorosas y, a menos que el apoyo sea fuerte, el peso combinado de follaje y flores puede romperlo. Entre estos gigantes pesados están las grandes rosas trepadoras, como la «Bobbie James» o la «Rectora trepadora», que alcan-

zan fácilmente los 10 m (33 ft) y necesitan un gran árbol sobre el que trepar.

La clemátide, con tallos delicados y flores bonitas, se puede cultivar sobre arbustos, que darán flores durante un periodo más largo que sólo las del arbusto (véanse las páginas 100-101). Las clemátides adecuadas tienen un periodo de floración breve, pero exquisito. Las clemátides texensis o macropétala de flores pequeñas son ideales para este lugar, pero los tipos montana son probablemente demasiado vigorosos y necesitan soportes.

TORNILLOS Y ALAMBRE PARA PAREDES Y VALLAS

En primer lugar, necesitará comprobar que la valla que está utilizando esté en un buen estado para sostener el peso de una trepadora que se proponga cultivar en el marco que usted creará. Los soportes extra (como las redes) se pueden también poner una vez que la trepadora se haya establecido.

1 *Clave los tornillos usando el mango de un destornillador como palanca. Póngalos a lo largo de la valla a intervalos.*

2 *Use alambre galvanizado para el exterior. Tome un trozo de alambre, páselo a través de los agujeros de los tornillos y asegúrelo.*

3 *Usando alicates, estire el alambre hasta que esté tenso y proceda luego a tensar los agujeros de los tornillos a lo largo del panel de la valla.*

Las enredaderas se pueden clasificar en tres grupos básicos: las que se adhieren, las que se enroscan y las que se arrastran.

Las que se adhieren. *Las que se adhieren, como la hiedra, lo hacen con sus raíces aéreas o ventosas y no requieren apoyos.*

Las que se enroscan. *Las que se enroscan, como la clemátide, por ejemplo, retuercen sus tallos largos y flexibles alrededor de un apoyo.*

Las que se arrastran. *Las que se arrastran escalan usando espinas en forma de gancho a lo largo de sus tallos (en esta categoría encontramos las rosas trepadoras).*

Aunque la mayoría de las enredaderas prefieren una pared a pleno sol, unas pocas funcionan bien en zonas más sombrías, incluido el lúpulo dorado (*Humulus lupulus «Aureus»*) y la *Hydrangea anomala petiolaris*.

Enredadera y arbusto de pared

Un agujero para plantar una nueva enredadera o un arbusto de pared debería medir al menos 13 cm (5 in) más que el diámetro de la raíz y ser lo suficientemente profundo para que la base del tallo esté a ras de suelo. Las clemátides deberían plantarse un poco más profundamente ya que son propensas a marchitarse.

Si ocurre esto y la planta está profundamente plantada, puede sufrir un crecimiento de nuevo desde las raíces, así que no excave una clemátide aparentemente moribunda durante al menos una temporada.

Dele a la joven planta un marco de apoyo y ate el primer brote a éste para inducirla a crecer en la dirección que usted desee.

Cómo sostener los guisantes de olor (izquierda)

A medida que la planta comienza a establecerse, ésta crecerá a través del marco para mostrar un bonito borde de vida del jardín.

Una trepadora natural (derecha)

La Passiflora caerulea es una vid con zarcillos que se enroscan y que permiten a ésta establecerse a lo largo de cualquier barrera física.

Cómo plantar árboles y arbustos

Ya cultive usted sus propios árboles y arbustos o los compre en un centro de jardinería o vivero, en algún momento tendrá que trasplantarlos a sus posiciones permanentes. Para proporcionar al joven árbol o arbusto un buen comienzo, primero necesita comprender sus necesidades específicas.

Los árboles y los arbustos son una gran inversión, en términos de costes y de su contribución a la forma y estructura del jardín. Merece la pena asegurarse de que se comienza de la mejor manera posible plantándolos con cuidado.

Las raíces de los árboles

Compruebe primero que el arbusto o árbol escogido es adecuado para las condiciones de su jardín: algunos tienen preferencias en cuanto a tipo y estado de suelo; por ejemplo, las azaleas y los rododendros crecen bien solamente en suelos ácidos.

En segundo lugar, asegúrese de que es improbable que la planta escogida cause problemas, por ejemplo, por estar demasiado cerca de los cimientos de la casa.

Cavar el agujero

El agujero para plantar cualquier árbol debería cavarse con ancho y profundidad suficientes para alojar no sólo la raíz existente, sino también la naturaleza exploratoria de ésta a medida que va empujando gradualmente más lejos en busca de nutrientes.

Mientras que puede ser tentador en un frío día de otoño cavar un agujero para un árbol tan rápido como sea posible y meter la joven planta a presión en él, el resultado será un árbol que parece que se sienta y enfurruña. Esto es así porque usted ha evitado que las raíces busquen los nutrientes y la humedad de tal manera que la planta entra así en un estado de semiletargo.

El resultado es un crecimiento menor a corto plazo, aunque el árbol pueda comenzar a avanzar más a medida que envejece.

Proporcionar apoyos

Plantar un árbol requiere una técnica similar a plantar un vegetal perenne, excepto en que con un árbol necesitará proporcionar un apoyo consistente para el tallo, no tanto para impedir que se caiga como para que no se mueva demasiado cuando haga mucho viento que provoque

CÓMO PLANTAR UN ÁRBOL

El agujero para plantarlo debe ser lo suficientemente ancho y profundo para que quepan las raíces y para permitir el desarrollo futuro de éstas.

1 *Marque y cave el agujero con el doble de diámetro y profundidad de las raíces del árbol.*

2 *Rompa los laterales del agujero con una horca para permitir que las raíces crezcan dentro del suelo alrededor del agujero.*

3 *Plante el árbol y luego llene el agujero con tierra, esparciéndola de modo parejo alrededor de las raíces y apretándola en cada capa.*

SOPORTES PARA ÁRBOLES JÓVENES

Es esencial que proporcione un soporte para los árboles jóvenes
de manera que no sean mecidos cuando haga viento.

1 *Coloque el poste a 45° del tallo de la planta y cerca de 25-30 cms (10-12 in) sobre el nivel del suelo.*

2 *Ate el árbol al poste, asegurándose de que haya espacio entre las plantas y el poste para evitar que se rocen.*

3 *El nudo debe estar cerca de 4 cms (1½ in) por debajo de la parte superior del poste para que el tallo no lo golpee.*

que se desestabilice y que impida que haga su trabajo adecuadamente.

Cómo planear por adelantado

Una mezcla de árboles de hoja perenne y caduca proporciona el mejor marco para un jardín. Incluso un jardín pequeño necesita al menos un árbol pequeño para conseguir un interés vertical (véanse las páginas 88-89).

El conocimiento del tamaño final del árbol (altura y longitud de las ramas) antes de su elección le ahorrará tiempo, problemas y dinero más tarde. Si planta un árbol joven demasiado cerca de otros árboles y arbustos, tendrá que quitarlo y trasplantarlo a otro lugar cuando hayan pasado de cinco a diez años.

Para evitarlo, visualizar la altura y anchura del árbol en un periodo aproximado de 20 años le permitirá planear plantar de acuerdo con ello.

Los postes en los árboles jóvenes (derecha)

Este tipo de postes evita los problemas con las raíces y favorece que se forme un tallo fuerte.

Cómo plantar en el agua

En referencia a crear interés por el jardín, el agua es una clase por sí sola. Que el agua se mueva o no es un tema de preferencia personal, pero de cualquier modo, atraerá vida salvaje en forma de animales, pájaros e insectos.

Los estanques crean una atmósfera tranquila en un jardín que puede ser difícil de superar por cualquier otro elemento. El sonido del agua que se mueve es especialmente relajante.

Al mismo tiempo, su estanque puede convertirse en un hervidero de actividad, especialmente si desea promover que la vida salvaje utilice sus zonas con estanque. La temporada del estanque comienza en primavera, cuando la temperatura del agua comienza a subir.

Aunque el agua tarda más en volverse tan cálida como el suelo que la rodea, de manera lenta, pero segura, las plantas del estanque comienzan a crecer.

Las plantas acuáticas deberían trasplantarse mientras están creciendo activamente, ya que en realidad se vuelven a establecer mejor si se trasplantan en esta época. Aunque muchas plantas de estanque producen grandes cantidades de vegetación, pueden tardar relativamente en establecerse, por lo tanto, el mejor momento para trasplantarlas es a finales de la primavera. Esto les dará el máximo tiempo para crecer y establecerse en su nuevo ambiente antes del siguiente invierno.

Usted puede cultivar la mayoría de plantas de estanque en cestas sumergidas o en cilindros, como los tubos de drenaje de arcilla. Esto facilita el control del estanque y su vegetación, ya que se pueden sacar las plantas del agua y cuidarlas antes de devolverlas al estanque. La ventaja principal de cultivar plantas acuáticas en recipientes es que le da al jardinero un mayor control sobre el ecosistema de las plantas, ya que muchas de estas especies se volverán muy frondosas si se dejan crecer sus raíces sin restricción.

Un estanque natural (izquierda)
El ambiente de un estanque es importante. Dele un aspecto natural con piedras, guijarros y plantas.

CÓMO PLANTAR EN UN ESTANQUE

Herramientas y materiales

- Recipientes adecuados
- Estiércol
- Ladrillos
- Plantas acuáticas
- Arenilla o guijarros

1 Si es posible, llene (o al menos llene a la mitad) el estanque con agua varios días antes de que ninguna planta nueva sea introducida para permitir que cualquier sedimento se aposente y se estabilice la temperatura. Donde sea posible, coloque los recipientes de las plantas, como este tubo de drenaje, en esta etapa, dejándolos llenos de estiércol en parte y listos para plantar.

2 Coloque la planta en el tubo de drenaje de manera que la raíz se aposente en la capa de estiércol saturado y presione la planta firmemente a su posición. Esto es particularmente importante, ya que algunas plantas pueden flotar si no se anclan firmemente.

3 Es importante asegurar que las plantas estén en la profundidad correcta en el estanque. Si están demasiado profundas, morirán debido a la falta de oxígeno. Los ladrillos se pueden colocar en el agua para sostener los recipientes y mantener la planta creciendo a su profundidad ideal. Los ladrillos deberían meterse en agua durante varios días para deshacerse de cualquier residuo químico antes de ser colocados en el estanque.

4 Una vez que los ladrillos estén en su posición en el agua, coloque el recipiente de su elección encima de ellos.

5 Usted puede colocar una capa de gravilla o guijarros en la superficie del estiércol para evitar que la tierra y las partículas de turba floten en la superficie del agua.

LA PROPAGACIÓN

La propagación es el uso de semillas u otras partes de plantas para producir más cantidad de lo mismo. No sólo es económico, sino que da al jardinero un verdadero sentido de logro. Usted puede propagar sus plantas desde las semillas o esquejes, o mediante capas, división o injertos. De esta manera, puede aprovecharse de lo ya cultivado para aumentar su colección original.

Las semillas. Cultivar nuevas plantas a partir de las semillas es el método más común de reproducir un gran número de plantas rápidamente. El momento adecuado para recoger las semillas es crítico. Si lo hace demasiado tarde, las semillas se habrán disipado, si es demasiado pronto, no germinarán en absoluto. Si están húmedas, déjelas al sol para que se sequen bien, y si no va a

sembrarlas inmediatamente, almacénelas en un lugar seco y fresco.

Los esquejes. Aumentar su colección de plantas mediante el corte de esquejes de sus tallos es una manera frecuente de propagar plantas leñosas. Los esquejes del tallo se pueden subdividir en tres categorías: madera blanda, que se toma de los brotes de la vegetación de la estación presente (primavera y principios de

verano); semimaduro, tomado de brotes de la vegetación de la estación presente tan pronto como la base de un brote se ha vuelto leñosa (finales de verano y otoño); madera dura, preparada desde la vegetación de la estación presente una vez que las hojas se han caído (a finales de otoño y principios de invierno). Coja sólo los esquejes de plantas sanas. Para obtener mejores resultados, elija brotes sin flores.

Los bulbos. Los bulbos se pueden cultivar a partir de semillas con éxito, aunque con algunos se puede tardar hasta siete años antes de que florezcan las plantas. Así, es preferible usar los métodos de propagación de hacer a escala y cortar los bulbos para obtener resultados rápidos. Los bulbos como los lirios pueden hacerse a escala, lo que implica romper sus medidas, pequeñas y estrechas desde la base del bulbo padre,

para plantarlos como un bulbo nuevo, que crecerá ese mismo año. Los bulbos de los jacintos deberían cortarse, lo que implica tomar los originales desde sus maceteros a principios del otoño, cortar surcos en la base con un cuchillo, y plantarlos luego en abono. Los pequeños adquirirán forma y estarán listos para plantarse el otoño siguiente. Ambos métodos se llevan a cabo bajo cristal y producen flores que pueden ser idénticas a la planta original.

Cómo reproducir sus propias plantas

Muchas plantas pueden reproducirse de forma relativamente fácil para aumentar sus existencias. Las formas más simples de propagación —cultivo de las plantas por semillas, por esquejes, acodar brotes y la división de un grupo— son fáciles incluso para el aficionado y para el maestro, y proporcionan un suministro económico de plantas además de dar una gran sensación de satisfacción al jardinero.

La elección de una planta para su propagación mediante esquejes

Este arbusto cultivado en una maceta tiene un sistema de raíces bien desarrollado y unos tallos y brotes sanos. El abono está libre de plagas.

Cómo propagar sus plantas viene determinado por la naturaleza de las mismas y por el tiempo del que dispone. Siendo la naturaleza como es, algunas plantas son increíblemente simples de reproducir, mientras que otras tienen que ser inducidas a reproducirse con las condiciones correctas: calor, niveles de luz y de humedad óptimos. Algunas plantas, como las anuales, crecen muy rápidamente de la semilla, creando una muestra magnífica de flores pocas semanas después de plantarse. Otras, como la mayoría de los árboles, tardarán años en alcanzar un tamaño razonable: le aconsejamos obtenerlas como raíces mediante correo postal o como especies a cultivar en macetas. Otras plantas crecen bien, pero pueden no florecer durante muchos años.

Semillas o esquejes

Las plantas se reproducen de manera natural por las semillas, en un proceso conocido como propagación sexual, pero su estructura celular es tal que también es posible crear una nueva planta sólo a partir de una parte cortada (un «esqueje») de la hoja, el tallo o la raíz. Otros métodos incluyen la división, los injertos y los acodos. Todos los métodos viables vienen bajo el título de propagación vegetal y se explican en el resto de este capítulo.

El método de propagación que escoja depende en gran medida de lo que sea más fiable y exitoso. Aunque la mayoría de plantas crece bien a partir de las semillas, el proceso puede ser lento y ocasionalmente las plantas pueden no reproducirse de acuerdo con el tipo, de manera que las plantas de semillero difieren sustancialmente de la planta original o padre. Si es particularmente importante para usted que la descendencia se parezca mucho al padre, la propagación vegetal es normalmente la mejor opción.

Sea cual sea el método de propagación que escoja, lo primero de lo que debe asegurarse es de que la planta original parezca fuerte y vigorosa, ya que su estado de salud afectará a la calidad de su descendencia.

Si está recogiendo semillas usted mismo, asegúrese de que estén totalmente maduras. Podrá saber que la semilla está lista para ser recogida en cuanto las vainas o cápsulas de las semillas comiencen a abrirse. Debería recoger las semillas un día seco. Para los esquejes, elija brotes sin flores o, si eso no es posible, quite cualquier flor del esqueje. Esto asegurará que toda la energía de la planta se dirija hacia la formación de nuevas raíces.

Si planea reproducir sus propias plantas, necesita saber las condiciones adecuadas en las que cultivarlas. El lugar ideal es un invernadero (véanse las páginas 222-223), con la condición de que tengan alguna forma de calefacción en invierno y sombra y ventilación en verano. Si no puede permitirse un invernadero, entonces los cables que calientan el suelo en el marco de un jardín son una buena alternativa.

Equipo para la reproducción

Para la propagación a pequeña escala, una mesa pequeña al lado de una ventana o una repisa de una amplia ventana serán adecuadas, aunque una caja caldeada para la reproducción (en efecto, un mini invernadero) mejorará ciertamente sus posibilidades de éxito. Aunque no es vital, ayuda a controlar los dos factores que más influyen en el éxito de la germinación: el calor y la humedad. También es recomendable el uso de una caja para la reproducción en un invernadero.

Además de las unidades de reproducción ya preparadas, usted puede confeccionar las suyas propias de varias maneras. Cubrir las bandejas con láminas de cristal o una capa adherente es sencillo, además de efectivo. Puede cubrir las macetas de los esquejes con botellas de plástico vacías y cortadas, o puede realizar su propia mini campana de cristal con aros de alambre y láminas de plástico.

Alternativamente, usted podría usar una unidad caldeada de reproducción, que pueda caldear el abono a una temperatura de 15º C (59º F) en invierno y principios de la primavera, que es ideal para las plantas de las zonas templadas. Sin embargo, las plantas tropicales requieren más calor.

Equipo básico para la reproducción. *El equipo que necesitará consiste en bandejas de semillas y maceteros, una tabla de presión para el abono, unas tijeras de podar y un cuchillo de jardín afilado, así como también etiquetas.*

Una unidad de reproducción. *Una caja para la reproducción ayuda a asegurar el éxito de la germinación de las semillas y del arraigamiento de los esquejes.*

La siembra de las semillas

La mayoría de las plantas que cultivamos son anuales (plantas que crecen de semillas para florecer en una estación de crecimiento) o bienales (plantas que lo hacen durante más de dos estaciones de crecimiento). Otro grupo son las plantas frágiles ante las heladas, pero que en realidad son perennes en sus países nativos, donde el clima es más cálido. Este grupo se cultiva como anual en climas más fríos y se pueden reproducir sembrando las semillas o cogiendo esquejes.

Cuando se cultivan plantas a partir de las semillas, es importante darse también cuenta de que la semilla misma es una central de energía diminuta que contiene todo el material genético de la planta.

Esto ha evolucionado durante el paso de los siglos, para dar como resultado el método más logrado de reproducción. Para que la germinación tenga lugar, la mayoría de las plantas tiene unas necesidades muy específicas que son, en efecto, una réplica de su hábitat natural. Las semillas de las plantas mediterráneas, por ejemplo, germinan a temperaturas de 15-21 °C (59-70 °F), pero aquellas de las zonas tropicales necesitan otras temperaturas más elevadas y por lo tanto necesitarán probablemente calor artificial.

Almacenamiento de semillas

Para lograr la germinación, necesita proporcionar un ambiente controlado para las semillas, por ejemplo un invernadero. Los novatos normalmente fallan porque no son constantes en el cuidado de sus semillas. El riego regular, el abono sin drenaje y bien aireado, una temperatura constante y una luz adecuada son esenciales.

Las semillas son muy propensas a germinar si están relativamente frescas, así que no guarde los paquetes de semillas durante más de un año, y asegúrese de que están almacenados en un lugar fresco y seco.

CÓMO PREPARAR RECIPIENTES

La siembra con éxito bajo cubierta requiere una preparación cuidadosa.
Tomarse tiempo para crear las condiciones óptimas le proporcionará a sus semillas la mejor oportunidad.

1 *Llene a rebosar de manera deliberada un recipiente adecuado con abono (el abono ligero y abierto tenderá a aposentarse ligeramente a medida que se llene el recipiente).*

2 *Con un trozo de madera, quite el abono sobrante por encima del borde del recipiente. Pase el borde recto sobre el contenedor con un movimiento «de sierra» para quitar el abono.*

3 *Con un prensador de madera, apriete el abono por toda la superficie hasta que esté cerca de 1 cm (½ in) por debajo del borde. Esto permite crear un lugar para la semilla llano y firme.*

Algunas semillas tienen un envoltorio exterior particularmente duro, y verá que la germinación tiene lugar mucho más fácilmente si este envoltorio se corta ligeramente antes de que se siembren las semillas. Otras semillas se pueden beneficiar empapándose en agua durante 24 horas para ablandar el envoltorio exterior.

El abono para las semillas

El medio ideal para hacer germinar las semillas bajo cubierta se compone de dos capas. La capa de la base incluye la semilla o abono multiusos y la capa superior, arenilla de horticultura o vermiculite, que está sin drenar. La ventaja de este sistema de dos capas es que las semillas se siembran en la capa sin drenar de arenilla, pero el abono de debajo proporciona los nutrientes necesarios una vez que la semilla comienza a echar raíces. La alternativa es sencillamente llenar el recipiente en el que las semillas se han de sembrar

con semilla patentada o abono multiusos (como se muestra abajo). El abono sin tierra está de moda para este propósito.

Cómo sembrar

Habiendo ensamblado las macetas necesarias, el abono y el equipo, necesita establecer una buena zona de luz en la que cultivar las semillas. La temperatura media debería aproximarse a los 15 °C (59 °F) y no debería descender demasiado por debajo de ésta por la noche. Haga germinar las semillas preferiblemente en una cápsula de propagación caldeada en un invernadero.

Una vez que haya sembrado la semillas (véase abajo), mantenga los recipientes bien regados, asegurándose de que no se sequen o queden anegados. Incluso las cantidades de agua a intervalos frecuentes producen los mejores resultados. Una bonita rosa en una regadera asegurará así que las semillas no desaparezcan.

PLANTAS QUE SE PROPAGAN FÁCILMENTE A PARTIR DE SEMILLAS		
Anuales	**Perennes**	Potentilla
Todas	Achillea	Ranunculus
Arbustos	Agapanthus	Rudbeckia
Abutilon	Aquilegia	Salvia
Budleja	Campanula	Sisyrinchium
Callistemon	Cynara	Stachys
Chimonanthus	Delphinium	Tellima
Deutzia	Dianthus	Tiarella
Eccremocarpus	Diascia	Verbascum
Exocorda	Erysimum	Verónica
Fatsia	Geranium	Viola
Fremontodendron	Geum	
Fuchsia	Helianthus	**Bulbos**
Hydrangea	Heuchera	Crocosmia
Lavatera	Iris	Galtonia
Pittosporum	Libertia	Gladiolus
Rhododendron	Monarda	Lilium
Skimmia	Nepeta	Nerine
	Penstemon	

LA SIEMBRA DE SEMILLAS EN BANDEJAS

Recuerde que muchas plantas no germinan sin calor extra.
Muchas plantas utilizadas para parterres del verano son plantas anuales medio resistentes y sus semillas no germinan en el suelo del jardín hasta principios del verano, por lo tanto siémbralas en primavera bajo cristal.

1 *Llene una bandeja de semillas con abono. Presione hasta que el abono esté a 1 cm (½ in) bajo el borde. Para semillas muy refinadas, tamice otra capa de abono fino y presione ligeramente.*

2 *Siembre las semillas de forma tan pareja como sea posible. Siembre la mitad en una dirección, y luego gire la bandeja y siembre el resto en la dirección contraria para distribuirlas de igual manera.*

3 *Tamice una fina capa de abono refinado sobre las semillas y presione. Si tiene unas semillas muy buenas, presiónelas hacia el interior de la superficie del abono, en vez de cubrirlas con más abono.*

4 *Riegue un poco la bandeja de semillas antes de cubrirla con una lámina de cristal claro, y otra de periódico si es necesario (el papel da sombra y el cristal evita que el abono se seque).*

Cuándo trasplantar

Usted puede saber cuando una planta está lista para ser trasplantada porque habrá desarrollado sus primeras hojas. Antes de esa etapa de su desarrollo la planta desarrolla las hojas de su semilla (conocidas como cotiledones).

Éstas se hinchan al germinar para obligar al envoltorio de la semilla a abrirse, pero el verdadero par de hojas que aparece a continuación indica que la planta es ahora lo suficientemente fuerte para vivir en el exterior. En este momento, la planta soportará el trauma de ser trasplantada más fácilmente.

El endurecimiento

Normalmente, las plantas de semillero se colocan en un marco frío fuera, en el que se aumenta progresivamente la ventilación durante diez días aproximadamente hasta que las plantas se hayan aclimatado totalmente.

Si usted no tiene un marco frío,

El endurecimiento (arriba)

Una vez que las plantas de semillero se han trasplantado a macetas y están creciendo con fuerza, se pueden endurecer para aclimatarlas a la vida en el exterior.

ponga las plantas de semillero en el exterior durante el día solamente y llévelas otra vez al interior por la noche. Entonces, una vez que las noches sean menos frías, puede dejarlas fuera durante toda la noche antes de trasplantarlas a su posición final en el exterior.

La siembra en el exterior

Usted puede sembrar muchas semillas de plantas resistentes, incluidas las anuales, directamente en su lugar de floración una vez que el suelo se caliente en primavera. Si usted siembra semillas directamente en el suelo, entonces debe asegurarse de

---

LA SIEMBRA DE LAS SEMILLAS EN EL EXTERIOR (SIEMBRA A VOLEO)

La siembra a voleo es una técnica útil para las plantas anuales resistentes, las hortalizas de ensalada, como los rábanos y las cebollas de primavera, y los cultivos con abono verde, como la consuelda y la mostaza.

1 *Rastrille el suelo para formar un parterre para las semillas, quite las piedras grandes y rompa los terrones: dejará el suelo con una fina capa en la superficie superior.*

2 *Vierta unas pocas semillas del paquete en la palma de su mano.*

3 *Siembre las semillas esparciéndolas de manera pareja sobre la superficie del suelo. Siembre desde una altura de 30 cm (1 ft) por encima del nivel del suelo.*

4 *Rastrille ligeramente sobre el parterre de semillas en al menos dos direcciones diferentes para incorporar las semillas al interior del suelo y evitar reunirlas en grupos.*

que se crea una tierra de cultivo realmente buena rastrillándola para sacar cualquier terrón o guijarro. Estos terrones evitan que las semillas alcancen la luz, en consecuencia reducen el número que logra germinar.

Con qué profundidad sembrar

La mayoría de las semillas necesita cubrirse con el doble de su propia profundidad de tierra, por lo que, cuanto más pequeñas sean las semillas, más cerca de la superficie se siembran.

¿Siembra a voleo o con surcos?

Las plantas anuales no son demasiado exigentes con el contenido en nutrientes del suelo y prosperarán en un suelo pobre, pero todas las semillas necesitan un suelo sin drenar que sea bueno en calidad, sin piedras ni guijarros.

Si siembra las semillas a voleo (literalmente esparcidas, en lugar de en orden), entonces el peligro consiste en que usted no pueda distinguir entre las plantas de semillero y la maleza. Si siembra en hileras ordenadas o surcos, es más fácil de ver qué tiene que quitar y qué conservar. Recuerde etiquetar sus hileras cuidadosamente, ya que de otro modo un mes más tarde no tendrá idea de qué fue lo que sembró en cada lugar.

Sembrar semillas en el exterior es en cierto modo una operación de éxito o fracaso, ya que los caprichos del tiempo pueden destruir fácilmente un cultivo completo de plan-

DISMINUIR EL ESTRÉS EN PLANTAS DE SEMILLERO

Las semillas se plantan a menudo ligeramente más espesas de lo que es necesario para compensar cualquier posible pérdida. En alguna etapa, estas plantas de semillero necesitarán disminuir su espesor.

Extraiga secciones de plantas de semillero no deseadas con una azada para dejar grupos pequeños y manejables. Después disminuya el espesor de los grupos de plantas de semillas a mano, extrayendo con cuidado las plantas de semillero no deseadas y dejando la más fuerte en cada posición o «estación».

tas de semillero, por ejemplo, si llueve muy fuerte después de haber realizado la siembra. Por este motivo, es una buena idea planear plantar al azar para completar, de manera que su diseño global no se vea arruinado si en algunas zonas las plantas no florecen.

CÓMO SEMBRAR SEMILLAS EN EL EXTERIOR (CON SURCOS)

La siembra de surcos es una buena técnica para cultivar varias plantas anuales y perennes, así como también la mayoría de hortalizas, permitiéndole ver inmediatamente cuándo han germinado las semillas y extraer maleza de entre los surcos fácilmente.

1 *Rastrille el suelo para formar un parterre de semillas, desgrane los terrones y extraiga cualquier piedra grande. Señale las hileras con un cordón tenso de jardinería.*

2 *Usando una azada o caña para realizar bien esta sencilla operación, haga un surco en el suelo y así formar un espacio donde introducir las semillas.*

3 *Siembre las semillas formando una fina capa en el surco a mano, intentando dejar una distancia fija entre las semillas. Nunca siembre directamente desde el paquete.*

4 *Usando un rastrillo, llene de nuevo el suelo con la tierra, cubriendo las semillas. Presione suavemente sobre el suelo por encima de las semillas usando la parte de atrás del rastrillo.*

Cómo cortar esquejes

El proceso de cortar esquejes le permite cultivar una réplica de la planta madre. Varias partes de la planta (los brotes, las raíces y las hojas) se pueden usar con este propósito; qué parte elija usted depende de la naturaleza de esa planta en particular.

Tallos carnosos

Las plantas con tallos sumamente carnosos pueden ser alentadas a echar raíces en el agua. Coloque el tallo cortado de la planta en una jarra de agua y espere a que las raíces aparezcan. Cuando comiencen a emerger, ponga el tallo en una maceta de la manera usual.

El método más eficiente de propagar arbustos es cortar esquejes de los brotes (cortes en el tallo). Insertados en un medio preparado, éstos pueden echar raíces en la base y una réplica de la madre crecerá. Los esquejes se pueden tomar en diferentes momentos y de brotes en diferentes etapas de desarrollo.

Esquejes de madera blanda

Son los brotes más jóvenes, de los que se toman los esquejes de las puntas en primavera y a principios del verano. Estos esquejes tienden a enraizarse con mayor facilidad que otros tipos, por lo que este método se usa ampliamente en plantas que son difíciles de reproducir a partir de esquejes maduros. La humedad, el calor y el agua son muy importantes durante el periodo de arraigamiento, y por lo tanto se aconseja una cápsula de reproducción cerrada.

Esquejes semimaduros

Se toman a finales del verano o a principios del otoño de la vegetación del año en curso. No echan raíces tan fácilmente como los esquejes de madera blanda, pero su nivel de supervivencia es mejor ya que tienden a marchitarse menos.

Esquejes de madera dura

Se toman en otoño o invierno cuando los brotes tienen cerca de un año y echan raíces en el exterior o en un marco frío. No echan raíces fácilmente a menos que se aplique polvo para echar raíces a la herida: la formación de la raíz puede ser muy lenta, pero la mayoría habrá arraigado para la siguiente primavera.

CÓMO CORTAR ESQUEJES DE MADERA BLANDA

Una amplia gama de plantas, incluidas las buddlejas, forsitias, weigelas y muchas otras, echan raíces muy rápida y fácilmente a partir de esquejes de madera blanda, muchas de las cuales forman nuevas raíces en sólo unas pocas semanas.

1 *Recoja las puntas del tallo, que son las partes que crecen más rápido, y almacénelas en una bolsa de politeno húmeda.*

2 *Rellene un recipiente con abono abierto y sin drenar y presione, dando golpecitos en la bandeja para nivelarlo.*

3 *Recorte la base del tallo por debajo de un cruce (las articulaciones de las hojas) y quite las hojas inferiores.*

4 *Sumerja el tallo en polvo para echar raíces e inserte el abono justo por debajo de sus hojas inferiores. Riegue.*

CÓMO CORTAR ESQUEJES EN MADERA DURA

Esta técnica es adecuada para reproducir una amplia gama de árboles y arbustos caducifolios, así como también frutas de arbustos. Es probablemente el método más sencillo y barato de reproducir plantas a partir de esquejes.

1 *Prepare la tierra ahorquillándola y nivelándola más o menos antes de añadir un adobo básico de fertilizante de uso general.*

2 *Cubra el suelo con politeno negro, enterrando los bordes. Inserte las puntas de una horca verticalmente a través del plástico hacia el interior del suelo.*

3 *Quite los brotes de la estación en curso que estén sanos. Recorte 25 cm (10 in), realizando el corte superior por encima de un capullo, y el corte de la base por debajo.*

4 *Empuje los esquejes, con la base primero, verticalmente a través de los agujeros del plástico hacia el interior del suelo de debajo, con dos tercios de la base en el suelo.*

Los esquejes se pueden cortar en varios puntos cuando se separa el brote de la planta madre.

Los esquejes de tallo se cortan directamente a través del tallo justo por debajo de la punta; aquí es normalmente donde comienza la vegetación de la estación en curso.

Los esquejes de talón se crean arrancando un brote lateral de manera que se lleve un pedacito del tallo (el talón).

Los esquejes basales se preparan a partir de nuevos brotes que crezcan de la corona, principalmente plantas perennes resistentes. Quite estos esquejes cuando midan unos 5 cm, tan cerca de la corona como sea posible.

Cuidar los esquejes

Los esquejes necesitan cuidados especiales en las primeras etapas para fomentar que se formen nue-

vas raíces. El abono especial (una mezcla a partes iguales de turba y arena ácida), el calor, la luz y la humedad son necesarios. El peligro para muchos esquejes es que se sequen antes de haber echado raíces, así que es necesaria algún tipo de cubierta transparente. Los profesionales usan las unidades de reproducción en la niebla, pero una botella de plástico vacía y cortada servirá para retener la humedad. Una cápsula de reproducción caldeada es el equipo ideal para los esquejes que echan raíces.

Puesto que algunos esquejes pueden tardar hasta seis meses en echar raíces, a menudo resulta tentador arrancarlos y examinarlos antes de que se haya completado el proceso. Usted puede comprobar normalmente cuándo han echado raíces las plantas, ya que una o dos hojas pequeñas y nuevas aparecerán en el tallo, y es sólo

entonces cuando usted debería decidir plantar en una maceta el esqueje.

En maceta y en exterior

Una vez que los esquejes hayan desarrollado un sistema de raíces independiente, usted puede plantar unos en macetas individuales. Una maceta de 9 cm (3¾ in) es casi el tamaño correcto para una estación hasta que la planta crezca con fuerza. Sin embargo, los esquejes muy pequeños que se plantan en los bordes son fáciles de olvidar o de ser arrancados por accidente, por lo que puede merecer la pena cuidar de sus plantas jóvenes durante un año más antes de plantarlas en el exterior.

Una vez que crezca con fuerza, pellizque la creciente punta. Esto alienta el desarrollo de los brotes laterales, dando a la planta un aspecto más frondoso.

Polvo para echar raíces
Cuando se aplica al extremo cortado, este preparado hormonal aumenta la capacidad de echar raíces del esqueje. Sumerja la base del esqueje en el polvo y luego sople cualquier cantidad sobrante.

Esquejes de raíces y hojas

Además de los esquejes formados por los nuevos brotes, algunas plantas se pueden reproducir también a partir de otras partes, en particular las raíces y las hojas. Las secciones de raíces u hojas se colocan dentro o encima de un medio para crecer que sea adecuado, de manera que puedan desarrollar más raíces y brotes.

Algunas plantas producen tallos y brotes muy cortos, lo que puede dificultar el corte de esquejes, así que tiene que usarse otra parte de la planta.

Los esquejes de raíces

Las plantas que producen brotes directamente desde la raíces pueden aumentar cortando esquejes de raíz; son buenos ejemplos el zumaque (*Rhus*) y el acanto. Estos esquejes se cortan normalmente mientras la planta está aletargada, a finales de otoño o a principios del invierno.

Cómo tiene que tratar los esquejes depende del tipo de sistema de raíces de la planta. Las raíces más gruesas deberían cortarse normalmente en secciones de 5-8 cm (2-3 in) de longitud, mientras que las raíces más finas deberían cortarse en secciones más largas, de hasta 10 cm de longitud. Es importante que realice un corte diferente en cada extremo de las raíces gruesas de manera que sepa en qué sentido plantarlas: realice un corte recto en la parte superior de la raíz (lo más cercano posible al tallo) y un corte inclinado en el otro extremo.

Prepare una bandeja o maceta de abono que contenga una mezcla de turba y de vermiculite. Inserte los extremos sesgados de las raíces en el abono. Cubra todo con arena y riegue bien. Alternativamente, use arena para cubrir los esquejes.

Con raíces finas que sean demasiado delicadas para insertarlas erguidas, coloque las raíces en la superficie del abono. Cubra con arena y riegue bien.

Los esquejes de las raíces se pueden reproducir en un marco frío. Trasplántelos a una maceta

CÓMO CORTAR ESQUEJES DE RAÍCES

Algunas plantas producen tallos y brotes muy cortos, lo que puede dificultar el corte de los esquejes, así que tiene que usarse otra parte de la planta. Las raíces de muchas plantas herbáceas y montañosas, y varios árboles, arbustos y enredaderas, se pueden usar para su reproducción.

1 *Después de excavar con cuidado las raíces de la planta que se ha de reproducir, lávelas para extraer tanta tierra como sea posible antes de comenzar.*

2 *Corte raíces gruesas en secciones de 5-8 cm (2-3 in), con un corte recto en la parte superior y otro inclinado en la inferior. Éste será el extremo plantado.*

3 *Inserte los esquejes de raíz empujando los extremos en una maceta de abono para que la parte superior de cada esqueje sea paralela a la superficie.*

4 *Cubra con arena, lo que permite que llegue el aire a la parte superior de cada esqueje sin dejar que se sequen y asegura también un buen drenaje.*

cuando aparezcan nuevos brotes en primavera.

Esquejes de hoja

Algunas plantas se pueden reproducir a partir de sus hojas. Son insignes entre éstas las violetas africanas (*Saintpaulia*), las prímulas de El Cabo (*Streptocarpus*) y las begonias. Las nuevas plantas se desarrollarán a partir de la base de la hoja (el peciolo de la hoja) o a partir de una de las venas que recorren las hojas. El abono debería ser una mezcla de abono multiusos y de arena ácida (aproximadamente dos partes contra una). La adición de la arena dificulta la putrefacción.

Las violetas africanas se reproducen fácilmente extrayendo un par de hojas de la planta madre con el pedúnculo e insertando luego el pedúnculo de cada hoja en una pequeña maceta de abono para esquejes, de manera que la base de la hoja toque el abono. Cubra la maceta con una botella o bolsa de plástico vacía boca abajo y déjela en un lugar cálido, fuera de la luz directa del sol. Se formarán unas pequeñas plantas en la base de las hojas. Una vez que crezcan lo suficiente, puede sacar las plantas e insertarlas en una maceta individual. Algunas plantas jugosas, como las crásulas, se pueden reproducir del mismo modo quitando un par de hojas de la planta madre, pero usted debería permitir que pasara un día para que la herida cicatrizara en una callosidad antes de insertar cada hoja en el abono para esquejes.

Las hojas más grandes, como las de las prímulas de El Cabo, pueden cortarse en secciones para utilizarse en su reproducción. Se formarán unas plantas pequeñas en el lugar donde la superficie cortada de la vena entra en contacto con el abono (véase abajo). Para mantener los esquejes de hoja húmedos, cubra la bandeja o maceta con una bolsa de plástico vacía y ciérrela. Alternativamente, todos los tipos de esquejes de hoja pueden echar raíces en una cápsula de reproducción.

Acanthus mollis (arriba)

Es un tipo de planta que se puede reproducir mediante esquejes de raíz a finales de otoño o a principios de invierno.

CÓMO REALIZAR ESQUEJES DE HOJA

Es posible reproducir algunas plantas cortando y plantando sus hojas en una maceta o bandeja de abono.

Unas plantas pequeñas nuevas crecen a partir de la base de la hoja o de las venas que la recorren.

La prímula de El Cabo (*Streptocarpus*) se muestra a continuación.

1 *Extienda la hoja con el dorso hacia abajo. Corte a lo largo de la hoja cerca de la gruesa arteria central para dejar dos secciones de hoja. Deseche la arteria central.*

2 *Si está manejando tiras de hoja particularmente largas, córtelas a la mitad o en tercios de manera que encajen de manera cómoda en una bandeja o maceta con abono.*

3 *Inserte las tiras para que la superficie cortada esté encima del abono. Presione el abono, riegue y déjelas en un alféizar cálido de una ventana o en un propagador.*

Cómo acodar plantas

Acodar es uno de los métodos de reproducción más fáciles y tiene la ventaja añadida de ser más o menos fácil de usar. Se utiliza principalmente como modo de aumentar una amplia gama de arbustos, árboles y enredaderas, pero también puede usarse para reproducir algunos frutos blandos.

Acodar, actividad en la cual se alienta que nuevas plantas crezcan de los tallos de la planta madre mientras éstos están todavía juntos, utiliza la tendencia natural a producir nuevas raíces (conocidas como raíces espontáneas) donde se produce una herida en el cámbium (la capa que hay inmediatamente debajo de la corteza) de la planta.

Usted puede usarlo cortando a través de la parte exterior del tallo y asegurándose de que esta herida entre en contacto con la tierra, que se debe mantener suficientemente húmeda. La actividad de acodar puede realizarse clavando un brote cortado o envolviendo la zona cortada con musgo contenido en una bolsa de plástico transparente. Hay varios métodos diferentes de acodar, cada uno adecuado para plantas que muestren características particulares.

Acodo simple

Funciona bien con arbustos o árboles de tallos flexibles. Usando un cuchillo que esté afilado, corte una lengüeta en el tejido de la madera aproximadamente a mitad de camino, clave luego la parte cortada de manera que entre en contacto con el suelo. Un pequeño montículo de abono colocado en el punto de contacto favorecerá el arraigamiento.

Acodo serpentino

Este tipo se usa para enredaderas tales como las clemátides o las glicinas. Se hacen varios cortes a lo largo del brote y se clavan, de manera que se forman varias plantitas nuevas.

De la punta de los brotes

Este método de acodo se usa para el género *Rubus* (zarzamoras), incluyendo las moras, que formarán nuevas plantas donde las puntas de los

EL ACODO SIMPLE

La forma más básica de acodo es el acodo simple, donde un brote blando y flexible se dobla hasta tocar el suelo.
Si logra echar raíces, este brote puede entonces separarse de la planta madre de manera que pueda crecer independientemente.

 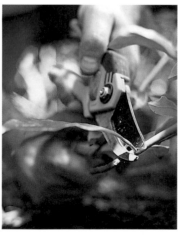  

1 *Seleccione un brote adecuado y dóblelo suavemente hasta el nivel del suelo para ver dónde se debería cavar el agujero.*

2 *Quite las hojas a 30 cm (12 in) aproximadamente de la punta. Corte la mitad de una lengüeta de 4 cm (1½ in) en el tallo.*

3 *Cave un agujero superficial, de manera que el lado más cercano a la planta madre se incline 45° y el otro esté vertical.*

4 *Coloque la sección con la herida dentro de la base del agujero. Clávela en su lugar con un aro de alambre. Cubra con tierra.*

Para este método de acodo, necesitará una bolsa de plástico pequeña y transparente con la base abierta,
un cuchillo de jardinería afilado, el palito de una cerilla, un par de nudos y una pequeña cantidad de musgo.

1 *Corte la base de una bolsa de plástico para formar un tubo y deslícela sobre las hojas. Esto mantiene apartadas las hojas.*

2 *Más abajo, realice un corte hacia arriba, penetrando a medio camino. Deje el corte abierto con un palito de cerilla limpio.*

3 *Deslice el tubo hacia abajo por el tallo, para que la zona herida esté en el centro de la bolsa. Ate la base alrededor del tallo.*

4 *Llene la bolsa de plástico con musgo húmedo, y ate la parte superior de la bolsa firmemente alrededor del tallo con una cuerda.*

brotes tocan el suelo. Estas plantas a menudo lo harán sin ayuda del jardinero. Todo lo que necesita hacer es asegurarse de que la punta del brote se entierre superficialmente en el suelo.

El acodo en el aire

Este método de acodo es útil para las plantas con tallos que no sean muy flexibles. Puede usarse el corte del acodo básico o la técnica de ceñir el tallo (véase a continuación) para el

acodo en el aire. El secreto del método estriba en crear un bolsillo sellado del medio de crecimiento alrededor de la zona cortada de su planta, lo que luego favorece la formación de nuevas raíces.

Este método implica dañar el tallo de la planta madre de varias maneras para favorecer la formación de nuevas raíces.
Esta técnica se puede usar cuando se lleve a cabo un acodo en el aire.

1 *Retuerza un trozo de alambre delgado hasta que corte la corteza. Esto favorecerá que se formen raíces.*

2 *Retuerza el tallo hasta que la corteza se raje. A medida que el tallo se cure, se pueden formar raíces alrededor de la zona dañada.*

3 *Quite un aro estrecho de la corteza. Esto favorecerá que se formen raíces alrededor de la zona dañada.*

4 *Realice un corte en ángulo dentro del tallo, creando una herida que puede formar raíces a medida que se cure el tallo.*

Cómo dividir plantas

Puede aumentar las plantas perennes simplemente dividiendo el grupo de vegetales adultos, mientras los bulbos jóvenes se pueden quitar del bulbo padre y plantarse en macetas para continuar creciendo como nuevas plantas.

Las plantas perennes

Además de realizar esquejes en la base, usted puede aumentar muchas plantas herbáceas perennes que se forman en grupos dividiendo estos mismos grupos. Esto no sólo crea nuevas plantas útiles, sino que también revitaliza las existentes, en las que el centro tiende a marchitarse a medida que crecen empujando nuevamente hacia fuera desde la copa. Los pequeños grupos de plantas con raíces que no son particularmente fibrosas se pueden dividir de forma relativamente fácil excavando la planta entera y luego separándola en sus manos. Las plantas que crecen más fuertes, con un sistema de raíces establecido, necesitarán cierta fuerza aplicada para separarlas. El método normal es insertar dos horcas dorso con dorso y separar las púas de las horcas haciendo palanca para separar las raíces.

Normalmente, las plantas se dividen mejor en otoño, una vez que se han aletargado, ya que entonces descansan antes de comenzar a crecer en primavera.

Vuelva a plantar las plantas divididas directamente, en macetas o directamente en sus posi-

¿Qué tipo de planta perenne escoger? (Arriba)

Una planta perenne que produce una nueva desde su base es una elección excelente para la división.

ciones de floración. La mayoría de las plantas divididas florecerá de nuevo al año siguiente.

Algunas plantas simplifican la tarea de reproducción mediante la producción de plantas trepadoras con plantas pequeñas en el extremo o, en el caso de las tolmieas, pequeñas plantas en la base de las hojas, que se pueden quitar y plantar.

LA DIVISIÓN

Muchas plantas se pueden dividir fácilmente para proporcionarle nueva provisión de plantas. Este método también asegura que las plantas permanezcan fuertes y sin flores.

1 *Con una horca de jardín, levante la planta arrancándola del suelo y lávela con una manguera para quitar tanta tierra como pueda.*

2 *Empuje con dos horcas de mano hacia el centro de la masa dorso con dorso y sepárelas para dividir la masa en secciones más pequeñas.*

3 *Divida cada sección en pequeñas plantas con raíces y unos pocos brotes o capullos para cada pedazo; entonces se pueden volver a plantar.*

Los bulbos

Los bulbos se pueden arrancar y dividir para aumentar el número. Aquellos que florecen pobremente se beneficiarán al dividirse. La mayoría de los bulbos se arranca y divide mejor durante el letargo; el periodo para esto variará dependiendo del tiempo de floración de cada bulbo en particular. Las excepciones a esta regla son las campanillas blancas (*Galanthus*) y los acónitos de invierno (*Eranthis*), que se dividen mejor cuando están «verdes», justo después de acabar de florecer, pero antes de que las hojas se marchiten. Los nerines también se dividen mejor en primavera en lugar de esperar a que las hojas se hayan marchitado.

Cuando divida los bulbos, extraiga cualquier pequeña parte separada (que formará la siguiente generación de flores) del bulbo padre. Aquellos que casi son del mismo tamaño que el bulbo padre pueden plantarse en sus posiciones definitivas en el jardín. Los más pequeños están mejor plantados en macetas para continuar

creciendo, ya que éstos no florecerán hasta haber llegado a la madurez.

Algunos bulbos, incluyendo algunos lirios y ajos, producen pequeños bulbos en partes del tallo. Puede extraerlos, tratándolos exactamente de la misma manera que lo haría con las partes separadas que se forman en el bulbo mismo.

BULBOS BUENOS PARA LA DIVISIÓN		
Bulbos	**Corms**	**Tubérculos**
Allium, Camassia, Chionodoxa, Erythronium, Fritillaria, Galanthus, Hyacinthus, Iris (reticulata y xiphium) Leucojum, Muscari, Narcissus, Nerine, Ornithogalum, Scilla, Tulipa	Babiana, Brodiaea, Colchicum, Crocosmia, Crocus, Dierama, Freesia, Gladiolus, Ixia, Sparaxis Triteleia	Alstroemeria, Anemone, Arum Corydalis, Dahlia, Eranthis, Oxalis, Rhodohypoxis, Roscoea

Rizomas, bulbos y tubérculos

Las plantas que crecen a partir de éstos se pueden propagar cortando los rizomas, bulbos y tubérculos en trozos, asegurándose de que haya un capullo creciendo en cada uno, desde el que la nueva planta brotará. Entre las plantas que se pueden reproducir de esta manera están la flor de lis y la dalia.

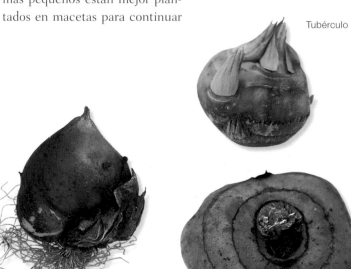

Tubérculo

Bulbo

Corm

Rizoma

Tipos de órganos de almacenamiento (a la izquierda)
Hay cuatro tipos principales. Los verdaderos bulbos son órganos de almacenamiento bajo tierra, que se forman a partir de la base de las hojas y de hojas modificadas. Los tubérculos son tallos y raíces hinchados (normalmente de forma irregular) que producen cada año nueva vegetación que muere después de florecer. Los corms son las bases de los tallos que se han hinchado y producen nuevas hojas que mueren cada año.

Los rizomas también son tallos hinchados que crecen horizontalmente bajo tierra, produciendo hojas que mueren cada año.

Los injertos

Éste es un método fascinante de reproducir plantas, que implica unir dos plantas separadas para que crezcan como una. Es un método útil para plantas que son muy lentas, que les cuesta echar raíces a partir de esquejes, o que no crecen bien sobre sus propias raíces.

Un injerto simple (debajo)

Usted podrá reabastecer su invernadero o jardín con una gran cantidad de sus plantas leñosas favoritas una vez que haya dominado la habilidad de realizar injertos.

La parte inferior del injerto (el rizoma) formará el sistema de raíces de la nueva planta, y debería estar tan estrechamente relacionada con la parte superior (el vástago) como sea posible para que el injerto funcione. Por ejemplo, un rizoma básico para injertar rosas se puede reproducir como un esqueje de madera dura a partir de una rosa salvaje o un serpollo de una rosa de jardín. El vástago es una selección del tallo cogida de la planta que tiene que ser aumentada en cantidad. Si el injerto tiene éxito, las dos plantas crecerán juntas casi continuamente y tendrán la apariencia de ser una sola planta.

Con el paso de los años, varios tipos diferentes de injerto han evolucionado como plantas individuales o grupos de plantas, pero muchos de éstos son complicados y, en varios casos, totalmente innecesarios. Es posible reproducir la mayoría de las plantas con tan sólo uno o dos de los injertos más sencillos. Cualquier jardinero armado con un cuchillo afilado de buena calidad y con mucha práctica de antemano, debería poder injertar plantas. Si quiere intentar hacer un injerto pero no tiene un cuchillo de especialista, intente usar un cuchillo barato de uso general para realizar los cortes. En caso de querer continuar con los injertos, el cuchillo de injerto es el siguiente paso.

Algunas plantas leñosas pueden ser difíciles de reproducir con los medios convencionales de realizar esquejes (véanse las páginas 126-127). Entre las plantas que son injertadas frecuentemente están las rosas (en las que una rosa vigorosa añade fuerza a una variedad nueva menos vigorosa, por ejemplo) y árboles frutales, como los manzanos y los perales (donde el rizoma enano producirá un árbol pequeño).

LOS SERPOLLOS

Los serpollos ocurren cuando el rizoma de una planta injertada comienza a producir brotes en la zona por debajo del injerto.

Si se permite que los serpollos crezcan sin restricción, éstos comenzarán a competir con la planta injertada a la cual están unidos. Desgraciadamente, debido a que el rizoma es normalmente más vigoroso que el cultivar injertado en él, el crecimiento de estos serpollos dejará atrás el de la planta injertada, lo que normalmente provoca la muerte de la planta injertada. Los serpollos deben ser quitados desde el comienzo simplemente arrancándolos.

CÓMO INJERTAR UNA ROSA

Herramientas y materiales

- Un esqueje de un rizoma de rosa
- Un cuchillo afilado
- Unas tijeras de podar
- Un brote semimaduro de un cultivar de rosa
- Una goma elástica
- Una maceta y abono
- Una bolsa de politeno

1 Comience los esquejes en la madera dura, sacados de brotes de un año de un rizoma de rosa, para cultivarlos en un invernadero cálido a mediados de invierno. Saque los capullos inferiores y clave los esquejes en la tierra. Injerte en primavera, cuando los brotes semimaduros de la rosa que quiere reproducir estén a su disposición. Prepare el rizoma cortándolo hasta 15 cm (6 in).

2 Realice un solo corte superficial inclinado hacia arriba de 4 cm (1½ in) de longitud en la parte superior del rizoma, dejando así al descubierto el tejido de la planta responsable de la cicatrización (el cámbium), que permite que el rizoma y el vástago cicatricen juntos.

3 Seleccione un brote semimaduro de casi 8 cm (3 in) de longitud del cultivar de la rosa que quiere. Saque todas las hojas excepto la más alta, para formar el vástago.

4 Realice un solo corte inclinado hacia abajo de aproximadamente 4 cm (1½ in) de longitud en la sección inferior el vástago, justo detrás de un capullo. Este corte dejará al descubierto el cámbium.

5 Coloque con delicadeza las dos secciones de la planta juntas, de manera que las superficies cortadas se emparejen. Cuando estén colocadas correctamente, ate con cuidado el injerto con una goma elástica. Ésta sostendrá el injerto firmemente hasta que se unan las dos secciones.

6 Coloque el injerto en una maceta de abono. Riéguelo bien, cúbralo con una bolsa de politeno y colóquelo en un alféizar cálido hasta que el injerto haya agarrado.

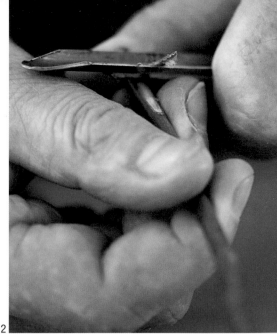

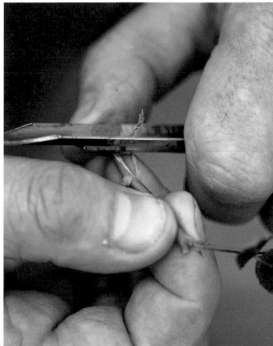

El mantenimiento
del jardín

El cuidado de su jardín

Es importante ser objetivo sobre el tiempo que puede dedicarle a su jardín, ya que la realidad casi siempre sobrepasa el plan previo. El tiempo que necesitará pasar cuidando de su jardín no sólo depende de su estilo y contenido, sino también varía de estación en estación.

En el jardín tradicional, con un césped modesto y una pequeña parcela vegetal rodeada de bordes de arbustos y plantas perennes, las estaciones que necesitan más tiempo son la primavera (cuando se llevan a cabo el plantar y gran parte de la poda) y el otoño (cuando estará ocupado cavando y ordenando). Sin embargo, si el verano es muy seco, puede pasar bastante tiempo regando, especialmente si tiene muchas plantas en recipientes. El césped requiere una siega regular, es aconsejable hacerlo una vez por semana.

Otro factor es su propia preferencia: si le gusta mantener el jardín en un orden casi militar, con nada fuera de lugar, entonces claramente necesitará casi el doble de tiempo de lo que exigiría un enfoque más relajado. Sea cual sea el grupo al que pertenezca, por motivos de eficiencia, siempre merecerá la pena asegurarse de que las herramientas que usa estén limpias antes de guardarlas y de que estén colgadas o almacenadas en un lugar específico. Nada es más molesto que perder, de nuevo, sus únicas tijeras de podar, y puede que

merezca bien la pena invertir en un cinturón de jardinero, o cualquier otro utensilio con grandes bolsillos, para mantenerlas a salvo.

Superficies de madera

Además del trabajo requerido para mantener las plantas en buena forma, usted también necesitará mantener las superficies duras en buen estado. Cualquier madera blanda en el jardín necesita protegerse contra los estragos del tiempo y necesitará las ocasionales capas de conservante. Para la mayoría de las maderas previamente tratadas,

La limpieza de las herramientas.

Para mantenerlas en buen estado, hay que limpiar la tierra y suciedad tras usarlas. Raspe las capas más gruesas antes de pasarles un trapo aceitoso.

Cómo engrasar las partes móviles.

Todas las articulaciones en sus herramientas deberían ser tratadas con aceite regularmente para mantenerlas en buen funcionamiento y evitar el desgaste excesivo.

Cómo tratar las herramientas de madera.

Los ejes de madera deberían estar limpios y tratados con aceite de linaza una vez al año. Esto evita que las articulaciones se sequen y que la madera se agriete.

el aceite de linaza ofrece una forma eficaz de protección, ya que alimenta la madera y la conserva. Un buen momento para tratar la madera es a principios de invierno, en un día razonablemente cálido, después de que se hayan completado las tareas de jardinería del otoño. Entonces la madera estará protegida contra las lluvias de invierno y las heladas.

Los suelos de madera, particularmente en los climas húmedos, necesitarán fregarse ocasionalmente con un cepillo con cerdas duras y un alguicida para sacar el limo verde acumulado (y resbaladizo). Los suelos de madera dura no necesitan ser tratados, pero la madera blanda necesitará tratarse con productos conservantes una vez al año.

Grava y pavimento

Si tiene zonas de grava, incluso si ha colocado una membrana o alfombra por debajo, necesitará aplicar un producto químico para

Cómo rastrillar la grava
Un rastrillo con púas muy espaciadas es ideal para sacar las hojas de entre la grava sin alterar la superficie subyacente.

La limpieza de superficies de madera (arriba y a la izquierda)
Las zonas de madera, como los suelos, acumulan gradualmente suciedad y limo. Esto favorece que crezcan las algas en la madera. Frotar el suelo con una solución de detergente suave una vez al año puede ayudar a controlar este problema. En zonas de elevada pluviosidad, el suelo de madera requiere un tratamiento más frecuente, usando un alguicida para sacar cualquier depósito de limo.

matar la maleza o quitar cualquier maleza emergente a mano. Una vez cada tres años aproximadamente puede necesitar rellenar la grava.

Las zonas pavimentadas del jardín necesitarán barrerse ocasionalmente (pero más frecuentemente durante el otoño si hay árboles caducifolios cerca), y fregarse con manguera de vez en cuando para sacar la inevitable acumulación de suciedad. Usted puede reciclar las hojas que han caído en las zonas pavimentadas de su jardín metiéndolas en una bolsa y permitiendo que se pudran hasta formar un valioso abono o humus (véanse las páginas 54-55)

Las plantas

El cuidado de sus plantas le implica principalmente en su alimentación y riego (véanse las páginas 142-147), y también en su poda (véanse las páginas 152-163). Además de estas tareas básicas, también necesitará dar apoyo a algunas de sus plantas, particularmente las enredaderas, para evitar

que se caigan (véanse las páginas 164-165). Para prolongar la estación de floración de cualquier planta, merecerá la pena sacar cualquier inflorescencia marchita o casi marchita, de manera que la planta no fije la semilla (que automáticamente evitará que florezca más veces). El cortar las flores marchitas es una tarea que debería llevarse a cabo regularmente durante toda la estación de floración, aunque usted verá que necesita realizarse más frecuentemente durante el verano.

Con la mayoría de las tareas del jardín merece la pena pasar periodos de tiempo breves y regulares, quizá media hora día sí día no, en lugar de intentar hacerlo todo el fin de semana. Usted puede llevar a cabo pequeñas tareas, como cortar las flores marchitas y regar, a medida que pasea por el jardín. La poda se realiza también mejor de esta manera, mientras las plantas individuales han acabado de florecer, en lugar de una o dos veces al año.

Elementos acuíferos

Si tiene un estanque en su jardín debería resultarle relativamente fácil de mantener, pero tendrá que limpiarlo ocasionalmente para sacar las hojas y otros restos que pueden haberse acumulado en la base de estanque. Ninguno debería estar instalado cerca de árboles caducifolios. Si el suyo está en esta posición, tendrá que cubrirlo con una red durante el otoño para capturar todas las hojas caídas.

Si tiene plantas de agua en el estanque, necesitará comprobar regularmente si han crecido demasiado para sus macetas. Si es así, necesitará plantarlas en macetas más grandes (o, alternativamente, puede podar sus raíces). El otoño es un buen momento para hacer esto. Si tiene un revestimiento de butilo, tenga cuidado de no dañarlo al llevar a cabo tareas de mantenimiento como éstas.

Un refugio tranquilo (arriba)

Un estanque puede ser un precioso elemento para su jardín, por lo que bien merece la pena llevar a cabo las tareas de mantenimiento para que luzca su mejor aspecto.

La protección de elementos acuíferos (arriba)

Una pelota de peso ligero puede ayudar a evitar que se hiele su estanque o elemento acuífero. Esto es vital si tiene peces u otros seres vivos en el estanque.

Usted debe sacar cualquier pez del estanque antes de emprender cualquier tarea de mantenimiento. Sáquelos usando una red y manténgalos en un lugar a la sombra en un recipiente lleno de agua del estanque. Permita que el estanque se restablezca durante al menos 24 horas antes de devolver los peces a su entorno. Si es necesario, use un producto químico especialmente formulado para el equilibrio del agua, para mejorar su calidad.

Cuando el tiempo sea realmente frío, puede necesitar impedir que se hiele su estanque. Si no

LA LIMPIEZA DE UN ESTANQUE

Su estanque debe limpiarse para sacar los restos que se han acumulado durante todo el año. Antes de limpiar, cualquier animal beneficioso, como los caracoles de agua, debería colocarse en una bandeja de agua poco profunda de manera que puedan reintroducirse en el estanque una vez que usted haya terminado.

1 *Vacíe el estanque con un cubo, o bombee el agua con una manguera conectada a la salida de la bomba.*

2 *Saque la tierra, barro y restos de plantas del fondo del estanque. Ponga los animales del estanque en una bandeja de agua.*

3 *Usando un cepillo duro, frote los laterales del estanque, aplicando una solución diluida de agente esterilizante.*

4 *Limpie los laterales y fondo con un chorro de agua potente. Permita que la superficie del estanque se seque, luego vuelva a llenarlo.*

se encarga de este problema, pueden acumularse gases bajo el hielo, causando la asfixia a los peces. La mejor solución es instalar un calefactor de estanque eléctrico para mantener el agua a una temperatura estable. Sin embargo, para esto necesitará un suministro eléctrico permanente en el exterior que se adecue a los niveles de seguridad, esto incluye cable y enchufes aislados especialmente. Es aconsejable consultar a un electricista cualificado.

Esta solución puede resultar cara, pero es una importante inversión si tiene muchos peces o si su estanque está repleto de especies caras. Si no puede permitirse esto, puede dejar flotando una pelota en la superficie del estanque (el movimiento de la pelota se supone que detiene la formación de hielo). Este método no es infalible y puede que no quiera asumir el riesgo si tiene peces, pero puede ayudar a proteger las plantas de agua. Generalmente, las pelotas más ligeras funcionan mejor, son ideales unas pelotas de tenis.

Plantas en invierno

Las tareas de mantenimiento de invierno dependerán de la severidad del clima local y del tipo de plantas que usted cultive. Si vive en un clima marginal, que ocasionalmente experimenta crudos inviernos, probablemente estará tentado de cultivar plantas ligeramente tiernas, que luego necesitarán alguna forma de protección durante una ola de frío. Si no está seguro de si las plantas que ha escogido son resistentes para su clima, es mejor cultivarlas en recipientes, ya que así puede llevarlas al interior durante en invierno, o al menos moverlas a un lugar más protegido durante el mal tiempo.

De otro modo, el mejor medio de proteger sus plantas es envolver la base con arpillera, o plástico de burbujas de invernaderos. Así estarán protegidas.

Tareas generales de invierno

Sólo porque el jardín esté sumamente aletargado, no significa que no haya nada que hacer una vez que sus tareas preparatorias hayan finalizado.

El letargo del jardín en invierno ofrece una oportunidad ideal para limpiar el cobertizo del jardín y almacenar todo su equipo ordenadamente. También puede usar este momento para engrasar y afilar las hojas de las sierras, las podadoras, las cortadoras de césped de cilindro y los cuchillos de jardín.

La preparación para el invierno (a la izquierda)
Las plantas sensibles a las heladas necesitarán estar bien envueltas en invierno para evitar que la helada les dañe. Envuelva las plantas cultivadas en recipientes y sus macetas con arpillera o plástico de burbujas. Cubra las copas de las plantas perennes sensibles del jardín con paja.

CÓMO AFILAR UN CUCHILLO

Los cuchillos usados en jardinería son ideales para una amplia gama de tareas, desde realizar esquejes a cortar cuerdas. Se usen para lo que se usen, las cuchillos deberían estar siempre bien afilados.

Use una piedra de afilar humedecida para afilar su cuchillo. Mantenga la cuchilla en un ángulo de 25° y empújela suavemente a lo largo de la piedra hasta que esté afilada. Sólo el borde afilado de fábrica necesita tratarse de esta manera.

El riego

Como nosotros, las plantas están compuestas principalmente por agua (alrededor del 90 por ciento de su masa), que cumple la función vital de mover los nutrientes alrededor de la planta. Las plantas de desierto se han adaptado para vivir sin agua durante periodos de tiempo considerables, pero la mayoría de las plantas se marchita bastante rápido a menos que el suministro de agua se reponga con frecuencia.

Para un funcionamiento óptimo de la planta, el suministro de agua debería ser bastante regular, y, ciertamente, en aquellos periodos en que la planta está programada para esperarla, de otro modo, incluso si la planta se las arregla para sobrevivir, experimentará varios problemas de crecimiento.

Es tarea del jardinero ayudar a la naturaleza en aquellos momentos en que, por una razón u otra, el clima no se comporta como se espera. Sin embargo, es un buen jardinero aquel que entiende que ellos se crearán a sí mismos menos trabajo si escogen cultivar plantas que sobreviven en las condiciones de pluviosidad media de su clima, en vez de anhelar plantas de climas más húmedos, que requieren un riego constante.

Evitar la pérdida de humedad

Nadie quiere pasarse todo su tiempo regando, por lo que tiene sentido buscar maneras de reducir la pérdida de humedad. El método más efectivo de minimizar la pérdida de agua es a través del mantillo, que consiste en cubrir la superficie del suelo con una capa de material poroso que le ayudará a evitar la evaporación.

En jardines de tamaño más grande, usted puede extender láminas de plástico sobre los parterres, cubiertas con una capa de materia orgánica. La grava es también útil para el mantillo para pequeñas zonas, como los recipientes o macetas.

EL MANTILLO

Cobijar la superficie del suelo ayuda a conservar la humedad. Puede usar sustancias inorgánicas, como la grava, o aquellas que añaden nutrientes, como el abono casero, los pedacitos de corteza y la paja. Éstas necesitan sustituirse cada año más o menos.

La grava. *Las membranas, como el plástico entretejido o las láminas de plástico, son efectivas pero tienen un aspecto antiestético. Cúbralas con grava o astillas ornamentales.*

Sustancias orgánicas. *La corteza desmenuzada o las astillas de madera servirán de abono si entran en contacto con el suelo. El humus de hongos puede crecer; éste no daña las plantas.*

La profundidad correcta. *Para proporcionar un buen control de la maleza y evitar la pérdida de agua del suelo, el mantillo orgánico debería estar a 5-10 cm (2-4 in) de profundidad.*

El suministro de agua

Hay una amplia gama de equipo de riego disponible (véanse las páginas 74-75), pero usted necesita escoger aquellos elementos más adecuados a sus necesidades y a su estilo de jardinero. Casi con total seguridad usted necesitará una regadera y una manguera de jardín. Si tiene un césped y su clima padece momentos de sequía, estaría bien aconsejado si también invirtiera en un sistema de riego por aspersión para el césped. Si está lejos de su hogar durante mucho tiempo en verano, considere instalar un sistema de aspersión que funcione con un sensor de humedad, que active el sistema cuando el suelo esté muy seco.

Hay una amplia gama de sistemas de riego especiales diseñados para enfrentarse con todo tipo jardines, y su elección vendrá dada por sus propias circunstancias. Las dos formas más frecuentes de riego son el básico sistema de goteo y sistemas con diseños más elaborados con válvulas y boquillas que proporcionan agua a zonas específicas.

Cómo y cuándo regar

Aunque esto suene absolutamente básico, muchos jardineros no riegan sus plantas de manera eficiente, gastando gran cantidad de agua en el proceso. Lo importante del riego es asegurarse de que la humedad alcanza hasta las raíces de la planta.

De aquí se deduce que el agua necesita dirigirse hacia éstas, y que debe hacerlo durante el tiempo suficiente para filtrarse en las capas del suelo y humedecer las raíces. Un suministro suave y regular durante un periodo más largo es mucho más efectivo que mucha agua vertida en un tiempo demasiado rápido.

Evite regar en pleno calor del día. A muchas plantas se les pueden quemar las hojas si se mojan éstas a pleno sol. También se evapora algo de agua antes de que pueda penetrar el suelo.

Si tiene mecanismos de riego con cronómetro, fije éste para primera hora de la mañana o a finales de la tarde.

Riegos especiales

Si cultiva plantas en recipientes, tendrá que prestar especial atención a su necesidad de humedad. Las macetas de terracota son muy porosas y la humedad se evapora fácilmente. Puede ayudar a conservar la humedad del abono mediante el mantillo de la superficie de las macetas con grava. Las cestas colgantes son especialmente vulnerables a la pérdida de humedad. En tiempo de calor extremo, riegue las plantas dos veces al día.

Cómo reavivar una planta marchita (arriba)
Sumerja la planta en un cubo de agua hasta que las burbujas dejen de subir a la superficie.

NECESIDADES DE RIEGO ESPECIALES

Las plantas que crecen a pleno sol (excepto aquellas originarias de climas mediterráneos o cálidos) necesitan regarse más frecuentemente que aquellas a la sombra. Las plantas con hojas más grandes requieren más agua que aquellas con hojas más pequeñas, y las plantas en recipientes se secan con particular rapidez.

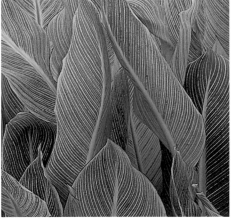

Las hojas pequeñas. *Las plantas con hojas pequeñas necesitan menos riego que aquellas con hojas grandes, pero todas las plantas de recipientes necesitan un riego frecuente.*

Las hojas grandes. *La gran zona superficial de estas hojas implica que la humedad se pierda rápidamente. Coloque las plantas de manera que el riego sea fácil.*

Las macetas. *Coloque las macetas en grupos, ya que esto hace que el riego sea menos pesado, especialmente cuando hace calor y es necesario el riego frecuente.*

Cómo usar un sistema de riego por goteo

En pleno verano, la tarea de regar el jardín puede parecer interminable, y media hora después de que la manguera se haya guardado, las plantas parecen secas de nuevo. Instalar un sistema de riego por goteo por todo su jardín puede ayudar a minimizar el trabajo necesario.

Usted puede limitar el tiempo empleado en regar si se asegura de que las plantas obtengan de manera efectiva el agua dirigida a ellas, suministrando al lugar desde el que pueden beneficiarse. Esto es particularmente importante si el agua se mide con contador. La asper-sión puede empapar sólo la superficie antes de que el agua comience a evaporarse o a correr dentro de los canales de drenaje.

El riego bajo (tubos colocados a lo largo del suelo) suministra el agua muy cerca de las raíces de las plantas y requiere sólo un suministro de agua a baja presión. Esto significa que grandes zonas se pueden regar a baja presión, porque el agua sólo se filtra del tubo cuando el tubo está lleno y este suministro lento y constante permite que el agua penetre en el suelo con poca evaporación. Este sistema puede funcionar mediante un mecanismo de cronometraje, de manera que jardín se puede regar incluso cuando no hay nadie en casa. Fíjelo para el riego al amanecer; el riego por la noche proporciona las condiciones ideales para las babosas y los caracoles nocturnos.

En un jardín más grande, instale la manguera en una zona donde las plantas sean más vulnerables. Para evitar el desperdicio de agua, usted necesita encontrar maneras de conservar el agua del jardín. Intente escoger plantas que sobrevivan con el mínimo de agua. Sin embargo, si tiene un huerto, por ejemplo, en el que un riego regular y copioso es esencial, usted tendrá que instalar un sistema de riego adecuado.

Recuerde instalar un tope para el agua de manera que pueda aprovechar el agua de lluvia y suministrarla en las zonas o plantas que la necesiten más. Por ejemplo, las plantas en macetas con tierra se deberían regar con agua de lluvia en lugar de con agua del disco si tiene más de esta última (lo sabrá si es un problema la cal del agua evaporada).

El riego de las raíces (arriba)

Un sistema de riego por goteo permite que el agua llegue directamente a las raíces de las plantas, donde es más necesaria.

COMPROBACIÓN FINAL

Antes de encender el sistema, inspeccione el tubo con cuidado.

Es importante enderezar cualquier torcedura o enroscadura del tubo. Si no, el tubo «reptará» o se arrastrará a medida que se llene con agua, o en algunos casos el fluir del agua puede verse restringido.

CÓMO INSTALAR UN SISTEMA DE RIEGO POR GOTEO

Herramientas y materiales

- Alambre recubierto de plástico de gran espesor
- Un cuchillo de buena calidad
- El mango de un cepillo
- Una mesa de trabajo
- Una manguera
- Un macetero
- Un mecanismo de cronometraje (opcional)

1 Corte secciones de alambre recubierto de plástico de gran grosor de 25 cm (10 in) de longitud. Doble estas secciones hasta que estén casi rectas y, usando el mango de un cepillo y una mesa de trabajo, atrape el centro del alambre para impedir que se mueva.

2 Doble el alambre alrededor del mango del cepillo dos veces para formar una floja espiral, de manera que la parte superior de la clavija del alambre pueda ensartarse en la manguera en cualquier punto a todo lo largo.

3 Ensarte los aros de alambre sobre la manguera y extienda el tubo para obtener la máxima cantidad de agua posible para cada planta (para los arbustos asentados, coloque el tubo dentro de los 15-30 cm (—6-12 in— de la base).

4 Cluve el tubo en su posición y con el pelo a un suministro de agua, como una manguera con conectores. Suavemente gire el grifo para que fluya el agua a través de los tubos, y revise con cuidado si hay un goteo grande y no intencionado.

5 A cerca de dos tercios del camino a lo largo del tubo, inserte una maceta en el suelo por debajo del tubo de manera que su borde esté a ras de la superficie del suelo. Esto se puede usar para medir la cantidad de agua que fluye por hora, levantando la maceta ligeramente para comprobarlo.

6 Para lograr que el sistema sea totalmente automático, un mecanismo de cronometraje con batería se puede añadir al suministro del agua. Posibilitará que el sistema de riego funcione incluso cuando usted esté de vacaciones.

La alimentación

Antes de alimentar sus plantas, necesita decidir si desea seguir los principios orgánicos. Si lo hace, necesitará usar solamente fertilizantes orgánicos. Éstos se obtienen de los restos naturales de plantas y animales: hojas y plantas podridas, o el excremento (a menudo con su nido) de pájaros y otros animales: principalmente caballos y gallinas, porque la mezcla de abono y nido no es demasiado fértil.

Elegir o no elegir, limitarse a la alimentación orgánica es una cuestión personal. Si usted es feliz usando fertilizantes patentados, hay unos adecuados para cada planta y situación. Si elige usar el abono como alimento orgánico, necesitará tiempo para que se pudra antes de ser aplicado al suelo. La masa del nido ayuda a mejorar la estructura del suelo además de diluir las cantidades de nitrógeno del abono mismo.

Así, los alimentos voluminosos de las plantas se añaden normalmente en otoño, para darles tiempo para descomponerse durante el invierno. Los programas de alimentación con fertilizantes normalmente comienzan a principios de la primavera, cuando la mayoría de las plantas está emergiendo del letargo invernal. Entonces se alimentan durante el periodo de crecimiento. El riego es esencial durante este tiempo, ya que los alimentos necesitan absorberse en el agua que la planta recoge. Las aplicaciones se dan normalmente una vez al mes aproximadamente.

Además de la alimentación regular, usted necesitará también plantar tónicos de vez en cuando. Éstos aumentan el vigor de la planta en ciertos momentos, por ejemplo durante los periodos de floración y de maduración de la fruta. Son los equivalentes para las plantas de una bebida vitamínica. Se absorben más rápidamente en forma de líquido. Usted puede hacer sus propios «tés» si así lo desea. El más conocido es el «blackjack», un brebaje compuesto de abono animal corrompido.

Cuando esté cultivando plan-

CÓMO ELABORAR EL «BLACKJACK»

El «blackjack» es un excelente y nutritivo tónico para plantas, que es muy útil durante la floración o la maduración de la fruta.

Aunque no huele bien, sus plantas le estarán muy agradecidas si se lo aplica.

1 *Para crear «blackjack», necesitará primero cierta cantidad de abono animal que se haya podrido bien.*

2 *Añada hollín (que proporciona nitrógeno) y ceniza de madera (buena por la potasa) al abono. Meta la mezcla en una bolsa de recto de plástico.*

3 *Cierre la bolsa con cuidado y cuélguela en un barril de agua de lluvia. Déjela ahí durante varias semanas.*

4 *Una vez que la solución esté lista, trasvásela a una regadera, diluyéndola para que adopte el color de un té suave, y aplíquela a sus plantas.*

La paja vieja resulta una materia orgánica voluminosa excelente para incorporar al suelo y ayudar a mejorar el drenaje, la retención de humedad y la fertilidad general. Alternativamente, se puede usar como mantillo orgánico, esparcido sobre la superficie del suelo para conservar la humedad y suprimir la maleza. Esta capa se incorporará gradualmente al suelo mediante la actividad de los gusanos, las bacterias y otros organismos del suelo.

1 *Cubra la base de la zona con 30 cm (12 in) de paja suelta. Empape la paja con agua.*

2 *Rocíe una ligera capa de fertilizante de nitrógeno sobre la paja para acelerar la descomposición.*

3 *Añada otra capa de 30 cm (12 in) de paja suelta a la pila, riéguela y añada más fertilizante.*

4 *A medida que se descompone la paja, se cubre de humus blanco y se parece al abono bien podrido.*

tas comestibles con necesidades muy específicas, el programa de alimentación debe estar bien pensado y ser equilibrado. En general, las plantas comestibles necesitan nutrientes particulares en etapas específicas de su desarrollo, y más cuando dan frutos.

En primavera, proporcione a sus plantas comestibles un adobo para la base (véase la página 201) que contenga mucho nitrógeno y fósforo. En la segunda etapa de crecimiento, las plantas pueden recibir un impulso con un adobo superior de nutrientes similares. Más tarde, cuando la planta esté madurando el fruto, por ejemplo, usted puede darle un impulso extra de nutrientes usando un alimento líquido que contenga mucha potasa. Puede usar un preparado orgánico, tal como el «blackjack» (véase la página anterior), o un alimento patentado, como un fertilizante de tomate, elemento popular que es útil como tónico para todo tipo de plantas.

Usted puede añadir paja a su montón de abono o permitir que se pudra en un montón sola. Para hacer esto, forme un montón de paja en capas de cerca de 15 cm (6 in) de profundidad. A medida que añada cada capa, riegue y rocíela con un fertilizante rico en nitrógeno. Durante los siguientes meses, dele la vuelta al montón periódicamente, de los lados hacia el centro. Después de esto, el abono debería estar listo para añadirse al suelo como alimento.

Alimentos de las hojas

Estos alimentos líquidos son sumamente útiles para añadir un rápido despliegue de nutrientes cuando sus plantas estén en pleno crecimiento. Los alimentos líquidos son más fáciles de aplicar que los fertilizantes granulares y las plantas a menudo reaccionan rápidamente a tal tratamiento. Los alimentos concentrados de las hojas se pueden comprar en forma líquida o en polvo y diluirse de acuerdo con las instrucciones del fabricante.

Rocíe las hojas por la mañana o por la tarde, pero no a pleno sol ya que pueden quemarse. La mayoría de los alimentos se necesitará antes de la floración o del fruto. La composición del alimento vendrá determinada de acuerdo a esto último: por ejemplo, las plantas que dan fruto necesitan más potasa que las flores. No aplique el alimento durante el tiempo húmedo o cuando se prevea lluvia, ya que puede ser arrastrado con el agua antes de ponerse a trabajar. Usted puede dirigir los alimentos de las hojas a zonas de la planta que necesiten un estímulo extra.

Alimento granular (arriba)
Evite tocar el follaje con alimentos granulares ya que pueden quemar la planta.

Alimento de las hojas (a la izquierda)
Aplique los alimentos de las hojas directamente a las hojas, prestando especial atención a cualquier zona que parezca tener una necesidad particular de ayuda.

Cómo quitar la maleza

Todo jardinero se enfrenta a una lucha continua contra las plantas no deseadas (maleza), que siempre crecen mucho más vigorosamente que aquellas que se han seleccionado con cuidado. Sea cual sea su estilo de jardinería, necesitará dedicar tiempo a quitar la maleza.

No hay una definición real de mala hierba excepto que, en términos de jardinería, es una planta en el lugar equivocado. Algunas plantas perennes de jardín, aunque sean un todo, fecundan con tanta fuerza que se vuelven maleza; otras plantas crecen demasiado bien porque las condiciones sencillamente resultan ser idóneas para ellas. Algunas de las llamadas maleza benefician la vida salvaje y deberían tolerarse, como por ejemplo las punzantes ortigas (en circunstancias controladas justo para ese propósito). Una parcela de ortigas detrás de un cobertizo no afecta al aspecto de su jardín y prepara un alimento valioso para las orugas de algunas mariposas. Por otro lado, el jardinero necesita protegerse eficazmente contra la maleza perenne de larga raíz principal, como por ejemplo los cardos, las acederas, los dientes de león, y de plantas de fácil propagación, como el quo de tierra y la cizaña, que vuelven a crecer a partir del trozo más pequeño de la raíz.

Usted puede emplear varias tácticas para eliminar la maleza, incluidos algunos medios drásticos que implican, la mayoría de ellos, productos químicos (como el «glyphosate»), pero sin duda alguna, la mejor manera de quitar la maleza es laboriosa y precisa de gran esfuerzo.

La limpieza del suelo

El terreno virgen debe limpiarse de toda la maleza perenne antes de intentar hacer crecer plantas comestibles o de adorno. De no hacerlo adecuadamente, o con el suficiente cuidado, más tarde causará problemas considerables, ya que la raíz de la maleza más incontrolada hará que cada intento de cuidar las plantas sea prácticamente imposible.

Para limpiar la tierra, necesitará escarbar el suelo y entonces coger con la horca cada trozo de raíz pacientemente. Sólo puede hacer esto en un suelo bastante resistente y cuando las condiciones sean correctas. Si la tierra está demasiado húmeda, las raíces permanecerán pegadas a una bola de tierra y usted no podrá separarlas. El mejor momento para quitar la maleza de manera tan completa normalmente es dos o tres días después de las últimas lluvias, ya que si el suelo está demasiado seco, tendrá un problema similar, sólo que esta vez el suelo estará duro como una roca.

Periódicamente, se encontrará con maleza que tiene un sistema de raíces particularmente firmes: normalmente aquella con una raíz principal grande y larga que parece interminable. Los cardos y los dientes de león son frecuentes transgre-

EL MANEJO DE LA MALEZA PERENNE

Cuando se haya sacado toda la maleza perenne, llévela lejos de la tierra te está limpiando antes de permitirle secarse totalmente y entonces quemarla. No añada nunca maleza perenne a la pila del abono.

1 *La maleza perenne puede ser muy difícil de erradicar, porque una raíz puede desarrollarse hasta formar una nueva planta.*

2 *Use una horca de jardín para trabajar sistemáticamente en una zona y saque las raíces de manera que no se rompan.*

3 *Usando un guante (para maleza espinosa como cardos), arranque la maleza del suelo sacando tanta raíz como sea posible.*

CÓMO SACAR RAÍCES PRINCIPALES

Muchas de las malas hierbas de césped más problemáticas son aquellas que tienen una roseta o un hábito de propagarse y una larga raíz principal.

Si las ve pronto, se pueden sacar con un cuchillo afilado o una cuchilla con una punta en forma de horca llamada «roturadora de margaritas».

1 *Inserte la punta de la cuchilla en el suelo en un ángulo pronunciado, a cerca de 5 cm (2 in) del centro de la mala hierba.*

2 *Meta la cuchilla en el suelo hacia la mala hierba a una profundidad de cerca de 15 cm (6 in). No corte sobre la raíz o volverá a crecer.*

3 *Haga palanca con la cuchilla hacia arriba para sacar la mala hierba y la raíz. En suelo blando, use una madera para la cuchilla.*

4 *Una vez que haya acabado, recoja las malas hierbas y deséchelas. Tírelas al cubo de la basura o quémelas.*

sores de esta categoría. La única solución para ellos es aflojar el suelo alrededor de la raíz hasta que se pueda sacar.

La maleza anual

En la tierra de cultivo, encontrará inevitablemente nuevas malezas anuales cuando se combinan el calor y la lluvia para favorecer la germinación de las semillas. Ésta es una de las razones principales por las que necesita hacerse cargo de la maleza prontamente, para sacarla antes de que florezca y dé semilla.

El mejor momento para tratar la maleza es cuando mide aproximadamente 5 cm (2 in) de altura. La manera más rápida para que usted la saque en una parcela de verdura es con una azada, herramienta con un mango largo y una cuchilla corta (véase la página 61). La corta cuchilla le permite pasar la azada entre filas de verdura, por ejemplo, sacando cualquier maleza anual que brote entre los cultivos sin perturbar la plantación principal.

En los bordes de flores suma-mente densos, verá que el mejor método de manejar la maleza es usando una pequeña horca para las lindes. Dependiendo del tamaño de su jardín y de la cantidad de suelo sin cultivar que haya en él, de finales de primavera a mediados del verano, tendrá que pasar algún tiempo quitando maleza. Descubrirá que merece la pena mantener el suelo sin cultivar, cubierto mediante el mantillo con materia orgánica o inorgánica, como las astillas de corteza o la grava, o cultivando algunas plantas que cubran la tierra.

CÓMO ARRANCAR LA MALEZA ENTRE UN BORDE DE FLORES

Si usted tiene bordes tradicionales, pasará una gran cantidad de su tiempo dedicado al jardín quitando la maleza.

Hay herbicidas disponibles en el mercado, pero para zonas plantadas el método más seguro es quitar la maleza a mano.

1 *La maleza anual se puede quitar recogiendo la parte superior y tirando luego de las raíces para limpiar la zona.*

2 *Para pequeños grupos de malas hierbas diminutas, use una azada para cebollas para cortarlas antes de que resulten problemáticas.*

3 *Para las pequeñas malas hierbas con una raíz principal, use una horca de mano para soltar toda la raíz de la tierra sin romperla.*

MANTILLO CREATIVO

Es demasiado fácil desanimarse ante la idea del mantenimiento de un jardín. Es verdad que algunas tareas esenciales no son interesantes ni muy divertidas, pero no siempre es así. La tarea aparentemente aburrida de recubrir su suelo puede ser una oportunidad de pensar creativamente y añadir un toque decorativo personal a su jardín.

Cubrir el suelo del jardín con algún tipo de mantillo (materia orgánica o inorgánica que ayuda a conservar la humedad y eliminar la maleza) es uno de los mecanismos más importantes para ahorrarse trabajo en el jardín. La elección de materiales es muy amplia: algunos son simplemente atractivos mientras que otros, aunque menos atractivos, ayudan a reducir el trabajo implicado en las tareas

de quitar maleza y de riego. Entre los materiales inorgánicos usados están los guijarros, las conchas, la grava y la arena y el plástico negro (mejor cubierto con algo más agradable estéticamente). Entre los mejores materiales orgánicos están las astillas de corteza, la paja fertilizada (no muy atractiva, pero útil en los huertos) y varias formas de desechos animales y paja combinados.

Cualquier capa de mantillo necesita ser bastante gruesa para ayudar a evitar que la maleza germine y que se evapore la humedad (sobre 8-10 cm —3-4 in—), y aquellas que son lo suficientemente pesadas para no volar duran más. Usted puede usar más de un material para cubrir la superficie y se pueden crear modelos interesantes con diferentes tamaños en grava y guijarros, por ejemplo.

Los mantillos permanecen en su sitio durante mucho tiempo, si no indefinidamente, así que piense cómo afectarán los materiales al aspecto de su jardín. Los materiales inorgánicos pueden tener un impacto dramático en el trazado del color y en el tacto. Busque formas y texturas poco frecuentes, como las conchas marinas, la pizarra o los guijarros atractivos, y elija colores que realcen sus

plantas: los grises y azules de pizarra contrastan bien con un follaje verde intenso, por ejemplo. También puede usar elementos que tengan especial relevancia para usted, como la piedra de su zona local. La clave es conseguir un aspecto con el que esté contento, y no desesperar porque su jardín necesite cubrirse. Libere su lado creativo y sus parterres cubiertos con mantillo pueden resultar preciosos.

La poda

Esta técnica provoca más consternación entre los jardineros que cualquier otra. El propósito de la poda es mejorar la forma o rendimiento de la planta y, como tema secundario, controlar su vigor. Para hacer esto, necesita entender un poco de botánica básica.

Primer plano de un tallo bien podado (debajo)

Los tallos que se retuercen de plantas tales como la glicina pueden enroscarse solamente alrededor de soportes de hasta 2-3 cm (1 in) de diámetro, y necesitan atarse a soportes más gruesos, que son incapaces de asir.

Una trepadora bien podada (derecha)

Corte todas las ataduras y pode cualquier madera no deseada antes de atar los tallos a su sitio.

Una vez que comprenda los principios, usted podrá relacionar las técnicas con la gama de las diferentes plantas de su jardín.

También necesita ser consciente de que los libros sobre la poda han sido escritos, principalmente, por devotos entusiastas decididos a obtener el máximo rendimiento de las plantas. Si usted no está buscando la espectacularidad, sino simplemente un funcionamiento razonable de la planta en particular, puede ser menos estricto acerca de sus técnicas de poda.

El control del vigor

Si su objetivo principal al podar es controlar el vigor excesivo de una planta, tendría que reconsiderar el emplazamiento adecuado de la planta. ¿Por qué cultivar una gigante que crece enormemente cada año si no tiene el espacio para dejarle tener su copa? Un seto de cipreses de Leyland que tienen sus copas podadas es una visión digna de compasión, ya que no tienen un aspecto atractivo una vez que han perdido su forma cónica. Si quiere un seto de 1,8 m (6 ft) de altura, la mejor opción es ejercitar la paciencia y elegir plantas que crezcan más lentamente y que puedan mantenerse a esta altura sin demasiada dificultad.

De hecho, con muchos arbustos la poda favorece, en lugar de reducir, el crecimiento. Por lo que mientras usted puede tener éxito en reducir la copa de un arbusto en la estación que lo poda, al año siguiente puede enfrentarse en su lugar con un ejemplar incluso más vigoroso, que tenga muchos más brotes.

Los principios de la poda

Lo que hay que entender principalmente es que las plantas tienen un sistema de reproducción inherente que funciona como sigue: si usted corta el brote principal de la planta (del cual finalmente se formarán las flores y las semillas), pone en movimiento un sistema secundario por el que las ramas inferiores se electrolizan hacia la actividad para realizar la tarea del brote principal que se ha eliminado. Como probablemente pueda ver, cambia entonces la forma de la planta de un tallo central fuerte y alto a una apariencia más ramificada, que usted puede preferir.

Si sigue este principio en un manzano, verá que si quita el brote principal, obtiene más brotes secundarios. Si crece el fruto en

Cómo podar las flores gastadas. *Sáquelas usando un buen par de tijeras de jardín o de podaderas afiladas: mejorará la apariencia de la planta y prolongará la estación de crecimiento a medida que se vaya fomentando la formación de nuevos capullos.*

estos brotes secundarios, aumenta la oportunidad de que crezcan más frutos. Lo mismo se aplica las plantas que se cultivan por flores: usted aumenta la capacidad de brotar de la planta e inevitablemente aumenta la producción de flores. Para crear un fuerte marco de ramas, necesita continuar podando cada año para construir una estructura robusta y bien ramificada.

Cuándo podar

Algunos arbustos producen sus flores en la nueva madera de la estación en curso, otros en la madera de estaciones anteriores. Para complicar aún más el tema, no todas las especies de un género particular funcionan de la misma manera. Por ejemplo, en el género *Buddleja*, la *B. globosa* apenas necesita podarse, la *B. davidii* florece en la madera de la nueva estación y debería podarse a principios de la primavera, y la *B. alternifolia*

florece en la madera del año anterior y debería podarse después de florecer en verano. Escoger el momento correcto es crucial para asegurarse de que promueve el crecimiento de nuevos brotes de los que nacerán las flores de la estación en curso.

Los mejores momentos para podar son, por lo tanto, después de florecer la planta que florecerá al año siguiente sobre el crecimiento efectuado este año, y, para las plantas que florecen sobre el crecimiento de la estación en curso, no más tarde del final del invierno o del principio de la primavera.

Si se equivoca en el cronometraje y poda una planta a finales del invierno o principios de la primavera que florece sobre el crecimiento de la estación anterior, usted quitará la cosecha de flores de la estación en curso y tendrá que esperar un año para el siguiente despliegue visual.

Razones para podar

Las principales razones para podar un árbol o un arbusto son aumentar la producción de frutas o flores, o mejorar la salud y vigor de una planta. También se realiza para dar una forma más agradable a la planta.

Las plantas que se han sometido a unas condiciones de crecimiento difíciles son más propensas a la enfermedad, estos problemas también pueden introducirse por una herida. Por lo tanto, tiene sentido podar de nuevo duramente si la planta ha padecido debido al clima, o como resultado de algún otro problema, y sacar los brotes rotos o dañados antes de que cualquier enfermedad infecciosa o viral pueda aprovecharse del tejido expuesto. Estos brotes se quitan mejor cerca del tallo principal en un corte que esté en ángulo hacia fuera, para permitir que el agua drene en vez de empapar el interior de la planta.

Un manzano joven (debajo)
Un árbol joven bien arrodrigado, que muestra su crecimiento sin podar durante el primer año después de plantarse.

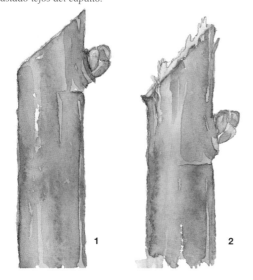
Poda de árboles y arbustos

El principal objetivo cuando se cultivan árboles y arbustos es crear una buena forma, que parezca atractiva y que también favorezca la circulación del aire alrededor de las ramas, ya que esto ayuda a contrarrestar la enfermedad. Si está cultivando árboles frutales, la poda se puede usar también para mejorar la calidad y cantidad de la fruta producida.

Muchos árboles y arbustos tienen un hábitat equilibrado y atractivo, y la ventaja de necesitar sólo un poco de poda. Normalmente, las plantas perennes pertenecen a esta categoría y requieren mucha menos poda que las caducifolias, así que debe tenerlo en cuenta cuando decida qué árboles y qué arbustos quiere incluir en su jardín, especialmente si el tiempo que tiene para dedicarle es limitado.

En general, la poda de un árbol grande es mejor dejarla a los «cirujanos» expertos en árboles. La razón principal es que si usted se equivoca, el resultado no es agradable a la vista. Las ramas son también grandes y pesadas, y usted puede dañarse a sí mismo o a un espectador si comete un error.

La norma general debería ser que si tiene un árbol maduro y bien establecido de un tamaño considerable debería consultar a un «cirujano» experto en estos árboles. Sin embargo, quitar las ramas que estén enfermas o dañadas de los árboles más pequeños está dentro de las capacidades de la mayoría de los jardineros.

Los árboles caducifolios se podan normalmente a finales del otoño o en invierno, durante su letargo. Esto se aplica especialmente al abedul y al arce: la savia sangrará si estos árboles se podan durante la estación en que crecen, así que pode cuando estén totalmente aletargados. Cuando los

LOS GRUPOS DE PODA

Las plantas se podan de acuerdo con su grupo de poda. Las plantas del grupo 1 son arbustos caducifolios que requieren poca poda cuando están maduros.

Las plantas del grupo 2 son arbustos caducifolios que florecen durante el crecimiento de la estación anterior y se podan después de florecer.

Las plantas del grupo 3 dan flores durante el crecimiento de la estación en curso y se podan a principios de la primavera.

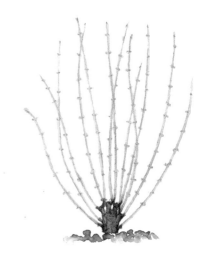

Grupo 1. *Las plantas de este grupo no requieren una poda regular, que no sea quitar cualquier madera marchita, enferma o moribunda cuando aparece, y golpear ligeramente los viejos brotes de flores.*

Grupo 2. *Estas plantas requieren una poda para quitar la madera con flores marchitas después de que acabe la floración, dedicándole tanto tiempo como sea posible para que crezcan las flores al año siguiente.*

Grupo 3. *Las plantas de este grupo se podan mucho a principios de la primavera, de vuelta al marco de madera más vieja desde el que saldrán los nuevos brotes.*

árboles son jóvenes, la poda ayuda a establecer una forma equilibrada. Los árboles más maduros debería podarlos sólo para mantener la forma que tienen y para favorecer su vigor. Sacar cualquier rama delgada o entrecruzada de la estructura principal del árbol permitirá que la luz y el aire entren en el centro del armazón.

Algunos árboles perennes, como algunas magnolias, no necesitan podarse. Si realmente necesitan una poda, debería realizarla a finales de la primavera. Si el árbol es inmaduro, puede fortalecer un tallo central mediante la orientación de un brote vertical hacia arriba y extrayendo cualquier competidor. Con plantas perennes bien establecidas, simplemente saque cualquier rama débil o deforme cortando de nuevo hasta un brote sano.

Dar forma a los arbustos

La mayoría de los arbustos caducifolios se debilitarán gradualmente y se volverán menos atractivos si se deja que se las arreglen solos. Obtener una buena forma abierta es un elemento importante en la poda de los arbustos. El principal objetivo es sacar las ramas que se crucen y se friccionen las unas contra las otras, ya que esto permite, de forma casi segura, que penetren las enfermedades en la planta. También necesita fomentar que las ramas se desplieguen hacia fuera, en vez de hacia dentro. Para hacer esto, usted debería realizar cualquier corte de poda justo por encima de los capullos que miran hacia el exterior. Sin embargo, si los capullos crecen a pares, simplemente corte el tallo justo por encima del par.

Además de los beneficios estéticos de la poda, también favorece que el arbusto florezca e incluso que pueda prolongar su vida.

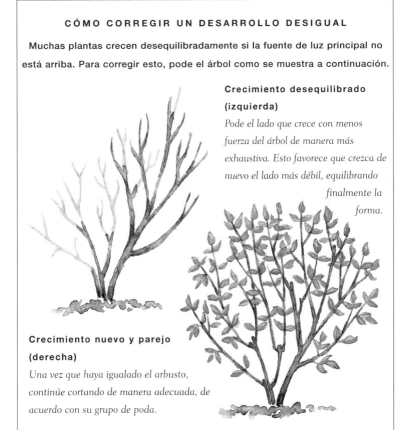

CÓMO CORREGIR UN DESARROLLO DESIGUAL

Muchas plantas crecen desequilibradamente si la fuente de luz principal no está arriba. Para corregir esto, pode el árbol como se muestra a continuación.

Crecimiento desequilibrado (izquierda)

Pode el lado que crece con menos fuerza del árbol de manera más exhaustiva. Esto favorece que crezca de nuevo el lado más débil, equilibrando finalmente la forma.

Crecimiento nuevo y parejo (derecha)

Una vez que haya igualado el arbusto, continúe cortando de manera adecuada, de acuerdo con su grupo de poda.

CÓMO PODAR UNA PLANTA PERENNE

En líneas generales, las plantas perennes necesitan podarse poco en comparación con los árboles caducifolios.

Sin embargo, como todos los arbustos, las plantas jóvenes reciben beneficios al favorecerse la formación de una buena ramificación y de unos tallos laterales espaciados de manera equilibrada. El primer año después de plantarse, pode el brote principal para favorecer la formación de un sistema más fuerte de brotes laterales. Después de esto, usted sólo necesita quitar los brotes débiles o dañados, o podar el arbusto ligeramente por todas partes.

Una camelia podada (derecha)
Una joven camelia, que se ha podado para favorecer que crezcan con más fuerza los brotes laterales.

ÉPOCAS DE PODA PARA ARBUSTOS CADUCIFOLIOS COMUNES

Primavera

Buddleja davidii

Caryopteris × clandonensis

Ceanothus «Gloire de Versailles»

Cornus alba

Cotinus

Fuchsia (cultivar duro)

Hydrangea paniculata

Lavatera

Perovskia

Sorbaria

Spiraea japonica

Zauschneria

Verano

Chaenomeles

Deutzia

Exochorda

Kerria

Kolkwitzia

Philadelphus

Ribes sanguineum

Stephanandra

Syringa

Weigela

Poda y educar enredaderas

Las plantas trepadoras causan bastantes más problemas de poda que los árboles, porque además de los requisitos de la poda normal, usted necesita asegurarse de que las enredaderas crecen en la dirección que usted prefiere y de que no vagan por el jardín del vecino o lejos de lo proyectado.

La mayoría de las plantas trepadoras tienen una tendencia natural a alcanzar la luz, con el resultado de que florecen en la parte superior del tallo, cada vez más largo, lo que puede no ser el aspecto que usted había pretendido. También puede que usted prefiera evitar que la planta se dirija directamente al techo de la casa y rellene los canalones. Su visión de las flores, entonces, se vuelve bastante limitada, por lo que el objetivo principal cuando pode y amaestre las trepadoras es persuadir a la planta para que produzca tallos floridos más abajo, donde se puedan apreciar. Esto se consigue creando una forma de abanico y favoreciendo que las ramas horizontales se extiendan en la dirección contraria a las puramente verticales.

Algunas trepadoras son notablemente vigorosas y exigen un esfuerzo bastante considerable cuando se podan. Por este motivo, la glicina no es una planta para el jardinero apocado (véase abajo). La viña rusa (*Fallopia baldschuanica*) es recomendada frecuentemente para cubrir rápidamente las vistas antiestéticas, pero su nombre común es «una milla por minuto», lo que no es una gran exageración, por lo que es mejor evitar esta planta a menos que esté preparado para pasar mucho tiempo podándola.

Cómo crecen las trepadoras

La cantidad de trabajo exigido por parte del jardinero depende del hábito natural de la planta. Algunas trepadoras se adhieren a cualquier soporte sin ayuda del jardinero. Éstas son las plantas que tienen raíces aéreas o pequeñas ventosas que se fijan a cualquier superficie. Otras, como las rosas trepadoras, suben por soportes usando las espinas en forma de gancho a lo largo de sus tallos.

Tallo de una glicina (arriba)

Si se les permite a los tallos retorcidos enroscarse los unos alrededor de los otros, los tallos interiores pueden estrangularse como resultado de la presión ejercida por los exteriores.

LA PODA DE LA GLICINA

Estas vigorosas trepadoras necesitan una poda bastante severa. Los brotes jóvenes laterales no necesarios para el armazón de la planta se podan anualmente a mediados del invierno.

1 *Comience desenredando cualquier maraña de brotes y tallos. Éstos pueden necesitar cortarse en secciones para evitar que otros brotes se dañen.*

2 *Espacie el resto de brotes para cubrir de manera igual tanto del soporte como sea posible. Ate los brotes como parte del armazón de la planta a su posición.*

3 *Pode los laterales largos que no se van a usar como parte del armazón hasta justo por encima de un capullo, a 15-20 cm (6-8 in) de donde salen del tallo.*

4 *Ate tantos brotes como pueda a su posición horizontal, para cubrir el armazón y alentar la floración. Fije los nudos de ocho alrededor del tallo y soportes.*

LA PODA DE UNA CLEMÁTIDE

Las clemátides son merecidamente populares, pero tienden a confundir al podador aficionado.

La clave estriba en entender su hábito de floración.

Primer año de poda.
Para favorecer un hábito más fuerte y tupido, reduzca la clemátide plantada recientemente a dos capullos.

Segundo año de poda. *Acorte las ramas casi a la mitad, reduciéndolas a un par de capullos fuertes. Haga esto de mediados a finales del invierno. Adiestre cualquier tallo nuevo en los alambres horizontales.*

Tercer año de poda. *Pode una clemátide del grupo 1 (de floración primaveral) a mediados del verano hasta dos o tres capullos del armazón. Pode una del grupo 2 (floración en verano y otoño en madera nueva) hasta el par más bajo de capullos fuertes a principios de la primavera. Para el grupo 3, corte un tercio de los tallos hasta 30 cm (1 ft) de la tierra.*

La mayoría de las trepadoras pertenece al grupo de las que se retuercen, y, por lo tanto, realizan su trabajo a través de zarcillos, pecíolos de hojas y tallos que se retuercen. El último grupo necesita unos postes o alambres adecuados alrededor de los cuales pueden entretejerse con suficiente espacio entre los soportes para que se plieguen sus tallos enteros alrededor de ellos. En contraste, las plantas que escalan usando zarcillos o pecíolos de hojas retorcidos pueden apoyarse bastante bien sobre alambres delgados que estén poco espaciados.

En uno o varios años formativos, la mayoría de las enredaderas que se retuercen necesita ayuda del jardinero para establecerse en su soporte. Es por lo tanto importante atarlas holgadamente a la estructura del apoyo, usando nudos que sean lo suficientemente suaves y flojos para no dañar ningún tallo delicado.

GRUPOS DE CLEMÁTIDES

Si así lo desea, puede tener una clemátide en flor casi todo el año, pero el tipo de poda adecuada para cada clase depende de su estación de floración. Los botánicos las han agrupado en consonancia con esto; esta clasificación le ayudará a determinar la estación de poda.

Las clemátides del grupo 1 florecen en primavera sobre lo crecido el año anterior y deberían podarse inmediatamente después de florecer.

C. alpina.
C. armandii.
C. cirrhosa.
C. macropetala.
C. montana.

Las clemátides del grupo 2 florecen a principios del verano sobre los brotes del año anterior y de nuevo a finales de verano y en otoño sobre lo crecido en la estación en curso, así que pódelas a principios de la primavera.

Cultivares de grandes flores, que incluyen:
«Barbara Dibley».
«Elsa Spath».
«Lasurstern».
«Marie Boisselot».
«Nelly Moser».
«The President».
«Vyvyan Pennell».

El grupo 3 lo forman las clemátides de floración tardía que florecen durante el crecimiento de la estación en curso, y ellas, también, deberían podarse a principios de la primavera.

Especies e híbridos de floración tardía, que incluyen:
«Comtesse de Bouchaud».
«Ernest Markham».
«Gipsy Queen».
«Hagley Hybrid».
«Jackmanii».
«Niobe».
«Perle d'Azur».
C. tangutica.
«Ville de Lyon».
C. viticella.

*Las rosas estándar se podan del
mismo modo que las rosas de
arbusto: elimine cualquier
madera marchita, moribunda o
dañada antes de podar brotes
rivales para dejar pasar el aire
alrededor de los tallos.*

Podar y adiestrar rosas

Siendo una de las plantas favoritas
de todos los tiempos, popular en
muchos estilos de jardín, las rosas
son maltratadas a menudo por el
jardinero, debido la falta de comprensión de sus necesidades. Hay
muchos tipos de rosa, ya que se han
creado híbridos perfeccionados de

muchos tipos diferentes, que funcionan de distintas maneras. Para
obtener lo mejor de sus rosas, necesita saber a qué grupo pertenecen,
ya que esto determinará el modo
correcto de tratarlas. Los diferentes grupos de rosas incluyen: rosas
de arbusto (híbrida de la planta del
té y la floribunda), rosas de árbol y

de especie, las trepadoras y las
enredaderas. Las trepadoras florecen al menos dos veces al año, y las
enredaderas sólo una vez.

La mayoría de las rosas de
arbusto y de árbol forman una
planta bastante alta (aproximadamente de unos 1,5 m (5 ft) de
altura. Normalmente no requieren
una poda especial distinta de otra
planta estival de arbusto. Puede
podar a finales de otoño o principios de primavera.

Las rosas trepadoras

Las rosas trepadoras son muy populares, pero su poda provoca muchos
dolores de cabeza. Hay varios grupos, que requieren diferentes técnicas de poda.

El primer grupo son las enredaderas, que son vigorosas, florecen
en la madera vieja y producen nuevas cañas desde la base. Generral-
mente, el mejor sistema de poda es
cortar la vieja madera desde la base
(cerca de un tercio cada año en
invierno), alentando a que la nueva

LA PODA DE UNA ENREDADERA

La mejor época para podar enredaderas de rosas es a finales del verano, cuando los brotes viejos de flores
se pueden ver todavía y los nuevos brotes están creciendo rápidamente.

1 *Tras florecer en verano, quite algunos tallos
improductivos con una sierra. Corte largas
secciones en trozos pequeños para hacer esto.*

2 *Recorte hacia atrás las partes crecidas hasta
cuatro o cinco capullos: producirán nuevos
brotes que llevarán las flores del año siguiente.*

3 *Ate algunos de los brotes largos y vigorosos
con cuerda: actuarán como sustitutos de los
viejos que acaba de cortar.*

CÓMO REJUVENECER UN ROSAL

Dejando que se las arreglen solas, las rosas que no se cuidan y se dejan sin podar normalmente florecerán durante muchos años,
pero finalmente la planta se convertirá en una masa enmarañada de tallos machitos y hojas enfermas con pequeñas flores malformadas.
Afortunadamente, la mayoría de las rosas son duras y reaccionan bien a una poda de rejuvenecimiento severa.

Quitando brotes secundarios.

Es importante quitar los brotes secundarios del rizoma antes de podar.

Cortando hacia atrás.

Corte la madera dañada y reduzca a la mitad los tallos vivos al nivel de la tierra.

El esqueleto.

Corte los brotes laterales en los otros tallos hasta de 3 a 4 capullos y deje un esqueleto para sostener el nuevo desarrollo.

El nuevo crecimiento.

A medida que la planta crece, los nuevos tallos pueden necesitar adelgazarse para evitar el apiñamiento.

madera crezca y florezca. Un grupo subsidiario de enredaderas produce pocos tallos nuevos, que se podan a finales del verano hasta formar un esqueleto en el que se desarrolle un nuevo líder. Las enredaderas de floración repetida florecen en los brotes nuevos. Se podan a principios del otoño, sacándolos todos excepto los 15 cm (6 in) de los laterales que han florecido. Otro grupo de rosas, que se sostienen con columnas, se poda de modo similar a finales del otoño: pero algunos de los tallos más viejos necesitarán podarse y algunos de las nuevos, crecidos en los laterales, tendrán que podarse para mejorar la forma. Finalmente, las rosas de especie, tales como la *Rosa filipes*, «Kiftsgate», son tan vigorosas que la poda desanima a la mayoría de las personas.

Rosas de arbusto

El té híbrido y las rosas floribunda se podan a finales de la estación pri-

maveral, cortando hacia atrás los nuevos brotes hasta dejarlos en 15 cms (6 in) de longitud y cortando los laterales en la madera restante. En plantas más viejas, se puede necesitar quitar parte de la madera vieja.

Rosas comunes

Las rosas que se cultivan como comunes se han adiestrado con una corona de tallos diseminados. Estos tallos forman una marquesina sobre el tallo despejado y largo.

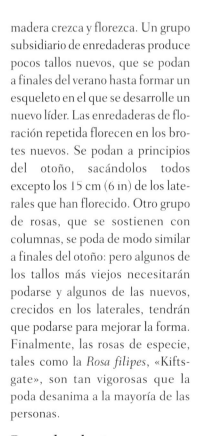

Brotes secundarios (izquierda)

Extraiga cualquier brote secundario cavando con cuidado el suelo desde la base del brote y arrancándolo con la mano. Esto desgarrará no sólo el tallo secundario, sino también todos los capullos aletargados que haya alrededor de su base.

La poda de las raíces

La poda de las raíces se usa a veces para controlar a los árboles muy vigorosos y para que éstos produzcan más flores. La técnica es, sin embargo, particularmente útil para los árboles frutales demasiado vigorosos que estén creciendo a expensas de la cosecha, aunque esto no es un problema ahora que tantas variedades se cultivan sobre rizomas reducidos.

Esta técnica de poda funciona porque ciertos productos químicos que operan en las raíces de las plantas influyen en realidad en la velocidad de crecimiento y extensión de las ramas. Quitando secciones de la raíz, la producción y suministro de estos productos químicos se ve restringida, lo que a su vez tiene el efecto de reducir el desarrollo y extensión de las ramas.

Si usted está cultivando plantas vigorosas en recipientes, puede necesitar recortar hacia atrás las raíces para mantener la planta en proporciones manejables. El objetivo, cuando realice esto, es sacar sólo un tercio de las raíces. Una poda más drástica que ésta probablemente provoque un daño permanente a la planta. Si la planta es excepcionalmente vigorosa, puede no ser adecuada para el crecimiento en un recipiente. La frecuencia con la que usted tendrá que llevar a cabo la poda de las raíces depende completamente de la velocidad de crecimiento de la planta. El mejor momento para esto es el otoño, cuando la planta está aletargada.

Si usted está podando las raíces de un árbol, el mejor momento para hacerlo es en otoño o invierno. La técnica es sencilla. Todo lo que necesita hacer es marcar una zona circular alrededor de la circunferencia del árbol, justo por debajo de la extensión actual de la marquesina. Esto delimitará el futuro tamaño de la marquesina, ya que hay una relación directa entre la extensión de las raíces y el tamaño de la misma. Si entonces cava una trinchera alrededor de la circunferencia y corta las raíces principales, detendrá el proceso de esparcimiento continuo del árbol durante un periodo de tres o cuatro años.

Ejerciendo presión sobre el suelo (a la derecha)
Después de podar las raíces, asegúrese de que el suelo que las rodea esté bien prensado.

LA PODA DE LAS RAÍCES

Herramientas y materiales

- Bramante de jardín
- Un punzón o varilla
- Una pala
- Una sierra de podar o podador

1 *Ate suavemente un buen trozo de bramante de jardín al tronco del árbol, y ate el otro extremo a un punzón o varilla afilada.*

2 *Caminando hacia atrás desde el árbol, tire del bramante tensándolo hasta que esté de pie justo por fuera de la copa del árbol. Entonces, usando el bramante como una brújula matemática, marque un círculo en la tierra justo por debajo de la extensión de la copa del árbol.*

3 *Usando el círculo que ha marcado como guía, cave una zanja alrededor del árbol. Ésta debería medir cerca de 45 cms (18 in) de ancho y 60 cms (2 ft) de profundidad.*

4 *Deje a un lado la capa superficial del suelo a medida que vaya cavando, ya que la necesitará más tarde para reponerla.*

5 *Con cuidado, deje al descubierto todas las raíces gruesas del árbol. Usando una sierra de podar o podadora, corte secciones enteras de las raíces expuestas. Esto evitará que la copa se extienda aún más.*

6 *Finalmente, llene la zanja alrededor del árbol con tierra. Aplaste la zanja usando el tacón de su bota o zapato.*

El mantenimiento de los setos

El propósito principal de la poda es producir un seto de la altura y ancho deseables, que esté bien provisto de vegetación sobre toda la superficie. Si los setos se podan y recortan correctamente en las primeras etapas de desarrollo, no hay necesidad de que sobrepasen los 75 cm (2½ ft) de ancho; esto se aplica incluso a las especies más vigorosas de plantas de seto.

Un borde bajo (abajo)

Este seto se debe mantener bajo porque si no oscurecería las plantas a los dos lados del borde.

Limitar el ancho del seto es particularmente importante, ya que cuanto más ancho se permita que sea el seto, más difícil es de recortar, especialmente la superficie, y más espacio ocupa. El ángulo inclinado del seto se llama «masa». La creación de esta masa deja al descubierto todas las partes del seto a la luz e impedirá que se marchiten partes del mismo, lo que es especialmente importante en la base.

Los setos podados deberían ser siempre más estrechos en la superficie que en la base para facilitar la poda. Si el seto es más ancho en la superficie que en la base, tiende a dañarse con los fuertes vientos porque es pesado en la superficie y las ramas están abiertas. Si la superficie es plana, la nieve que se aposenta y acumula en la superficie del seto puede provocar que las ramas se expandan, lo que ocasiona un daño considerable a las ramas. Este problema es mucho mayor en las especies perennes, ya que pueden recoger grandes cantidades de nieve y hielo en invierno. La solución es que el seto tenga una superficie redondeada.

SETOS PERENNES

Para que los setos perennes de hojas anchas tengan un aspecto realmente bueno después de la poda, debería podarse y extraerse cualquier hoja dañada.

Cualquier hoja que esté cortada a la mitad con unas tijeras o una guillotina para setos se volverá normalmente amarilla y se marchitará al cabo de unas pocas semanas. Los bordes cortados de estas hojas son muy susceptibles a los ataques de hongos, que pueden extenderse al interior del tejido sano.

LA PODA DE UN SETO

Herramientas y materiales

- Una guillotina para setos o unas tijeras
- Postes o cañas
- Cordón para jardín
- Podadores o tijeras de podar

1 *Comience por la base para establecer el ancho ideal necesario y entonces trabaje hacia arriba, permitiendo que los recortes caigan fuera a medida que se vayan cortando. Así resulta más fácil ver por dónde cortar a continuación.*

2 *Cuando corte con una guillotina mecánica para setos, corte hacia arriba con un rápido movimiento en forma de arco y mantenga la viga de cortar paralela al seto. Corte sólo lo que puede alcanzarse de manera cómoda, sin estirarse.*

3 *Para conseguir una superficie llana, inserte dos postes o cañas altas en el suelo al lado (o dentro) del seto y tense un cordón para jardín entre ellos, a una altura predeterminada.*

4 *Si necesita cortar alrededor de una esquina, inserte otro poste y estire el cordón de jardín alrededor de éste para continuar la línea. Es importante asegurarse de que el cordón permanezca a la altura correcta en todo su recorrido. También puede usar esta técnica para crear un seto inclinado si quiere.*

5 *Corte el seto en secciones, revisando el cordón a intervalos regulares para asegurarse de que se ha alcanzado el nivel correcto de manera pulida a todo lo largo de la superficie. Use un cordón para jardín de un color vivo, ya que esto facilita el seguir el cordón sin cortarlo.*

6 *Para tallos más gruesos, use podadores o tijeras de podar en vez de tijeras o una guillotina para setos, que puede atascarse mientras cortar a través de tallos gruesos.*

Cómo sostener las plantas

Algunas de sus plantas necesitarán apoyo de una forma u otra, bien para mantenerlas rectas y protegerlas de los vientos fuertes y la lluvia mientras que son jóvenes y no se han establecido, bien para lucir al máximo sus flores.

Las plantas que más apoyo necesitarán son las plantas perennes de tallo blando y las trepadoras. También puede necesitar sostener plantas que tienen inflorescencias particularmente pesadas.

Las plantas jóvenes se benefician a menudo de algún tipo de apoyo adicional. Todo de apoyo necesario se verá determinado por el hábito de la planta.

Sostener plantas y bulbos

Las plantas herbáceas de tallo blando necesitarán ayuda para asegurarse y que el viento no parta los tallos delicados, particularmente cuando están en flor. Hay varias opciones en cuanto a estacas, y depende mucho del lugar de cada planta. En un borde, donde las plantas están bastante apiñadas, los soportes no se ven y usted puede usar tipos que tengan poco atractivo estético. Las estacas de enlace, que encajan entre sí para formar un aro alrededor de la planta, son útiles para este tipo de tarea.

Para plantas que estén en recipientes, que están normalmente a la vista, son útiles las formas de estacas más atractivas. Puede usar varillas que se bifurquen, insertadas alrededor del borde del recipiente, ya que éstas parecen más

Soportes estables por sí mismos (arriba)
Aquí la Clematis durandii crece sobre un aro que se sostiene a sí mismo.

Soportes individuales (derecha)
Las plantas perennes altas de flores pesadas como los delfinios justifican las estacas individuales.

La mayoría de los árboles sólo necesitan estacarse y atarse inmediatamente después de plantarse, para ayudarlos a establecerse más rápidamente al mantener la raíz firmemente en su lugar hasta que las nuevas raíces se extiendan en la tierra de alrededor. Aquí, se usa una estaca vertical; un método alternativo que usa una estaca inclinada se muestra en la página 115.

1 *Coloque la estaca para que esté a no más de 5-8 cm (2-3 in) de la planta. Martilléela hasta que la parte superior esté a cerca de 15-20 cm (6-8 in) por encima del nivel del suelo.*

2 *A continuación, ate el árbol a la estaca, asegurándose de que haya un espaciador entre la planta y la estaca para protegerla contra la fricción de la corteza.*

3 *Coloque el nudo a cerca de 4 cm (1½ in) por debajo de la parte superior de la estaca. Esto evitará que el tallo se pliegue por el viento. Use un clavo para ligar el nudo a la estaca.*

atractivas que las estacas de enlace o las cañas de bambú atadas con cuerda. Alternativamente, usted puede realizar su propia caja de soportes a partir de tallos flexibles como el cornejo o el sauce. Inserte cerca de ocho tallos alrededor del borde de la maceta y átelos arriba con rafia para destacar el soporte. Esto también funciona bien con las flores pesadas que tienden a tambalearse, como los jacintos.

Necesitan una variedad de soportes que incluyen desde el entramado de madera sencillo a un sistema de alambres asegurados sobre una valla o pared con clavos (véase la página 116). Es importante asegurarse de que haya suficiente espacio para que cualquier trepadora retorcida se enrosque alrededor del soporte, y es siempre una buena idea fijar cualquier entramado como a cinco centímetros de la pared. Esto permitirá que circule el aire libremente alrededor de la planta.

Los entramados desmontables son sumamente útiles sobre paredes pintadas, ya que le permiten colocar el entramado plano sobre el suelo cuando usted necesita volver a pintar. Las bisagras de la base del entramado y los cierres de la parte superior hacen esto posible.

Sostener plantas jóvenes

Las plantas jóvenes a menudo necesitan algún tipo de apoyo. Los árboles jóvenes deberían estar siempre estacados cuando se plantan para cerciorarse de que el viento no alborote las raíces y reduzca su crecimiento. También asegura el desarrollo de un tallo vertical fuerte. Las trepadoras comienzan mejor con un pequeño entramado ventilador para extender sus brotes principales y establecer la dirección final.

Árboles jóvenes. *Se benefician del soporte hasta estar establecidos. El nudo es muy flojo en la parte inferior de la estaca (véanse las fotografías de más arriba).*

Las plagas

Hay muchas plagas que pueden afectar a las plantas de su jardín de manera adversa. Algunas son plagas de un amplio espectro, que atacan a una amplia gama de plantas; otras están programadas para atacar solamente a ciertas especies. La lista siguiente no es exhaustiva con respecto a cada plaga conocida, pero incluye algunas de las más frecuentes. Las sugerencias para su control que se dan siempre que es posible.

Los pulgones (arriba)

Estos insectos que chupan la savia pueden ser verdes, marrones o negros.

Las orugas (abajo)

Estas larvas de las mariposas y las polillas dañan particularmente las hojas, las flores y las vainas.

El elemento más importante para controlar las plagas es la frecuente revisión de sus plantas intentando combatir cualquier plaga rápido, antes de que tenga tiempo de infectar la planta. Algunos insectos simplemente causan daño a una planta; otros destruyen rápidamente un cultivo completo. Sin embargo, en general no interesa a la naturaleza destruir la planta que los aloja, así que la mayoría de los problemas de predadores son molestias más que una catástrofe. Necesita decidir si tratará los problemas orgánicamente o si usará productos químicos.

Los pulgones

Son insectos alados verdes, marrones o negros (ocasionalmente de otros colores también) que chupan la savia de los nuevos brotes. Las señales de alarma de una plaga de pulgones incluyen la desfiguración de las puntas de los brotes y de las nuevas hojas. Los pulgones dejan una capa pegajosa (una secreción dulce), que a veces acompañan con moho negro.

Si desea tratar la plaga de manera orgánica, rocíe la planta con un jabón insecticida o simplemente pase un paño por las zonas donde haya pulgones para quitarlos.

Como solución química, usted puede probar el uso de un insecticida sistémico, como el heptenophos con permetrina, a intervalos regulares.

Las orugas

Son las larvas de las mariposas y de las polillas. Tienen cuerpos tubulares de diferentes colores. Busque sus agujeros en las hojas, las flores y las vainas. Pueden devastar una planta entera. Sáquelas con la mano, o rocíe con permetrina si prefiere una solución química.

Las tijeretas (arriba)

Insectos de un marrón brillante y pequeños con colas en forma de pinza, que dejan agujeros circulares o muescas en hojas y flores.

Las tijeretas

Las tijeretas son insectos pequeños de un marrón brillante y unas colas en forma de pinza que dejan agujeros circulares o muescas en hojas y flores. Atrápelos con maceteros llenos de paja del revés sobre cañas durante la noche y quite el macetero (y las tijeretas) por la mañana. También puede rociar con permetrina.

Los saltamontes

Estos pequeños insectos verdes chupan la savia. Se pueden identificar por las burbujas espumosas en las hojas y

El espumador (arriba)

Insectos pequeños y verdes, dejan burbujas de espuma en las hojas y tallos.

El minero de las hojas (arriba)

Estas larvas se pueden identificar por las líneas que dejan en las hojas mientras realizan túneles a través de ellas.

Hemíptero (arriba)

Estos diminutos insectos producen una especie de ampollas en las hojas de los tallos.

los tallos. Quítelos manualmente con un paño o rocíelos con insecticida sistémico si es realmente necesario; también puede ignorar a los saltamontes.

«Los mineros de las hojas»

Estas diminutas larvas trazan túneles a través de las hojas y crean líneas onduladas. Es un problema estético más que una plaga dañina. Quite las hojas afectadas o, como solución química, rocíe con insecticida cuando las vea por primera vez.

Araña roja acárida

Las arañas rojas son insectos que chupan la savia y que provocan que las hojas se atrofien, se ricen y sean moteadas de manera precisa. Mantener las plantas húmedas, particularmente los reversos de las hojas, evita los ataques de las arañas rojas. Como opción orgánica, rocie con un jabón insecticida. En los inverna-

Araña roja acárida (izquierda)

Invertebrados diminutos, chupan la savia, atrofian el crecimiento y hacen adquirir un color moteado a la parte inferior de las hojas.

deros, use persimilis como control biológico, o rocíe con malathion.

Los hemípteros

Son insectos diminutos que parecen ampollas marrones en las hojas y tallos. Encontrará una atrofia y hojas amarillas, y una capa pegajosa en las hojas inferiores, a veces con moho negro como el hollín. Puede introducir metaficus como control biológico, o rociar con malathion a intervalos regulares a finales de la primavera y principios del verano.

Babosas y caracoles

Estos moluscos babosos se alimentan por la noche o después de llover. Los tallos pueden estar arrasados y aparecen agujeros en las hojas. Encontrará una huella plateada en la tierra alrededor de la planta. Recoja las babosas y los caracoles por la noche, o use trampas con cerveza para ahogarlos. Aplique una cinta de cobre a los maceteros. Como solución química, use comprimidos contra babosas alrededor de las bases de las plantas. También existe un producto biológico, con nematodos.

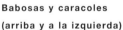

Trips

Estos insectos diminutos de un color entre marrón y negro se reúnen en la superficie superior de las hojas y proliferan en tiempo seco y caluroso. Afectan a una amplia gama de plantas decorativas y comestibles, en particular los guisantes y las cebollas. Producen una decoloración plateada con motas negras en la superficie superior de las hojas. Rociar regularmente con agua ayuda a evitar los ataques, y se pueden usar varios productos químicos.

Babosas y caracoles (arriba y a la izquierda)

Dejan una huella de limo y pueden hacer un daño considerable, arrasando hojas y tallos.

Trips (abajo)

Afectan a una amplia gama de plantas, produciendo una decoloración plateada en las hojas.

Las enfermedades de las plantas

Como los humanos, las plantas son proclives a las enfermedades, particularmente cuando no tienen una salud general buena. La clave al tratar con las enfermedades es hacer todo lo posible para asegurarse de que sus plantas tienen las mejores condiciones para sobrevivir y proliferar.

S i cuida de sus plantas, dándoles los nutrientes y condiciones que necesitan, serán más resistentes a las enfermedades. La alimentación y el riego irregulares provocan que las plantas se estresen, volviéndose más susceptibles. Otro elemento frecuente en las plantas con tendencia a la enfermedad son los cortes de poda mal hechos, donde el tejido se ha rasgado en vez de cortado limpiamente. Esto hace que el sitio sea mucho más atractivo para los organismos invasores.

Algunas plantas son más resistentes naturalmente que otras. La mayoría funciona mejor cuando el ambiente en el que crece se asemeja al de su hábitat natural.

Mientras que los controles químicos a menudo son efectivos, una respuesta rápida usando un tratamiento orgánico suele tener la misma eficacia. Revise sus plantas regularmente para buscar señales de buena o mala salud y actúe rápidamente si encuentra un problema.

Botritis

Busque las hojas descoloridas y amarillentas. Finalmente la planta, o parte de ella, se cubre de fieltro gris. Pode las partes afectadas y quémelas. La mejora de la circulación del aire alrededor de la planta ayudará. Pulverice carbendazim cuando aparezcan los síntomas.

Botritis (abajo)

También conocido como moho gris, causa que las hojas se cubran de fieltro gris.

La úlcera (arriba)

Esto provoca zonas llenas de marcas en la corteza, principalmente en los árboles frutales.

La úlcera

Esta enfermedad afecta principalmente a los árboles frutales. Las zonas con marcas en la corteza pueden llevar a la muerte del tallo. Pode las ramas afectadas; trate las heridas con pintura para heridas patentada. Evite las variedades de fruta sensibles.

Las manchas coralinas

Este hongo se encuentra más frecuentemente en la madera marchita, pero también afecta al tejido vivo, cubriendo la corteza con pequeñas ampollas de color rosa. Pode los tallos afectados y quémelos.

La mancha coralina (arriba)

Las ampollas pequeñas de color rosa en los troncos y ramas de los árboles indican que padecen manchas coralinas.

El añublo blando (arriba)

Ésta es una enfermedad de hongos que causa la decoloración en el reverso de las hojas.

La putrefacción de las raíces (izquierda)

La primera señal de putrefacción de las raíces es a menudo la marchitación de las zonas superiores de la planta.

El tizón (foto derecha)

Enfermedad de hongos que produce manchas de color naranja vivo en las dos caras de las hojas.

Añublo blando

Éste es un hongo que afecta a las hojas y los tallos. Los síntomas incluyen hojas amarillentas y decoloradas con parches de color blanco grisáceo en el reverso. Mejore la circulación del aire y use variedades resistentes siempre que sea posible. Para controlarlo químicamente, pulverice mancozeb. Quite y queme las plantas muy afectadas.

Fuego bacteriano

Esta enfermedad bacteriana afecta a los árboles y arbustos de la familia de las rosas. Ataca el tejido blando, causando flores ennegrecidas, brotes jóvenes marchitos y hojas en proceso de volverse marrones y marchitas. Quite y queme cualquier planta afectada. No se conoce ninguna cura.

Añublo polvoriento

Busque parches blancos como la harina, brotes deformados y caída prematura de las hojas. Pode los tallos afectados, y si usa productos químicos, pulverice carbendazim a las primeras señales de infección.

Putrefacción de las raíces

A menudo causada por las pobres condiciones de cultivo, las raíces se pudren y la parte superior de la planta se marchita y muere. Se puede mejorar con un buen drenaje. La putrefacción de las raíces también puede deberse a las inundaciones y al uso de abono sin esterilizar cuando se planta en recipientes.

El tizón

Ésta es una enfermedad de hongos que afecta a las rosas. Los síntomas incluyen manchas de color naranja vivo en las dos caras de las hojas. Mejore la circulación del aire alrededor de la planta mediante la poda. Para controlarla químicamente, pulverice mancozeb regularmente.

Los virus

Estas infecciones se extienden por los insectos que chupan la savia. Busque en particular hojas y brotes deformados, y manchas o rayas amarillas en las hojas. No hay cura. Quite y queme cualquier planta que se haya visto afectada.

Añublo polvoriento (izquierda)

Los parches blancos en las hojas y brotes indican esta enfermedad.

Los virus (abajo)

Hay muchos desórdenes virales, propagados principalmente por insectos que chupan la savia.

El mantenimiento de un elemento de agua

Donde corra el agua, necesitará revisar el sistema de bombeo regularmente para evitar el bloqueo y otros problemas. En estanques quietos, necesitará limpiar de restos el fondo cada varios años, más a menudo si su estanque está cerca de árboles caducifolios.

Pequeños elementos acuíferos (abajo)

Éstos pueden ser muy relajantes y son más seguros que un estanque, especialmente si tiene hijos pequeños.

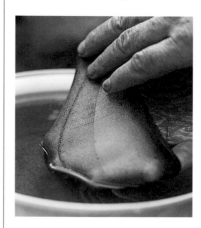

Los elementos acuíferos son increíblemente populares. El agua que corre tiene un sonido reconfortante y proporciona movimiento e interés. No todos tienen un jardín lo suficientemente grande como para alojar un estanque, o quieren realmente uno, ya que los estanques pueden necesitar una cantidad de mantenimiento considerable.

Los estanques no son una buena idea si hay niños pequeños en casa. Sin embargo, es posible tener un elemento acuífero que sea totalmente seguro incluso con niños muy pequeños que jueguen cerca. Los elementos acuíferos más pequeños, como las fuentes de burbujas adaptadas especialmente para niños, crean interés y movimiento en el jardín, y necesitan muy poco o ningún mantenimiento. A medida que el agua corre por las piedras mientras la bomba está funcionando se producirán perdidas por evaporación, por lo que el nivel del depósito necesitará comprobarse una vez a la semana durante todo el verano. También es importante tener presente que la bomba necesita revisarse al menos una vez al año (preferiblemente dos) para asegurarse de que no está atascada con sedimentos y restos que se hayan colado en el depósito. Sin embargo, incluso esto se puede reducir si está preparado para pagar un poco más por una bomba que se limpie automáticamente, lo que le dará todas las ventajas para que el agua fluya sin ningún inconveniente.

A los pocos años, el elemento acuífero necesitará drenarse para quitar todos los restos acumulados en la bomba. Si la maleza y las algas han sido un problema constante, considere la introducción de un alguicida químico a través del sistema para erradicarlas, o instalar un filtro ultravioleta para limpiar el agua a medida que pasa.

CÓMO ALARGAR LA VIDA DEL FILTRO

Una solución casera, el uso de un trozo de media vieja, alarga la vida del filtro del estanque.

Para dar una protección extra a la bomba y reducir el riesgo de daño, cubra sencillamente el filtro con un trozo cortado de una media vieja. La malla fina bloqueará muchas de las partículas que podrían de otro modo atascar el filtro. Recuerde que éste puede necesitar todavía una limpieza regular si el agua está particularmente sucia.

LA LIMPIEZA DE UN ELEMENTO ACUÍFERO

1 *Comience quitando la salida del elemento acuífero —en este caso una urna— y coloque esta última con cuidado a un lado (normalmente esto dejará el tubo del suministro del agua al descubierto).*

2 *Quite todas las piedras y guijarros de la superficie del depósito del agua y colóquelos en un recipiente.*

3 *Levante la rejilla de apoyo del depósito para ver la bomba que hay debajo.*

4 *Quite el filtro de la bomba y lávelo concienzudamente para sacar cualquier resto que haya quedado atrapado. La mejor manera de sacar cualquier sedimento es humedecer el filtro y secar el agua, obligando a salir a los sedimentos al mismo tiempo.*

5 *Limpie los guijarros que cubren el depósito del agua usando una manguera. Esto sacará cualquier suciedad y restos acumulados antes de introducirse en el depósito.*

6 *Limpie la salida del agua restregándola con un trapo áspero. Finalmente, recomponga el elemento acuífero y compruebe el funcionamiento de la bomba.*

El cultivo en macetas

La jardinería de macetas

Los recipientes abren un mundo de posibilidades al jardinero. Los propietarios de pequeños jardines pueden plantar macetas que aprovechen incluso el espacio más pequeño y que pueden trasplantarse cuando se requiera. Sea cual sea el tamaño de su jardín, puede usar recipientes para decorar cada superficie, incluyendo las paredes y los escalones o incluso crear un jardín en el tejado.

Plantaciones de temporada (abajo)

Planifique la plantación de manera que tenga una estructura permanente, en forma de plantas perennes, con un espectáculo cambiante cada temporada para añadir unos tonos alegres. Estos tulipanes se pueden sustituir en verano por los ajos y los lirios, por ejemplo, y por los nerines en otoño.

Para aquellos con espacio reducido o que viven en lugares elevados con balcones y terrazas, plantar en maceteros es la solución obvia. De hecho, la jardinería en maceteros se diferencia muy poco de la jardinería tradicional, pero usted necesitará ser consciente de que, al contrario que las plantas del jardín tradicional, que dependen en gran parte de la naturaleza para sus necesidades básicas, las plantas cultivadas en maceteros dependen en gran medida de usted, el jardinero. Necesitará proporcionar los nutrientes extra de manera regular y, debido a que los recipientes se secan muy rápidamente bajo el calor, asegúrese de que reciben unas adecuadas y regulares cantidades de agua. Las plantas que crecen rápido sobrepasarán en poco tiempo sus recipientes, y usted necesitará trasplantarlas cada año más o menos o, una vez que alcancen el tamaño óptimo, podar las raíces, lo que reduce el crecimiento. Por lo demás, la poda, la propagación, el apoyo y el mantenimiento general son los mismos que para las plantas cultivadas en el suelo.

Usted puede cultivar casi de todo en maceteros, desde plantas comestibles a las aficionadas al agua. Incluso puede cultivar árboles, aunque nunca alcanzarán el tamaño que deberían en una situación sin restricciones, simplemente porque usted no puede proporcionar recipientes lo suficientemente grandes para las raíces. Aunque no esté obligado a optar por los árboles y arbustos de lento crecimiento, significarán menos trabajo para usted si lo hace. Del mismo modo, la selección de plantas que toleran la sequía reduce

LA PROPORCIÓN DE LAS RAÍCES

Escoja la maceta correcta para la planta y mantenga todo en proporción.

El mejor tamaño de recipiente es aquel que mide unos 5 cm (2 in) más que el diámetro de la raíz, y aproximadamente 10 cm (4 in) más de profundidad. Después de un año más o menos, necesitará replantarla en un recipiente mayor. No piense que plantar una pequeña planta en un recipiente mucho más grande es una solución que ahorre tiempo: funcionan mejor en recipientes que son sólo ligeramente más grandes que sus raíces. Compruebe que las raíces no estén creciendo a través de la base del macetero. Si lo hacen, es el momento de trasplantar.

El uso del espacio disponible (a la izquierda)

Aquí se realzan unos escalones con una hilera de formas podadas de boj.

Agrupamientos (debajo)

La coincidencia de materiales y formas ayuda a dar unidad y forma a las plantas de maceteros.

Maceteros de jardín de casa de campo (abajo)

La plantación en maceteros exuberantes y naturalistas lleva a la vida a una zona de superficie dura en este jardín de estilo tradicional.

LA COLOCACIÓN DE LOS MACETEROS

- *En los balcones y terrazas, coloque las macetas más pesadas sobre los principales soportes.*
- *Asegúrese de que los maceteros en los alféizares de las ventanas no puedan caerse por un fuerte viento. Añada un soporte al alféizar; encadene las jardineras a las paredes.*
- *Los maceteros caros (y el topiario) pueden tentar a los ladrones. Asegure los maceteros y las plantas con cadenas.*
- *Eleve los maceteros sobre las superficies de madera con pies para macetas o soportes.*
- *Agrupe los maceteros siempre que sea posible para facilitar su mantenimiento.*

---

la tarea de regar en verano. Asegúrese de que el abono es adecuado para las plantas que usted quiere cultivar, y elija recipientes impermeables para cualquier planta acuática.

Para aquellos con jardines más grandes, los recipientes proporcionan la oportunidad ideal de cultivar plantas que no florecerían normalmente en su suelo. A los rododendros, por ejemplo, les gusta el suelo ácido y si usted vive en una zona alcalina el modo más fácil de cultivar plantas que odian la cal es en contenedores llenos de abono ericáceo.

La estética

Muchos de los mismos principios se aplican tanto al diseño del jardín basado en macetas como al tradicional. Asegúrese de que tiene una buena mezcla de plantas perennes y caducifolias; construya un diseño, para proporcionar color y atractivo a diferentes niveles; y escoja algunas plantas con muchas hojas para proporcionar un fondo para el color de las flores o un alivio contra ellas. Las plantas perennes podadas con figuras formales proporcionan estructura a un desfile de macetas. El boj, el mirto, el acebo, el romero y el espliego son todos ideales, aunque cualquier planta perenne con hojas relativamente pequeñas será suficiente.

La elección de los maceteros

La gama de tipos de recipientes es amplia, pero si usted desea crear un aspecto armonioso, necesitará prestar atención al tamaño y forma de los maceteros y a los materiales de los que están compuestos. Una selección de maceteros que no armonizan puede tener un aspecto desordenado y poco atractivo. El macetero es al menos tan importante como la planta, e igual a la vista, así que no ahorre en calidad.

Unas salpicaduras de color (abajo)

Los maceteros no son sólo para los jardines tradicionales. Aquí los colores migrantes de las flores y los maceteros están en armonía con la pared de un vivo color azul.

La terracota y la piedra son las opciones más atractivas, junto con el metal y la madera de buena calidad. El plástico, aunque ligero y conveniente, tiende a tener un aspecto frágil y el blanco puro es tan vivo que domina sobre las plantas. Los maceteros de alambre son una alternativa buena y ligera al plástico, aunque tendrá que recubrirlos con musgo para asegurar que el abono se quede en su lugar. Si debe elegir plástico, cómprelo de color verde oscuro o pinte los maceteros con tonos artísticos atractivos —verde artemisa, azul oscuro o violeta claro— que proporcionen un contraste atractivo para las plantas.

La elección de un tamaño

El tamaño de las macetas varía desde las enormes mitades de barriles a los maceteros de pared dimi-

Colores armoniosos (arriba)

Un macetero de arcilla grande proporciona un hogar, una plantación primaveral de tulipanes «Prinses Irene».

nutos, y puede encontrar recipientes sin soportes ya que están especialmente construidos para estar colgados en paredes o soportes. Para los más imaginativos, los maceteros pueden estar atados con todo tipo de reliquias hogareñas, desde coladores viejos de metal a paneras.

Si está planeando cultivar plantas comestibles en maceteros, entonces la profundidad puede ser considerable, ya que las plantas que se comen, debido a sus raíces, necesitan espacio en el que desarrollarse. Algunos maceteros realizados con ese fin se pueden comprar para plantas específicas. Por ejemplo, los maceteros para las fresas hacen un uso económico del espacio. Consisten en una serie de bolsillos pequeños para plantar en los laterales de los maceteros de terracota, lo que le permite cultivar la máxima cantidad de fresas en un recipiente que ocupa un espacio relativamente pequeño de suelo. Las bolsas de cultivo que contienen abono especialmente formulado para los tomates y otras plantas hambrientas de nutrientes son otra opción, pero en un jardín pequeño donde el macetero se ve claramente desde las ventanas de la casa podría ser más agradable estéticamente disfrazar estas bolsas de plástico con un envoltorio de madera o algo similar.

Plantación futurista (arriba)

Esta ambientación claramente moderna se caracteriza por un diseño simétrico de macetas llenas de bambú, lo que le da un toque oriental.

Fijando la escena (derecha)

Las plataformas proporcionan la oportunidad de variar la altura de las plantas, sin tener en cuenta el tamaño de los maceteros.

El peso es una consideración importante para los balcones y terrazas. No sólo tiene que tener en cuenta el peso del macetero, sino también el de sus contenidos, que serán particularmente pesados cuando llueva. Antes de usar maceteros pesados en un balcón o terraza, consulte a un ingeniero sobre qué comprar y dónde colocarlo.

Si tiene muy poco espacio libre en su jardín, puede usar cestas colgantes o maceteros de pared, suspendiéndolos sobre soportes o ganchos y poleas muy fuertes. Recuerde, sin embargo, que estos maceteros tienden a secarse con suma rapidez debido a la gran zona superficial que queda al descubierto, y necesitarán regarse dos veces al día cuando haga mucho calor.

Cómo agrupar maceteros

Si usted varía el tamaño y la escala de los maceteros, mejorará el aspecto de la plantación. Las alturas escalonadas de las plantas le permiten apreciar las flores de todas las plantas, que de otro modo podrían esconderse unas detrás de las otras. Puede comprar maceteros de varios tamaños, y varios tamaños de un solo material, que normalmente tienen un buen aspecto juntos.

La elección de una forma (abajo)

Los maceteros anchos de poca profundidad son útiles para plantas que crecen poco, como las alpinas y las hierbas pequeñas.

Maceteros profundos (a la izquierda)

Son ideales para grandes bulbos, plantas perennes, arbustos y pequeños árboles. Los maceteros hechos de materiales de buena calidad, con una textura atractiva, proporcionan un centro de interés incluso cuando las plantas no están en flor.

Abonos para los maceteros

Usted tendrá que comprar un abono para sus macetas. La mayoría de las plantas sobrevive perfectamente en un medio de cultivo multiusos, pero unas cuantas que tengan las condiciones ácidas de la naturaleza necesitarán abono especialmente formulado con un nivel de acidez más elevado de lo normal.

Cómo mejorar el drenaje (abajo)

La mayoría de bulbos, como estos tulipanes, crecen bien en abono multiusos, pero prefieren drenarse, así que añada una capa de guijarros a la base antes de plantar.

Si usted está cultivando plantas en maceteros, es responsabilidad suya proporcionar el medio en el que puedan prosperar. El límite de la contención significa que tiene que proporcionar una mezcla que sea adecuada para las plantas y asegurarse de que los nutrientes están en un nivel adecuado durante toda la vida de la planta.

Esto asegura que la planta muestre el máximo vigor, resistencia a las plagas y enfermedades, y produzca unas hojas, flores y frutas de la mejor calidad.

Si está cultivando plantas comestibles, el medio en el que tienen que ser plantadas se convierte incluso en algo más importante, ya que la máxima producción sólo se cosechará en plantas que han sido bien nutridas durante toda su vida.

Usted puede tomar el camino fácil y comprar el medio de cultivo ya mezclado, o si tiene espacio a su disposición, puede mezclar el suyo propio. Merece la pena comprender qué hacen las diferentes mezclas y qué plantas se cultivan mejor en qué mezclas.

Formulaciones de abono

El Instituto de Horticultura John Innes se inventó una serie de mezclas de abono para cubrir una amplia gama de plantas, y éstas fueron numeradas. Estos abonos se citan como JI seguido por el número apropiado.

El abono para macetas JI nº 1 se usa para plantas de crecimiento lento y raíces finas como las alpinas, para plántulas, o para plantas en recuperación. Está compuesto de una mezcla básica, que consiste en siete partes de arcilla plástica, tres

ABONOS PARA LAS MACETAS

Hay una gama de medios de cultivo adecuados para las macetas, que incluyen algunas sustancias sin turba que son mejores para el medio ambiente que las versiones tradicionales, basadas en la turba.

multiusos

ericáceo (ácido)

orgánico

arcilla plástica

partes de turba y dos partes de arena gruesa, a las que se ha añadido una pequeña cantidad de tiza en polvo o piedra caliza molida y fertilizante básico JI. Esta mezcla es de naturaleza alcalina (por la adición de la tiza).

La fórmula multiusos John Innes nº 2 se usa para las plantas de vigor medio y para la mayoría de frutas y verduras, pero con el doble de tiza/piedra caliza y fertilizante.

La fórmula John Innes nº 3 es para las plantas de crecimiento rápido, como los tomates o los guisantes de olor, y contiene el triple de la cantidad de tiza/piedra caliza y fertilizante.

Sustituir la turba

Aunque la turba fue una vez el componente de abono más ampliamente usado, se desaprueba su extracción ahora, ya que daña el delicado ecosistema de los pantanos de la turba de los cuales se corta. Varios sustitutos de la turba se han desarrollado, incluida la fibra de coco (coir). Esta tiene un valor nutricional muy escaso, por lo que se añaden otros elementos para producir un medio de crecimiento apropiado.

Para las verduras, las bolsas de abono ya mezclado son particularmente populares. Conocidas como bolsas de cultivo, están disponibles varias fórmulas para adecuarse a los diferentes tipos de plantas. La mayoría son de 1 m (3 ft) de longitud y 30 cm (1 ft) de anchura. Proporciona suficiente abono para cerca de 3 plantas tomateras o media docena de lechugas o plantas de fresas.

Sin embargo, debido a que las bolsas son relativamente poco profundas (cerca de 10 cm/4 in de profundidad), no son adecuadas para plantas de raíces profundas, como las verduras de raíces, por ejemplo. Por otro lado, las plantas anuales de verano a menudo crecen bien dentro de ellas.

Almacenar y usar los abonos

El abono pierde su valor nutritivo con el paso del tiempo. Intente usar su propio abono dentro de una temporada de cultivo, y recuerde cerrar la bolsa cuando haya terminado con él. Tenga presente que aunque el abono que haya comprado o mezclado pueda ser apropiado para las plantas ahora, el riego frecuente con agua de alto contenido en cal con el paso del tiempo lo volverá demasiado alcalino para las plantas que prefieran la acidez, que entonces se pueden volver amarillas y de aspecto enfermizo.

Puede corregir esto aplicando una solución de sequestral de hierro o trasplantando las plantas a un medio especialmente creado que sea más ácido.

Bolsas de cultivo (arriba)

Las bolsas de cultivo son particularmente útiles para las plantas comestibles, como los tomates, ya que el abono en la bolsa está especialmente formulado para plantas hambrientas de nutrientes como éstas.

CÓMO MEZCLAR EL ABONO EN LAS MACETAS

Si decide crear su propio abono, necesitará un espacio razonable en el que mezclar los ingredientes. Las plantas que crecen en macetas se beneficiarán de un buen abono basado en arcilla plástica mezclado con una cantidad medida de fertilizante básico para mantener las plantas en buen estado. Es fácil mezclarlo por usted mismo.

1 *Los abonos de arcilla plástica son de siete partes de arcilla plástica esterilizada, tres de turba de musgo de grado medio, dos de arena ácida, más un fertilizante (básico) equilibrado.*

2 *Comience mezclando totalmente la arcilla plástica, la turba y la arena hasta que formen una mezcla uniforme, entonces extraiga el abono resultante hasta formar un montón.*

3 *Espolvoree el fertilizante básico sobre el montón de abono y mézclelo hasta que no haya rastro visible del fertilizante: el abono está ahora listo para usarse.*

La alimentación y el riego

El no alimentar ni regar sus plantas de manera regular les provoca estrés, lo que a su vez las expone a un riesgo mayor de contraer enfermedades y padecer plagas indebidamente. Las plantas de maceteros necesitan un riego frecuente y un buen suministro de nutrientes si se espera que prosperen.

La salud y la fuerza de sus plantas cultivadas en maceteros dependen totalmente de su habilidad para proporcionarles los nutrientes correctos en el momento apropiado. Los métodos eficientes y sensatos de alimentación y riego son una parte vital de la jardinería de macetas.

Es importante comprender que las plantas tienen una época de crecimiento (en general la primavera y el verano) y un periodo de letargo (normalmente el otoño y el invierno). Las necesidades de alimentación y riego difieren de acuerdo con la estación, con la necesidad de una mayor concentración durante el periodo de crecimiento activo.

Aunque sus plantas reciban la asignación normal de lluvia, las macetas tienden a secarse rápidamente, particularmente cuando hace calor. Algunas macetas están menos aisladas que otras, y la velocidad del proceso de secamiento se verá determinada por el material del que esté compuesto el recipiente. La terracota, material tradicional para las macetas, provoca que el abono pierda humedad rápidamente; la piedra, mucho menos rápido.

La alimentación

Las formas más voluminosas de alimento para plantas no son adecuadas para las macetas, ya que el espacio es inadecuado para que la planta las use. Usted necesitará, por lo tanto, confiar en formas más concentradas de alimentación. Estos alimentos están a su disposición en varias formas, como se verá a continuación.

Gránulos de liberación lenta

Se pueden añadir al abono como condimento superior. Su principal ventaja es que liberan pequeñas cantidades de alimento para las plantas en el interior del suelo a intervalos regulares durante varios meses. Sólo realizan su trabajo en abono húmedo, así que asegúrese de que el riego se lleva a cabo regularmente y no permita que el abono se seque. El exceso de agua, por otro lado, probablemente se llevará el alimento de la planta, así que si hay periodos de mucha lluvia asegúrese de alimentar la planta con más frecuencia de lo normal.

Los alimentos líquidos

Estos alimentos se compran como concentrados a los que se añade el agua de acuerdo con las instrucciones del fabricante. La mezcla resultante se aplica entonces al abono. Los alimentos líquidos vienen en una gran gama de fórmulas: algunos son multiusos con una variedad equilibrada de potasio, nitrógeno y fósforo para la formación general de las hojas, flores y frutos; otros vienen formulados específicamente para fomentar un aspecto en particular del crecimiento, por ejemplo la formación de la fruta.

Los alimentos de las hojas

Se usan en gran parte como estimulante para plantas, y se aplican directamente a las hojas. A menudo se usan para corregir deficiencias minerales en el suelo.

Los alimentos para las hojas tie-

LA APLICACIÓN DE ALIMENTOS LÍQUIDOS
Cuando se apliquen estos alimentos es esencial leer las instrucciones del fabricante atentamente antes de comenzar.

1 *Mezcle siempre el alimento concentrado con agua de manera que esté correctamente diluido. Esto reducirá el riesgo de daño a la raíces de las plantas cuando se aplique el fertilizante.*

2 *Añada el alimento líquido a las macetas como parte de la rutina de riego. Intente evitar que salpique la solución sobre las hojas de la planta, ya que esto puede provocar que las hojas se abrasen.*

VELOCIDADES DE LIBERACIÓN DE FERTILIZANTE	
Tipo de fertilizante	Reacción de la planta
Liberación lenta	14-21 días
Acción rápida	7–10 días
Alimento líquido	5–7 días
Alimento para las hojas	3–4 días

nen el beneficio de actuar rápidamente y se pueden usar donde las enfermedades o desórdenes han dañado a la planta y donde se necesite una recuperación rápida.

El riego

Puesto que los maceteros se secan rápidamente, cualquier programa de riego debe ser global y sistemático. Las plantas se estresan si el riego es irregular o si se permite que el abono se seque durante algún

tiempo, por lo que el plan de riego debería estar organizado para suministrar agua a las plantas al menos dos veces por semana en primavera y tres veces por semana en verano. Las plantas con una velocidad de transpiración excepcionalmente elevada, por ejemplo las lechugas, pueden necesitar regarse una vez al día en esta época.

Las cestas colgantes

Son notablemente propensas a secarse, y cuando hace calor probablemente necesiten regarse dos veces al día. A menos que haya tenido la previsión de colgar las cestas en un sistema de poleas, tendrá que construir algún tipo de accesorio para la manguera que le permita regarlas.

Las pequeñas cantidades de agua suministradas durante un periodo más largo de tiempo hacen el trabajo más completo y favorecen que el abono absorba el agua. Si el abono se ha secado, la fuga de agua será considerable si la aplica con demasiado vigor.

Evitar la pérdida de agua

Una manera de reducir el riego es cubrir la superficie del abono con arena o astillas de corteza. Todo lo que reduzca la zona de la exposición del abono a vientos secos mejorará su capacidad de retener agua. Agrupar las plantas también

ayuda a reducir la pérdida de humedad. Para las plantas vulnerables, una bandeja parcialmente llena de guijarros, a la que se añade agua, puede usarse como pie para las plantas. (También es un buen sistema para periodos en los que no pueda regar con tanta frecuencia).

Los gránulos que retienen agua se pueden añadir al abono de plantas particularmente sensibles. Se llenan con agua, aumentando varias veces su tamaño, y riegan lentamente el abono.

Otra solución es crear un sistema de riego de mecha de gravedad. Coloque el cubo de agua que contiene un trozo (o trozos) de estera fina en un estante por encima de las macetas y ancle el otro extremo de la mecha en el abono para suministrar el agua.

1 *Meta la maceta por completo en el agua, y manténgala allá abajo de manera que el abono esté por debajo del nivel del agua.*

2 *Mantenga la maceta sumergida hasta que las burbujas de aire dejen de subir. Sáquela entonces y permita que se drene. La planta debería reanimarse.*

ELECCIÓN DE LOS MACETEROS

Como con toda la jardinería, cuando se usan maceteros necesita pensar en el aspecto general, como si estuviera decorando una de las habitaciones de su casa. La multitud de estilos y colores de los maceteros y de las plantas a su disposición pueden transformar el aspecto del jardín, por lo que tenga en cuenta el efecto final antes de la compra.

Diseñar un plan para cualquier jardín de macetas necesita un poco de previsión. Los maceteros, así como las plantas, juegan un papel principal en el aspecto final; necesita prestar atención a la forma, textura y color de los maceteros para asegurarse de que la elección de sus maceteros complementa las texturas, formas y colores de las plantas. Si puede crear contrastes interesantes o armonías

sutiles, será de ayuda reunir la composición. Busque plantas con formas apasionantes, por ejemplo hojas de forma interesante y color intenso, y emparéjelas con maceteros sencillos de materiales de buena calidad. También puede pintar o decorar sus maceteros para darles un interés adicional, pero mantenga el diseño limpio y sencillo. De hecho, la simplicidad es la clave del éxito. Combine después los

maceteros y las plantas de manera que produzcan el mejor espectáculo posible de flores y hojas.

La colección de materiales y formas de maceteros ha aumentado de manera importante en los últimos años, con una gama de maceteros hechos a mano económicos y particularmente bonitos del Lejano Oriente a su disposición. Los maceteros de terracota barnizada o sin barnizar abundan, como aquellos con superficies texturizadas.

Los maceteros son maravillosos para cambiar el ánimo o definir el estilo de una forma específica. Podría usar maceteros metálicos para lograr un aspecto futurista, o los cestos de madera tradicionales para dar una atmósfera de jardín de casa de campo. ¿Por qué no usar uno o dos especímenes grandes de macetas para

crear un bellísimo punto de interés? Pruebe con plantas arquitectónicas, como las pitas y los formios, o incluso un cactus si el clima lo permite. Utilice un color de macetero o flor sencillo que se coordine con los muebles de su jardín para realzar una zona de asientos, o incluso introducir unas plantas aromáticas para disfrutar mientras se relaja, como el tabaco, la lavanda o los geranios de hojas olorosas.

Cómo colocar cestas

Suspender cestas de plantas con abrazaderas, pérgolas u otros soportes en el aire le dará un mayor campo para plantar. Las cestas mismas pueden variar enormemente de forma y tamaño, desde construcciones de alambres sencillas a coladores metálicos reciclados.

Las hojas y las flores (abajo)

Las abundantes hojas de este geranio ayudan a esconder el abono de las cestas, mientras que las flores contribuyen dándole color.

Las cestas colgantes llenas de plantas son ideales para cultivar incluso más variedades cuando el espacio es escaso, y pueden llenarse de una gama de plantas de parterres relucientes y alegres que cuelgan. La cesta es el tipo más frecuente de recipiente colgante, y está compuesta normalmente de alambre grueso que se ha recubierto de plástico o consiste en un cuenco de plástico sólido con agujeros para el drenaje (aunque otros materiales, como las cestas de sauce, también están a veces disponibles).

La elección del abono es una materia de preferencia personal. Los abonos sin arcilla plástica se basan en la turba o un sucedáneo y son los favoritos de muchos jardineros. Son ligeros, pero tienden a secarse muy rápidamente y pueden ser difíciles de rehumedecer. Los abonos basados en la arcilla plástica, como el Johnn Innes Nº 2, pueden ser muy pesados cuando se riegan, pero retienen bien la humedad.

Ambos tipos de abono normalmente duran sólo una estación, al igual que la capa de musgo sólo puede usarse una vez. Sin embargo, la cesta colgante puede volverse a utilizar durante varios años.

Las plantas de parterre y otras plantas tiernas son las mejores para plantar en cestas colgantes, por dos razones principales: su aspecto brillante y colorido durante todo el verano y el hecho de que su ciclo vital relativamente breve se ajusta muy bien al dibujo de una o dos temporadas esperado de una cesta colgante. Sin embargo, algunas de las plantas, como por ejemplo las fucsias y los geranios, pueden resistir el invierno o propagarse a partir de esquejes para proporcionar plantas para la misma cesta colgante al año siguiente.

UN SOPORTE TEMPORAL

La mayoría de las cestas viene con las cadenas unidas a ellas. Lo que viene a continuación es una manera limpia de mantenerlas apartadas mientras trabaja.

Inserte la caña de bambú dentro del centro de la cesta y ate entonces el gancho para las cadenas a la caña. Quite la caña cuando haya acabado de plantar la cesta y cuelgue el gancho de un soporte recio y bien fijado. Recuerde que el peso de una cesta recién regada y plantada es considerable.

CÓMO PLANTAR
UNA CESTA COLGANTE

Herramientas y materiales

- Una cesta colgante
- Un macetero grande
- Musgo
- Abono
- Gránulos que retengan agua (opcional)
- Plantas

1 *Comience colocando la cesta derecha encima de un gran macetero vacío. Esto mantendrá la cesta en la posición en que puede ser llenada sin caer a la superficie de trabajo. Cubra la mitad inferior de la cesta con una capa de musgo.*

2 *Presione esta capa de musgo firmemente contra la malla de alambre de la cesta antes de añadir abono al mismo nivel como capa de musgo. Añada gránulos de retención de agua si desea seguir las instrucciones del fabricante.*

3 *Inserte la primera capa de plantas en la cesta pasando las raíces a través de la malla alrededor de los laterales de la cesta y dejando las raíces en el abono, con las partes superiores de las plantas colgando por el exterior de la cesta.*

4 *Recubra la mitad superior de la cesta con una capa de musgo, antes de añadir abono, pero dejando suficiente espacio para las plantas. Inserte la segunda capa de plantas en la cesta.*

5 *Coloque las plantas más grandes en el centro de la cesta, pero con un ligero ángulo hacia fuera sobre el borde de la cesta.*

6 *Añada plantas más pequeñas alrededor del borde de la cesta, antes de suplir el abono de manera que esté casi a ras del borde, pero dejando espacio para el riego. Cuelgue la cesta en la posición deseada y riegue concienzudamente.*

Espectáculo para todo el año

Es importante obtener los mejores resultados posibles de sus maceteros durante todo el año, especialmente si el espacio es escaso. Necesitará una combinación de plantas, arbustos y trepadoras, plantas perennes (incluidos los bulbos) y anuales. Se aconsejan algunos de los arbustos y trepadoras que tendrán hoja perenne, de manera que proporcionen una estructura de plantas permanentes para un espectáculo de color más efímero.

Usted necesita una gama de formas de hojas (puntiagudas, con forma de mano, pequeñas y jaspeadas, entre otras) y un periodo de floración que idealmente dura desde principios de la primavera hasta el invierno. De no menos importancia entre las cualidades que usted podría querer disfrutar durante todo el año es el olor, ya que el perfume de las plantas que flota en el aire a través de las ventanas abiertas es una de las mayores delicias de la jardinería. No es difícil escoger plantas olorosas para cada estación, aunque hay una mayor presencia de éstas durante la primavera y el verano de la que puede encontrar en otoño e invierno. Sin embargo, nada supera el placer inesperado del olor embriagador, que casi no se nota, producido por las flores del elaeagnus en otoño o primavera, o el rico perfume de los aromáticos laureles a mediados del invierno.

Puede extender la estación de floración en un solo macetero plantando vegetales perennes, que echan hojas a finales de la primavera, con bulbos que florecen temprano, por ejemplo el narciso, la cebolla albarrana y el azafrán. Sin embargo, en la práctica, es más fácil dedicar maceteros específicos para ofrecer un espectáculo en un tiempo concreto y luego agrupar los maceteros de manera que al menos uno ofrezca algo de interés en cualquier estación.

Cómo mantener el interés durante todo el año (arriba)

La creación de un grupo mixto de plantas como flores y follaje le ayudará a prolongar la estación de interés. Aquí el follaje de la **Festuca glauca**, *las hostas y la heuchera proporcionan un contraste para los geranios.*

El topiario (arriba)

Los maceteros con plantas perennes esculturales, como los cipreses enanos o el boj, el tejo y el aligustre de topiario sencillo, proporcionan interés durante todo el año.

	PLANTAS OLOROSAS PARA LAS DIFERENTES ESTACIONES		
	Anuales	**Perennes/bulbos**	**Arbustos/trepadoras**
Primavera		*Hyacinthus* (híbridos), *Narcissus* (muchos) *Viola odorata*	*Clematis armandii, Skimmia* × *confusa* «*Kew Gree*», *Viburnum* × *burkwoodii*
Verano	*Heliotropium, Lathyrus odoratus* (guisantes olorosos enanos), *Malcolmia maritima, Nicotiana* (híbridos), *Pelargonium* «*Graveolens*»	*Dianthus* «*Doris*», *Erysimum cheiri*, *Hosta* «*Honeybells*», *Lilium regale*, *Thymus* spp.	*Genista aetnensis, Jasminum officinale, Lavandula* spp., *Lonicera* spp., *Rosa* (la mayoría), *Trachelospermum jasminoides, Wisteria sinensis*
Otoño			*Elaeagnus* × *ebbingei*
Invierno		*Iris unguicularis*	*Chimonanthus praecox, Daphne mezereum*, *Hamamelis mollis, Sarcococca hookeriana*

Aprovechará mejor su espacio buscando las cualidades fuera de temporada de las plantas que elija, de manera que no tenga que replantar macetas o traer nuevas en diferentes épocas del año. Estos elementos incluyen los escaramujos y bayas atractivos que siguen a las flores en algunas rosas; las cabezas de las semillas, como aquellas de la *Clematis tangutica* amarilla de floración tardía; o el color brillante de las hojas de otoño, como en las viñas ornamentales y la trepadora de Virginia o las maravillosas hojas escarlata de los pequeños arces japoneses, tales como el denominado *Acer palmatum dissectum F. Atropurpureum.*

LAS JARDINERAS PARA VENTANAS

Es bueno idear la plantación de jardineras para ventanas creando un espectáculo atractivo en diferentes épocas del año.

El primavera, los pequeños bulbos son ideales: el azafrán y el narciso enano, combinados con prímulas tempranas; en verano, pruebe con las flores de pared enanas o los cosmos con las diminutas lavandas y tomillos; a principios del otoño, los crisantemos enanos pueden sustituir a las flores de pared; en el invierno vuelva a plantar brezos y ciclámenes resistentes.

Las plantas de verano (arriba)

Las zonas saturadas de sol son ideales para los espectáculos alegres, como estos osteospermums. Una vez que el tiempo se enfríe, usted puede introducir plantas más resistentes que puedan aguantar las condiciones climatológicas.

El uso de soportes

Cuando el espacio es escaso, el jardín vertical (el cultivo de plantas hacia arriba en vez de hacia los lados) le permite incorporar nuevos elementos que superan las limitaciones del espacio. Puede probar con arcos, trípodes y tipis. Sostienen las plantas y las dejan desarrollarse totalmente sin ocupar demasiado espacio en el jardín o en el patio.

Tipi de guisantes de olor (arriba)

*Se sorprenderá de la rapidez con que los nuevos guisantes de olor (**Lathyrus odoratus**) brotan hacia arriba y cubren el tipi con pequeñas flores exquisitas.*

Si desea cultivar plantas trepadoras con soportes, hay varios factores que necesitará tener en cuenta antes de colocar las plantas en su lugar.

La estructura debería escogerse para adecuarse a las plantas que tengan tallos o tijeretas enroscados. Hay un límite para el diámetro del soporte alrededor del cual una planta puede enroscarse y agarrarse bien, normalmente el grosor de una caña de bambú normal aproximadamente.

Si el soporte que ha elegido tiene un diámetro mayor que éste, necesitará usar nudos o adiestramiento extras además de la estructura misma. Si los soportes son demasiado gruesos, las plantas trepadoras tenderán a aferrarse las unas a las otras en lugar de hacerlo al soporte. Los soportes más delgados, como las varillas de avellano o de sauce o las cañas de bambú, son ideales para sostener las plantas como los guisantes de olor.

Son lo suficientemente fuertes para sostener el peso de las plantas y lo suficientemente delgados para volverse totalmente opacos por las hojas y las flores a medida que las plantas se establecen y cubren el soporte completamente.

CÓMO PLANTAR UN TIPI

Herramientas y materiales

- Un macetero
- Un taladro
- Papel de periódico
- Abono
- Un tipi de plantas prefabricado
- Un trozo de madera residual
- Guisantes de olor

1 *Comience seleccionando un macetero adecuado. Si es necesario, realice algunos agujeros de drenaje en la base (al menos un agujero de 2,5 cm/1 in por cada 30 cm/1 ft de diámetro de la base del macetero).*

2 *Cubra la base del macetero con hojas de periódico para impedir que el abono salga por los agujeros de drenaje cuando se riegue por primera vez. El papel se pudrirá en el periodo de dos semanas, pero para entonces el abono se habrá comprimido.*

3 *Cuando el abono esté al nivel necesario en el macetero, coloque el tipi en una posición central, empujando ligeramente dentro del abono.*

4 *Usando un trozo de madera para escribir, marque una línea en el abono alrededor del exterior de las patas del tipi*

5 *Quite el marco del tipi y retire suavemente las plantas del guisante de olor de sus maceteros listas para plantar.*

6 *Plante los guisantes de olor en el abono, colocándolos de manera que estén cerca de 10 cm (4 in) dentro de la línea marcada en el abono. Coloque el marco del tipi en su posición original y presiónelo firmemente.*

Macetas con plantas comestibles

El cultivo de plantas comestibles en macetas no es nada difícil, pero necesitará un lugar soleado para casi todas las verduras y las frutas blandas. Las plantas altas y trepadoras, como las judías, los tomates, los guisantes y los pepinos, aprovechan las zonas relativamente pequeñas de tierra.

Las macetas necesitan una profundidad de al menos 30 cm (12 in), algo más para cultivos de raíces, como las patatas. Normalmente, debería adjudicar 3 l (6½ pints) de abono por planta para favorecer una cosecha razonable. Las plantas pequeñas, como ciertas hierbas, rábanos y cebollas de primavera, se pueden cultivar entre otras más grandes. Plante tomates con lechugas, son ideales y muy decorativos los tipos rojos y verdes de hojas de roble.

Algunas plantas son más fáciles de cultivar en macetas que otras. Es mejor evitar las coliflores, el maíz, el apio, los guisantes, las chirivías y los nabos suecos. Entre los cultivos más fáciles están muchos tipos de lechugas, judías trepadoras, rábanos, cebollas de primavera, remolachas, tomates, pepinos de exterior, calabacines, acelgas suizas, patatas y zanahorias. Las berenjenas, los pimientos y los chiles no son difíciles, pero necesitan unas temperaturas más cálidas y más sol para

madurar. Las fresas, las moras y los arándanos están entre las frutas más fáciles de cultivar. Los árboles frutales, tales como los manzanos especialmente diseñados que tengan dos o tres variedades sobre un rizoma enano, son ideales.

Las bolsas de cultivo llenas de abono que contengan fertilizantes adecuados son ideales para los cultivos temporales con un sistema de raíces poco profundas, incluidos los tomates en las lechugas. Si usted tiene poco espacio, puede cultivar

Un rincón de hierbas (arriba)

Es fácil crear un jardín de hierbas en macetas, en un rincón resguardado. Aquí, las variedades de limón, salvia y menta, de hojas de gran colorido, crean un follaje atractivo y proporcionan un banquete de hierbas para la cocina.

los pepinos de exterior y los tomates en cuerdas que estén contra una pared soleada.

El cultivo

Comience sembrando semillas para verduras tiernas a principios de primavera bajo cristal, fraguándolas y plantándolas fuera una vez que el peligro de heladas haya pasado. Regularmente alimente y riegue todas las verduras en macetas y compruebe constantemente que no haya plagas ni enfermedades. Con sólo un pequeño cultivo por el que preocuparse, usted puede quitar cualquier plaga manualmente.

Los maceteros tienden a secarse y el riego es por lo tanto de vital importancia, ya que la mayoría de las verduras están compuestas por un 90 % de agua y sufrirán muy rápidamente en condiciones de sequía. Para mantener el buen crecimiento de todos los tipos de verduras y de frutas, el suministro de agua debe ser adecuado y regular.

También merece la pena dedicar un par de jardineras de ventana a varias hierbas culinarias: el perejil, el tomillo (hay muchas formas atractivas), la albahaca, los perifollos, las cebolletas y el cilantro son todos ideales. Las macetas más grandes, en el lado de la puerta, se pueden plantar con romero o laurel, pudiéndose adiestrar ambos para crear una vista atractiva.

Es una buena idea sembrar varias veces las mismas verduras con una semana más o menos de diferencia. No sólo alargará la duración de la estación en la que se cosecharán, sino que también está asegurando la cosecha contra plagas y enfermedades, ya que al menos alguna parte del cultivo debería escaparse de su ataque.

Un pequeño jardín de comestibles en macetas (foto superior)
Aquí un grupo un de macetas metálicas sencillas compone un jardín de comestibles totalmente moderno, incluidos el hinojo, la aquilea y el orégano.

Los cultivos de verdura (foto inferior)
Una gran variedad de cultivos de verdura crece bien en las macetas, incluidas muchas variedades de lechuga. Aquí el follaje verde vivo de la lechuga de los «Grandes Lagos» contrasta con un macetero cálido de terracota.

Plantando una maceta de fresas

Las fresas son una fruta muy popular para el verano y el otoño, pero, deliciosas como son, tienen varios inconvenientes. Si se cultivan en el jardín, necesitan mucho espacio, e incluso entonces se extienden tanto como pueden, con los brotes jóvenes (trepadores) echando raíces por doquier.

Ya que las fresas son perennes de crecimiento lento, las frutas yacen en el suelo mientras se maduran, convirtiéndolas en un bocado sabroso para las babosas, los caracoles y otros animales. Significa que puede ser difícil de cosechar, porque están tan abajo y escondidas por su canopia de hojas que usted tendrá que encorvarse y buscarlas para encontrarlas.

Como alternativa conveniente a cultivarlas en el suelo, merece la pena considerar plantar las fresas en recipientes como maceteros, cubos y cestas colgantes, o incluso en la pared o valla en un «macetero con surcos». Son una serie de recipientes pequeños y medianos ensamblados sobre una tira de plástico y anclados a la pared, proporcionando una cascada vertical de plantas organizadas en niveles, y casi sin ocupar espacio. A medida que se desarrollan, las frutas permanecen limpias y fuera del alcance de muchas de las plagas. Lo mejor de todo es que son fáciles de recolec-

tar, porque cuelgan a distancia de las hojas. En este tipo de recipientes, si las plantas se mantienen bien alimentadas, se puede cosechar durante un periodo de hasta cuatro años antes de que necesiten sustituirse o trasplantarse.

Hay una amplia gama de variedades de fresas, algunas tempranas, otras de mediados de estación y algunas tardías. Después de dar fruto, las plantas se vuelven trepadoras con las plantas pequeñas. Si quita éstas y las planta en un macetero, tendrá un suministro continuo de nuevas plantas con las que sustituir a las viejas.

Ideas para ahorrar espacio (debajo)

Usted puede plantar varias plantas de fresas en maceteros de pared. Plantadas en la parcela de las verduras, necesitarían muchísimo espacio.

Cómo ensamblar maceteros de fresas (arriba)

Los maceteros individuales con surcos están sujetos con abrazaderas en una serie, fija a una pared o valla, para crear un efecto de cascada cuando estén plantados.

CÓMO PLANTAR
UN MACETERO DE SURCO

Herramientas y materiales

- Un macetero adecuado
- Abono
- Plantas de fresas
- Taladro
- Clavijas de pared
- Tornillos
- Destornillador

1 *Comience llenando tres cuartas partes del macetero con abono. Coloque la joven planta de fresas en él, presionando suavemente y añadiendo más abono si es necesario.*

2 *Repita este proceso hasta que todos los segmentos del macetero se hayan llenado. Los segmentos pequeños tienen espacio para sólo una planta, los grandes tienen espacio para tres.*

3 *En una pared o valla adecuada, taladre los agujeros para anclar el surco (sobre el que encajarán los segmentos del macetero), y use las clavijas y los tornillos de la pared para asegurar el surco verticalmente sobre la pared.*

4 *Encaje los segmentos del macetero en el surco de manera que las ranuras engranadas se correspondan (tenga cuidado en colocar cada segmento del macetero de manera que las plantas tengan tanto espacio y luz como sea posible).*

5 *Deslice los segmentos del macetero por el surco hasta que cada uno encaje en el segmento de debajo de manera que se engranen para formar una sólida columna.*

6 *Una vez que se haya ensamblado y trabado totalmente la columna de los segmentos del macetero, riegue las plantas concienzudamente hasta que el agua se drene fuera del segmento del macetero más bajo.*

El topiario de maceta

Cada vez más popular en los lugares urbanos, los ejemplos de topiario cultivados en macetas pueden añadir gran estilo a un balcón o terraza. Parejas de macetas de topiarios que se corresponden, pirámides o esferas, añaden un toque de elegancia a cualquier zona formal del jardín y ayudan a contrarrestar las plantas con flores menos formales.

El topiario es atractivo, pero las plantas crecen muy lentamente. Sin embargo, supone un problema menor si usted cultiva plantas a baja altura, porque las macetas de topiario son una manera ideal de incluirlas en su jardín.

Una de las plantas más fáciles de cultivar a partir de esquejes es el boj (*Buxus sempervirens*), ya que si usted quita un brote joven de la planta madre con un poco de corteza arraigará con facilidad, en cualquier momento entre la primavera y el verano. Todo lo que necesita hacer es plantarlo en un macetero individual y pequeño con una mezcla de abono y arena, y mantenerlo bien regado. Al cabo de tres meses, su esqueje habrá formado un sistema de raíces fuerte. Si toma una docena de esquejes y los planta en maceteros individuales, adquirirá rápidamente el material para un atractivo espectáculo en la repisa de la ventana con macetas de boj que hacen juego. Alternando un árbol de boj estándar y pequeño de tallo despejado, lo convertirá en un punto central que atraiga la atención.

Si usted no tiene tiempo o paciencia para crear formas de topiario tradicionales usando plantas que crezcan lentamente, puede crear el mismo efecto usando trepadoras de hoja perenne que crecen rápido, como la hiedra (especie *Hedera*), adiestradas sobre una estructura de alambre. En poco más de una estación puede conseguir un efecto similar al del crecimiento en varios años, por ejemplo, del boj. Sin embargo, la poda frecuente será necesaria para persuadir a las plantas de que mantengan la forma pretendida, así que esto es sólo una opción si tiene el tiempo de mantener su topiario.

Topiario de hiedra (a la izquierda)
Mantenga la esfera completa impecable cortando un poco los brotes obstinados.

CÓMO FORMAR UNA ESFERA DE TOPIARIO

Herramientas y materiales

- Hiedras
- Macetero
- Dos cestas colgantes de igual tamaño
- Alambre de jardín

1 *Escoja una hiedra con brotes que se arrastren, que cubrirán la esfera rápidamente.*

2 *Plante dos o tres hiedras bien ramificadas en un macetero adecuado. Espacie las plantas de modo parejo alrededor de la maceta de manera que produzcan un crecimiento bien equilibrado.*

3 *Examine las plantas y quite cualquier brote marchito o dañado y cualquier hoja descolorida. Pellizque los últimos 2-3 cm (1 in) de cada brote para favorecer el desarrollo de brotes laterales.*

4 *Desenrede todos los brotes y extiéndalos alrededor del borde del macetero. Deje los brotes más cortos derechos de manera que puedan crecer a través de la estructura de soporte.*

5 *Haga un soporte para la hiedra juntando las dos cestas colgantes con alambre para crear una esfera. Coloque la esfera sobre el borde del macetero y deslice los brotes de la planta a través de la malla del globo. Durante los siete o diez días siguientes, todas las hojas buscarán la luz, así que necesitará girar el macetero regularmente para asegurarse de que crezcan de igual manera.*

6 *A medida que la hiedra crezca y comience a ramificarse, cubrirá gradualmente toda la superficie del globo.*

El huerto

Cultivar sus propios productos

El cultivo de las verduras, fruta y hierbas propias se está convirtiendo en un pasatiempo cada vez más popular, puesto que nos permite cultivar, si así lo deseamos, nuestra propia producción de manera orgánica. No necesita una enorme parcela de tierra, puede cultivar una gama interesante de plantas comestibles en una zona no mayor de tres metros cuadrados (10 ft). Si vive en un piso con terraza, incluso puede cultivar sus plantas en maceteros, con resultados igualmente buenos.

Toda la verdura y la fruta, y casi todas las hierbas, necesitan mucha luz para madurarse, y su huerto debe estar en la parte más soleada de la parcela. Puede cultivar la producción que sea cara en las tiendas o que se coma cruda, cuando el aroma sea totalmente importante. Por esa razón, los cultivos de ensalada son una opción particularmente buena para el huerto pequeño. Igualmente, una gama de hierbas culinarias es especialmente útil y no implica un trabajo particularmente duro o dificultades en el cultivo. Cultivar plantas comestibles requiere una atención más regular y sistemática que hacerlo con plantas de adorno, si desea producir una cosecha que merezca la pena. El principal momento para plantar y sembrar es a principios y mediados de la primavera, continuando la siembra en verano. La tierra necesitará estar preparada en otoño, asegurándose de que el suelo esté trabajado y fértil para producir. Una vez que la estación de crecimiento comience, debe quitar la maleza de la zona de manera regular, de otro modo las plantas no deseadas se llevarán los nutrientes del cultivo pretendido.

Las alcachofas (foto izquierda)
Las alcachofas tienen buen sabor y las flores añaden un toque de color atractivo al huerto.

Las lechugas (foto derecha superior)
Usted puede cultivar muchos productos para la cocina en maceteros. Estas lechugas de vivo color verde contrastan bien con el macetero de terracota.

El hinojo de color de bronce (foto derecha inferior)
Si usted lo desea, puede usar el huerto para cultivar las hierbas o frutas y verduras más inusuales. Las hojas delicadas de este hinojo son decorativas a la vez que deliciosas.

La jardinería orgánica

En ningún sitio es más relevante el principio de la jardinería orgánica que en el huerto; se ha convertido en una fuente interés para muchos de nosotros, alarmados por los pesticidas que se han usado en la producción comercial de los alimentos desde mediados del siglo XX.

Los jardines orgánicos tienen el riesgo de perder más producción por las plagas y enfermedades, pero un manejo sensato puede minimizar estos riesgos. Las plantas sanas son menos susceptibles a las enfermedades.

Favorezca a los insectos beneficiosos asegurándose de que sus plantas anfitrionas crezcan cerca. Unas pocas pilas de tejas o madera favorecerán la aparición de escarabajos de tierra. Cultive una gama de flores que produzcan néctar cerca del huerto, o en hileras ocasionales dentro de él. Un pequeño jardín de hierbas con un parterre de tomillo, un arbusto de romero y algo de eneldo, hinojo, mejorana, menta y perejil le proporcionará unas hierbas culinarias útiles que atraerán a abejas y abejorros a su jardín. Las flores del jardín de una casa de campo atraen a una amplia gama de insectos, pero las variedades modernas, particularmente aquellas con flores dobles, son a menudo estériles y no producen polen, néctar ni semillas.

La protección sistemática de la fruta con redes y de la verdura con campanas de cristal o con lana, le ayudará a asegurarse de que sea para usted una mayor parte de la producción.

Cómo añadir interés visual (arriba)

Estas estrechas parcelas facilitan el cuidado de los cultivos. Las plantas más altas añaden un atractivo visual así como también fruta.

La mezcla de cultivos y de flores (abajo)

El jardín tradicional que mezcla cultivos y flores de jardín se conoce como «potager». Aquí, las caléndulas se han usado para añadir color a este jardín geométrico.

Cómo confeccionar un plan

Es importante que planee bien su huerto para evitar el aumento de plagas y enfermedades en el suelo y para asegurarse de que utiliza de la mejor manera posible el espacio disponible. Plantar en bloques relativamente pequeños hace que el cuidado de las plantas sea menos arduo y significa que no puede dañar la estructura del suelo caminando sobre él en el proceso.

Las verduras tienen ciertas plagas y enfermedades que disfrutan de la cosecha tanto como nosotros. Una de las maneras de reducir estos problemas es hacer rotar los cultivos, es decir, mover las diferentes familias de cultivos por la parcela de manera que los mismos tipos (raíces, hojas, legumbres y frutos) no se cultiven sucesivamente en el mismo lugar. Esto negará a las plagas del suelo la oportunidad de aumentar del modo en que lo hacen si se cultivan las mismas plantas en la misma zona año tras año. Uno de los planes de rotación de cultivos más fáciles dura cuatro años, basado en ciertas familias de plantas (cuyos miembros atraen a las mismas plagas) que crecen en zonas específicas y trasladarlas luego cada año a una zona diferente. Merece la pena alternar las legumbres que fijan el nitrógeno (guisantes y judías) con cultivos amantes del nitrógeno como las lechugas y los tomates.

Aunque la mayoría de los cultivos de verduras son rotativos, unos pocos, como el ruibarbo y el espárrago, es mejor dejarlos en su sitio. Debería haber también un lugar permanente para la zona de los frutales (árboles y/o arbustos) y para las hierbas, ambos en lugares resguardados y soleados. Sitúe el montón de abono cerca de la zona de crecimiento de las verduras en caso de trabajar.

La distribución del jardín

Es mejor cultivar las plantas en bloques pequeños de manera que no tenga que pisar sobre el suelo para cuidar las plantas. Aunque tradicionalmente se hayan empleado largas hileras, debido a que maximizan la producción del espacio disponible, esto sólo funciona si el suelo está en óptimas condiciones. Si lo ha compactado caminando sobre él, el resultado será una cosecha más pequeña. Es mucho más fácil realizar senderos estrechos sobre los que usted pueda caminar o hacer rodar una carretilla entre pequeños bloques e hileras de verduras.

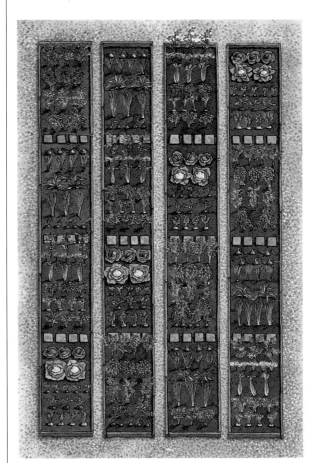

LA ROTACIÓN DE LOS CULTIVOS
Para evitar plagas y enfermedades varíe las posiciones durante tres o cuatro años.

Año 1, parterre 1, legumbres: habas, guisantes, judías verdes; **parterre 2**, cebollas: bulbos de cebollas, ajos, puerros, cebollas de ensalada, cebolletas; **parterre 3**, raíces y misceláneas: zanahorias, apio, pimientos, chirivías, patatas, tomates; **parterre 4**, brassicas: col, coliflor, rábano, nabo. **Año 2, parterre 1**, cebollas: bulbos de cebollas, ajos, puerros, cebollas de ensalada, cebolletas; **parterre 2**, raíces y misceláneas: zanahorias, apio, pimientos, chirivías, patatas, tomates; **parterre 3**, brassicas: col, coliflor, rábano, nabo, nabo sueco; **parterre 4**, legumbres: habas, guisantes, judías verdes. **Año 3, parterre 1**, raíces y misceláneas: zanahorias, apio, pimientos, chirivías, patatas, tomates; **parterre 2**, brassicas: col, coliflor, rábano, nabo; **parterre 3**, legumbres: habas, guisantes, judías verdes; **parterre 4**, cebollas: bulbos de cebollas, ajos, puerros, cebollas de ensalada, cebolletas. **Año 4, parterre 1**, brassicas: col, coliflor, rábano, nabo, nabo sueco; **parterre 2**, legumbres: habas, guisantes, judías verdes; **parterre 3**, cebollas: bulbos de cebollas, ajos, puerros, cebollas de ensalada, cebolletas; **parterre 4**, raíces y misceláneas: zanahorias, apio, pimientos, chirivías, patatas, tomates.

Los pasillos se pueden hacer en suelo pisado o, para ahorrarse quitar maleza, tiras de alfombra vieja. Esta última no es particularmente atractiva de mirar, pero ahorra una gran cantidad de trabajo.

Cómo preparar el suelo

Las verduras particularmente necesitan ciertos nutrientes; usted no producirá una cosecha decente si no mejora el suelo suficientemente por adelantado. El mejor momento para hacer esto es el otoño, después de que la cosecha del año en curso se haya recogido. Cave en la parcela y añada grandes cantidades de abono orgánico (pero no en parcelas donde se cultivarán cosechas de raíces), lo que mejorará no sólo el contenido en nutrientes, sino también la textura del suelo. En suelo de arcilla denso, esta adición de material orgánico voluminoso es esencial. Compruebe el equilibrio entre acidez y alcalinidad con un equipo de medir, ya que las verduras tienden a crecer bien dentro de una gama estrecha, un pH de alrededor de 6,5-7,5.

Las verduras varían en su necesidad de nutrientes y tienen que absorberlos en cantidades equilibradas. Los fertilizantes adecuados pueden comprarse en bolsas o cajas de cartón y aplicarse de diferentes maneras: como adobo básico en primavera unas pocas semanas antes de plantar, como impulsor del crecimiento, como adobo posterior para el suelo, o como un alimento líquido suplementario para las hojas si es necesario.

«Potager» bien planeado (arriba)

Un jardín bien planeado es fácil de mantener y que presente buen aspecto. Este «potager» contiene una variedad de cultivos, pero los pasillos vacíos y los parterres ribeteados minimizan el tiempo que pasará usted pisoteando el suelo cuando cuida de sus plantas. El esquema geométrico es también agradable para la vista.

EL ADOBO BÁSICO

Los adobos básicos de fertilizantes se aplican al suelo antes que las plantas o las semillas ocupen el lugar. Esto ayuda a maximizar los nutrientes del suelo que estarán disponibles para las jóvenes plantas.

1 *Espolvoree primero una medida de un fertilizante adecuado sobre el suelo preparado en la zona que pretende plantar o sembrar.*

2 *Incorpore el fertilizante dentro de unos pocos centímetros del suelo usando un rastrillo del jardín o de madera.*

EL ADOBO POSTERIOR

La mayoría de las verduras crece relativamente rápido y necesitará casi con total seguridad un alimento extra durante la temporada de crecimiento. Un fertilizante o adobo posterior aplicado alrededor de las plantas ayudará a aumentar el volumen y la producción.

1 *Primero, espolvoree con cuidado el fertilizante sobre el suelo alrededor de las plantas. Asegúrese de que no aterrice en las hojas ya que las quemaría.*

2 *Use una azada o un cultivador con púas para incorporar el fertilizante al suelo. No cultive profundamente o algunas de las raíces pueden dañarse.*

El drenaje y los parterres elevados

Obtener los mejores resultados de su huerto significa encargarse de los problemas potenciales del suelo al comienzo. Uno de los temas clave (en zonas de suelo denso) es evitar la inundación. Otro es asegurarse de que usted no esté tan abrumado con la maleza que no pueda atender sus cultivos.

Hay varias maneras de asegurarse de que su huerto es más productivo y de que obtiene la máxima producción mediante el mínimo esfuerzo. No sólo necesita asegurarse de que el suelo esté bien nutrido, sino que también debe drenarse bien.

La estación de crecimiento de las verduras tiende a comenzar bastante de repente a mediados de la primavera. Si no ha podido cavar sus parterres en otoño, se encontrará de golpe sin tiempo suficiente para cavar, sembrar y plantar. Todo lo que pueda hacer para reducir el trabajo será de gran provecho.

Los parterres elevados

El suelo denso de arcilla será un problema en primavera si la tierra está anegada, y mientras necesita realizar todos sus esfuerzos para añadir materia orgánica al suelo para abrirlo, también puede elevar los parterres y crear canales de drenaje si puede.

Es conveniente que los parterres elevados sean lo suficientemente estrechos (cerca de 1,2-1,5 m/4-5 ft) para que usted los cuide sin tener que caminar sobre ellos, lo que hace compacto el suelo; deberían estar aproximadamente 23 cm (9 in) por encima de la superficie del suelo que los rodea, con dos ribetes para evitar que la tierra vuelva a los caminos. Se pueden

POZO DE DRENAJE

Compruebe el drenaje cavando un pozo de prueba. Puede ocurrir que necesite construir un pozo de drenaje.

Un suelo muy pobremente drenado puede necesitar un cauce o un sistema de drenaje de espinas formado por tubos de drenaje que llegan al tubo principal para llevar agua a un pozo de drenaje. Llene el pozo casi hasta la superficie con cascotes, cubriendo los últimos 15 cm (6 in) de arena y tierra de jardín. El tubo debe ser lo suficientemente inclinado para drenar el agua.

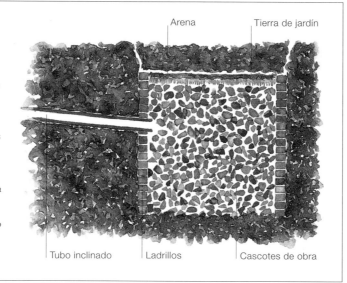

Arena Tierra de jardín

Tubo inclinado   Ladrillos   Cascotes de obra

EL USO DE PLÁSTICO NEGRO

Un plástico negro le ayudará a conservar la humedad dentro del suelo.

1 *Comience limpiando y allanando la zona antes de comenzar a plantar. Coloque una lámina gruesa de plástico negro sobre la zona y use una pala para introducir los bordes al menos 15 cm (6 in) dentro del suelo.*

2 *Use su pie para sellar el suelo alrededor de los bordes de plástico, asegurándose de que éste esté estirado y tan tenso como sea posible.*

3 *Corte una cruz en el plástico donde va cada planta. Doble las lengüetas de plástico y cave un agujero grande para las raíces de la planta. Inserte la planta y apriete el suelo de nuevo en su lugar alrededor de ella.*

Parterre de jardín de casa de campo (a la derecha)

El suelo en parterres elevados no tiene que ser muy alto. Aquí, un borde bajo encierra un derroche de color y forma, reminiscencia del tradicional jardín de casa de campo.

crear parterres mucho más elevados para evitar la necesidad de doblarse o para permitir su cuidado desde una carretilla.

Mantillo y mejora del suelo

Una vez que el suelo se haya excavado en otoño, usted puede cubrir la zona con una lámina de plástico negro, que debería sujetarse en los bordes. Así evitará que la maleza se asiente hasta que usted esté listo para sembrar en primavera. Si cultiva plantas en el interior o en parterres en el exterior, entonces puede plantar a través del plástico. Éste actúa como el mantillo, de manera que la evaporación se reduce y la humedad del suelo permanece más constante. Algunos cultivos funcionan particularmente bien si se plantan de esta manera, sobre todo las fresas, los calabacines y las cebollas. Sin embargo, si hace esto, recuerde que cuando riegue, necesita hacerlo más concienzudamente de lo normal.

Este método es también un atajo para quitar la maleza, una tarea que puede ocupar una buena parte del tiempo del jardinero durante la estación de cultivo, por lo que es ideal si su tiempo para la jardinería está limitado.

Si usted ve que el suelo se drena demasiado libremente y que debe regar sus plantas constantemente, tendrá que añadir mucha materia orgánica para mejorar la capacidad de retención del agua y para asegurarse de que las plantas se las arreglan para nutrirse adecuadamente.

La mezcla de plantas (abajo)

Continuando la tradición de crear «potagers», aquí las lechugas y las capuchinas coexisten en un parterre elevado.

El cultivo profundo

Cualquier cultivo del suelo más profundo de 20-25 cm (8-10 in) se puede considerar como una forma de cultivo profundo. Cavar hondamente es una práctica que puede ser beneficiosa para los suelos densos y compactos, ya que puede ayudar al drenaje, así como también a mejorar las condiciones en la zona de las raíces.

Los 15 cm (6 in) de la superficie del suelo son los más activos biológicamente, conteniendo una comunidad rica orgánicamente que prospera con organismos beneficiosos, como las bacterias, los hongos, los insectos y los gusanos. Estos organismos se alimentan de la materia orgánica y de los residuos de las plantas en el suelo, descomponiéndolos en alimentos para las plantas que lo pueblan. La incorporación de materia orgánica, como el abono vegetal de jardín o el estiércol podrido, a esta zona, o justo por debajo de ella, mejorará la fertilidad natural del suelo, así como también la colocación de nutrientes cerca de las raíces, mejora de la textura del suelo. La materia orgánica en descomposición proporciona el beneficio adicional de retener la humedad cerca de las raíces de las plantas, un factor que puede ser enormemente ventajoso durante el tiempo seco del verano. Enterrar el abono o estiércol en una trinchera durante la excavación favorecerá a las plantas que echan raíces más profundamente.

Un método alternativo implica cavar antes de esparcir el estiércol o abono sobre la superficie cavada, permitiendo que los gusanos, escarabajos y otros habitantes del suelo lo lleven al suelo suelto. Esto mantendrá muchos de los nutrientes añadidos justo por debajo de la superficie del suelo, lo que es útil para las plantas de raíces naturalmente superficiales.

Si está preparando tierra virgen, necesitará sacar toda la maleza perenne primero. Puede cubrir la zona que ha de ser cavada con una alfombra vieja o lámina de plástico negro, aproximadamente seis meses antes de cavar, de manera que la maleza muera, o use una pala para cortar la capa de maleza a la altura de las raíces, facilitando la cavazón.

Todas las raíces de maleza perenne deben quitarse durante la cavazón, de otro modo rebrotarán (incluso a partir del trozo más pequeño). En la tierra que esté muy infectada, puede merecer la pena cavar sobre la tierra dos veces.

El cultivo del puerro (a la derecha)

La variedad de Musselburgh es un vegetal muy resistente, pero necesita un suelo profundo y rico para que los tallos largos y blancos de los puerros se dilaten.

CÓMO CAVAR Y AÑADIR ESTIÉRCOL

Herramientas y materiales

- Cordón de jardín
- Una pala
- Dos carretillas
- Estiércol bien podrido o abono vegetal de jardín

1 *Cave la parcela de verduras en otoño. Comience en un extremo cavando una franja a lo ancho de la parcela por la anchura de la pala, y hasta 30 cm (1 ft) de profundidad. Use un cordón de jardín para asegurarse de que la trinchera sea recta.*

2 *Cave otra zanja inmediatamente al lado de la primera, que mida aproximadamente el ancho de dos palas, o cerca de 60 cm (2 ft). La zanja ancha facilita el añadir la materia orgánica.*

3 *Mueva el suelo de su primera zanja al extremo de la parcela en una carretilla y colóquelo a un lado. Éste se usará para llenar la zanja final.*

4 *Cargue la materia orgánica –como el abono de jardín o el estiércol bien podrido de corral o establo– en otra carretilla y trasládelo, listo para ser añadido al fondo de cada zanja.*

5 *Esparza una capa profunda de 5-8 cm (2-3 in) de materia orgánica sobre el fondo de la primera zanja. Asegúrese de que se esparce a una profundidad igual.*

6 *A continuación, cave una segunda zanja inmediatamente detrás de la primera. Tire la tierra de ésta a la primera zanja, cubriendo la materia orgánica. Asegúrese de volcar cada palada de tierra completamente, de manera que la superficie del suelo original esté enterrada. Añada materia orgánica a la segunda zanja, como antes. Continúe cavando la parcela de este modo, y llene la zanja final con la tierra de la primera.*

Técnicas de cultivo de verduras

Cuando se siembran y se plantan verduras y frutas, usted necesita llevar a cabo una serie de tareas especiales. Merece la pena tomarse el tiempo necesario para aprender técnicas de jardinería de comestibles, ya que poner un poco de esfuerzo extra al principio hará posible que usted les proporcione a sus plantas un buen comienzo.

El curso de las verduras comienza en otoño; necesitará cavar el suelo y añadir el abono o estiércol a tiempo para que se pudra bien antes del momento principal de plantar en primavera.

La siembra de las semillas

Del momento en el que siembre sus verduras dependerá si maduran rápido o lentamente, y de si son resistentes o no. Las plantas tiernas que maduran lentamente, como los tomates, los pimientos y las berenjenas, se siembran en el interior, al calor del hogar, varias semanas antes de las últimas heladas de la región. Entonces se fraguan gradualmente en un marco frío y se trasplantan a su posición una vez que haya pasado todo el peligro de helada. Las verduras resistentes se pueden sembrar fuera; puede sembrar sucesivamente más o menos cada semana para extender el periodo de cosecha.

Si siembra semillas de verduras in situ, necesitará aclarar las plantas sobrantes para asegurarse de que las restantes crezcan a su tamaño normal. Esto es especialmente importante en las semillas pequeñas, aunque las verduras de semillas más grandes, como las zanahorias, las lechugas, las chirivías, los rábanos y las remolachas, también necesitan aclararse. En vez de tirar los recortes, use algunos en ensalada.

Cubriendo con tierra

Algunas verduras necesitan cubrirse con tierra para crecer adecuadamente. Unas, como los puerros y el apio, que se cultivan por sus tallos blanqueados, necesitan cubrirse con tierra para este propósito (aunque esto no suceda con el apio, que se blanquea por sí solo). Otras, como las patatas, que crecen de brotes laterales por debajo de la superficie del suelo, deben cubrirse con tierra para evitar que los tubérculos se vuelvan verdes (si lo hacen, son tóxicos y no se deben comer).

Soporte y protección

Las plantas que tienen los tallos débiles o son trepadoras necesitarán algún tipo de soporte. Entre éstas están los pepinos, los tomates (las variedades altas), los guisantes y las judías. La forma de soporte se verá determinada por el hábito de la planta. Las judías, que crecen vigorosamente, necesitarán cañas de 1,8 m (6 ft), atadas en forma de tipi o en una fila. Las cañas se deben anclar firmemente,

CÓMO TRASPLANTAR PLANTAS JÓVENES

Una vez que las plantas cultivadas en un semillero se vuelvan lo suficientemente grandes (se muestran aquí unas coles), necesitará trasplantarlas para permitirles el suficiente espacio para continuar creciendo sostenidamente.

1 *Levante las plantas que han de ser trasplantadas con cuidado, cogiéndolas por las hojas en lugar de por el tallo, que es más propenso a dañarse.*

2 *Realice un agujero con un almocafre en el nuevo lugar e inserte la planta, apretando la tierra alrededor de ella. Riegue bien la planta.*

CÓMO CAVAR UNA ZANJA

Las hortalizas como las judías tienden a funcionar mejor cuando se cultivan sobre una zanja preparada que les ayuda a retener la humedad.

CÓMO SOSTENER LAS JUDÍAS

Para favorecer que las judías verdes crezcan hacia arriba, necesitará algún tipo de soporte. Las cañas son ideales para ello.

1 *Mucho antes de plantar, cave una zanja estrecha donde se hayan de plantar las judías. Llene la zanja con abono de jardín bien podrido.*

2 *Vuelva al suelo, dejándolo ligeramente surcado. Permita que se asiente, sin apretar, antes de plantar las judías o de que se siembren las semillas.*

1 *Inserte las cañas, al menos 15 cm (6 in) en la tierra, a una distancia adecuada para plantar, y plante a 5 cm (2 in) aproximadamente del lado de cada caña.*

2 *La planta se enroscará alrededor de la caña hasta alcanzar la parte superior. Entonces puede arrancar el brote más alto para evitar que siga creciendo.*

ya que el peso de un cultivo entero es considerable. Los tomates se sostienen mejor con una sola caña de bambú recia. Ate el tallo a medida que vaya creciendo. Los pepinos pueden adiestrarse horizontales a un entramado. Con cualquier verdura trepadora de rápido crecimiento, usted necesi-

tará arrancar el punto más crecido una vez que se hayan formado suficientes entramados para los frutos; podría tener que quitar algunas de las hojas de los brotes laterales de manera que pueda madurar el fruto.

Las plantas que son vulnerables a los ataques de plagas vola-

doras se beneficiarán al cultivarse en un politúnel, o al cubrirse con vellón (una forma de red). También ayudará a protegerse contra el frío. Sin embargo, aquellas plantas que son polinizadas por insectos deben tener la cubierta fuera una vez que florezcan para poder echar fruto.

CÓMO ADIESTRAR LOS PEPINOS

La educación de los pepinos no sólo les proporciona un soporte, sino que también puede favorecer que crezcan las plantas más fuertemente.

1 *Los pepinos se pueden sostener fácilmente bajando una cuerda desde un punto de anclaje en lo alto y sujetándola a la base del tallo. A medida que crezca el tallo, retuérzalo alrededor de la cuerda para mantener la planta derecha.*

2 *A medida que la planta se suspenda ahora por la cuerda, no tiene necesidad de producir tijeretas con las que sostenerse. Se pueden arrancar de manera que la energía de la planta vaya a la producción de flores y frutos.*

La fruta

Uno de los mayores placeres de la jardinería es poder comer fruta directamente del arbusto o del árbol. Nada supera el aroma de la fruta fresca del jardín. Usted puede cultivar fruta tierna (fresas), fruta de viñas (uvas, kiwis), frutas de arbustos y cañas (frambuesas, grosella, arándanos) o muchos árboles frutales, desde los tradicionales (manzanos y perales) hasta los más exóticos (melocotoneros y cerezos).

Toda fruta necesita sol para madurar, al igual que algunos de los árboles más tiernos, como los melocotoneros, necesitan cobijo de los vientos y un lugar cálido como una pared soleada.

Para favorecer las mejores cosechas, necesitará alimentar a sus plantas de frutas bien y regularmente con fertilizantes ricos en potasa y, si quiere asegurarse de que las plagas no diezman sus cultivos, necesitará la ayuda de productos químicos. Si, sin embargo, prefiere utilizar productos orgánicos, hay varias medidas preventivas que puede adoptar, pero tendrá que resignarse a sufrir algunas pérdidas.

Cómo empezar

Si usted está cultivando sus primeras frutas, la más fácil de cultivar con éxito, en la categoría de fruta blanda, son las fresas y el ruibarbo; entre la fruta de caña y arbusto ninguna es particularmente difícil de cultivar, así que puede elegir entre las frambuesas, la grosella, la grosella espinosa, las moras y los arándanos (aunque éstos necesitan un suelo ácido). De la fruta de árbol, las manzanas, las ciruelas y las peras son las de mayor éxito. La fruta de árbol tierno, como los melocotones, los albaricoques y las nectarinas, requiere mucho más cuidado y condiciones adecuadas si quiere tener éxito. De la fruta de las viñas, las

Moras (abajo)

Las moras son fáciles de cultivar, pero muy vigorosas, por lo que es necesario podarlas y atarlas regularmente para mantenerlas bajo control.

El cultivo de los melocotones (arriba)

Los melocotoneros necesitan una pared soleada y cálida para asegurar la cosecha. Los árboles florecen pronto y son propensos a los daños por heladas.

LA FRUTA DE CAÑA

Las frambuesas fructifican bien
con la condición de que se las riegue generosamente
y se pode la vieja madera después de dar fruta.

FRUTA DE ARBUSTO

La grosella es fácil de cultivar y produce una cosecha excelente
con relativamente poca atención. Asegúrese de recogerla
un día fresco y seco.

1 *Recoja la fruta agarrándola suavemente entre los dedos y el pulgar antes de tirar suavemente de ellas desde su núcleo central o «conexión».*

2 *Tan pronto como se hayan cosechado, deberán llevarse a un lugar fresco y a la sombra para que se enfríen gradualmente y alargar su vida de almacenaje.*

1 *Para cosechar grosellas, sostenga el racimo de frutas con una mano y quite las cuerdas individuales de las grosellas con la otra.*

2 *Coloque las grosellas cosechadas en un recipiente fresco a la sombra y manténgalo cubierto mientras recoge el resto de la fruta.*

uvas no son difíciles de cultivar, pero necesitan la poda de expertos para lograr la máxima producción.

La fruta blanda

Las fresas a menudo se cultivan en un parterre ligeramente elevado a través de una lámina de plástico negro. Son sumamente propensas a que los caracoles y las babosas las dañen, y los frutos se abollan fácilmente. Ponga una capa de paja, para mantener a raya a las babosas y a los caracoles y para mantener la fruta fuera del suelo. Las plantas de las fresas normalmente dan buena fruta durante dos o tres años, pero si las pone en maceteros a causa de las pequeñas plantas que se forman cada año sobre las trepadoras, deberá tener plantas jóvenes de repuesto.

Al ruibarbo le gusta la tierra rica, así que asegúrese de introducir mucho estiércol y bien podrido. Con la condición de que se man-

tenga bien regado, le recompensará en primavera con muchos brotes jóvenes y tiernos, y además está en gran medida libre de plagas y enfermedades.

Fruta de arbusto y de caña

Para las frambuesas y las moras (frutas de caña) usted necesitará un marco de soportes sobre el que adiestrar los tallos. Los postes verticales con alambres horizontales ensartados entre ellos se usan normalmente con este propósito. Para las frambuesas, que dan fruto en la madera de la nueva estación, necesitará reducir las cañas viejas de fruta después de cosecharlas y adiestrar los nuevos crecimientos contra los soportes. Las grosellas y las grosellas espinosas crecen como arbustos independientes y necesitan relativamente poca poda. Los arándanos son fáciles de cultivar y tolerantes ante algo de sombra, pero necesitan un suelo ácido. Si usted

no tiene un suelo así, puede cultivarlos fácilmente en maceteros llenos de abono vegetal ericáceo.

Pode la fruta de arbustos para asegurarse de que la planta tenga un centro abierto y ventilado. Reduzca los brotes laterales de las grosellas espinosas a uno o dos capullos.

Los árboles frutales

Incluso en un pequeño espacio, usted puede tener uno o dos árboles frutales. Puede optar por árboles de la misma familia (en los que varios cultivares son insertados en un rizoma) o elegir un solo cultivar enano. Pueden cultivarse con éxito en maceteros, por lo que incluso un balcón puede sostener uno o dos árboles frutales.

Tendrá que podar con cuidado la fruta de árbol para favorecer la formación de brotes y para asegurarse de que le llegue suficiente aire y luz a la fruta que está madurando.

La protección de sus cosechas

No sólo usted disfruta de la fruta fresca de la rama o del arbusto: también lo hacen muchos pájaros e insectos, y mucho de su trabajo cuando cultive fruta se dirigirá a asegurarse de que obtiene al menos alguna parte de la cosecha que ha escogido.

Las jaulas de la fruta (abajo)

Las ligeras estructuras como ésta proporcionan una protección ideal para los árboles y los arbustos frutales, y no parecen fuera de lugar en el huerto.

Los seres humanos no son los únicos a quienes los cultivos de fruta y verduras les parecen atractivos. A menudo, la vida salvaje que animamos a alimentarse de babosas e insectos también encuentra muy atractivos los frutos y bayas. Incluso si sólo picotean la fruta, dejarán una herida abierta que puede atraer a otros seres vivos (como las avispas) o dejarán la fruta con tendencia a la infección de hongos o bacterias, que pueden contagiarse a otras frutas.

Los pájaros dependen de su olfato, en vez del color, para adivinar cuando está madura la fruta y a menudo despojarán una planta de la fruta antes de continuar con la siguiente.

Es importante que establezca una protección para la fruta antes de que comience a madurar. Para una zona grande, puede usar un espantapájaros, con la condición de que no sea demasiado ruidoso, o usar varios combinados, ya que los pájaros se acostumbran a uno solo.

Las plantas individuales o las pequeñas zonas de frutas y verduras se pueden proteger eficientemente usando una malla pequeña de plástico. Ésta forma una barrera efectiva pero debe sostenerse sobre una estructura por encima de las plantas en vez de colgar sobre ellas. Si entran en contacto con la cosecha, los pájaros pueden posarse sobre un brote y picotear a través de la malla para alimentarse.

Una jaula especial para las frutas (que consiste en un armazón permanente sobre el que la red está estirada y tensa para evitar atrapar pájaros) es la mejor solución para proteger los arbustos y pequeños árboles frutales.

CÓMO ASEGURAR LA RED

Es vital que los pájaros no consigan atravesar sus jaulas protectoras, así que adopte unas sencillas medidas para evitar esto.

Las grandes zonas con red pueden ser difíciles de asegurar. Corte una sección de 10 cm (4 in) de manguera de jardín abriéndola verticalmente. Envuelva la estructura de apoyo con las secciones de la manguera, atrapando la red de manera segura por debajo. Repita esto tantas veces como sea necesario. Cuanto mayor sea su estructura, más secciones de manguera necesitará.

CÓMO LEVANTAR UNA JAULA PARA LAS FRUTAS

Herramientas y materiales

- Alambre grueso
- Corta-alambres
- Un torno de banco
- Cañas de bambú muy fuertes
- Un taladro
- Red de malla pequeña (de plástico)
- Guita de jardín
- Clavijas de alambre

1 Comience cortando algunos trozos de alambre grueso en secciones de 20 cm (8 in), doblándolos en un torno de banco para formar un ángulo recto con dos lados de 10 cm (4 in). Seleccione entonces algunas cañas de bambú gruesas para que actúen como soportes de la red (escoja cañas de un metro más altas que la cosecha que se protege).

2 Inserte las cañas de soporte en la tierra, a 60 cm (2 ft) de profundidad aproximadamente para mantener la estructura estable, con una distancia de 2-3 m (6-10 ft) entre ellas. Una vez que todos los soportes derechos se hayan insertado, los soportes laterales se pueden añadir a la estructura. Una éstos a los soportes verticales insertando los ángulos rectos de alambre en los extremos de las cañas.

3 Para cualquier soporte intermedio, taladre las cañas y empuje un ángulo recto de alambre a través de los agujeros antes de hacer una ranura en la vertical.

4 Cuando la estructura de soporte esté completa, la red se puede colgar sobre la estructura, comenzando con el techo y continuando con los lados y extremos.

5 Sujete la red a los soportes usando guita de jardín.

6 Estire la red tensándola sobre el soporte para evitar que se combe y fije la base de la red al suelo usando clavijas de alambre. Hacer rodar la base de la red alrededor de una caña ayuda a mantener la red tirante y hace más fácil apuntalarla.

Las hierbas

Las hierbas tienen grandes ventajas para nuestra salud y para nuestro disfrute de la comida. Bien merece la pena cultivar unas pocas hierbas culinarias, y quizá también algunas medicinales de propina. En el jardín, son maravillosamente aromáticas y muchas son perennes.

Los jardines de hierbas han sido populares desde tiempos medievales, y los aromas maravillosos y las hojas atractivas de estas plantas las hacen ideales para jardines diseñados simétricamente, desde pequeñas parcelas a grandes y complejos jardines. Tradicionalmente, estos jardines están ribeteados con setos bajos de boj (*Buxus sempervirens* «Suffruticosa»), que proporcionan un cerco perenne y pulcro.

Muchas hierbas se originan en zonas más cálidas, particularmente en la zona mediterránea, y en consecuencia, no todas son resistentes. Entre las mejores hierbas culinarias para los climas más templados se incluyen los tomillos, la salvia, el romero, el laurel, la menta, el estragón, el perifollo, las cebolletas, el eneldo, el perejil y la mejorana. La albahaca se cultiva normalmente como una planta anual, ya que es tierna, pero funciona muy bien en pequeños maceteros sobre un alféizar.

Las hierbas son relativamente fáciles de cultivar, pero la mayoría necesita una posición soleada para funcionar bien (la menta necesita sombra). Necesitan un espacio relativamente pequeño; una buena cantidad funcionará bien incluso en recipientes muy pequeños, por lo que no hay nada que le detenga para cultivar algunas hierbas culinarias incluso si sólo tiene una jardinera de ventana.

Muchas hierbas prefieren la luz, el suelo drenado, por lo que si su suelo tiende a ser pesado, necesitará introducir mucha materia orgánica y cierta cantidad de arena para hacer que su estructura sea más abierta.

Cómo elegir las hierbas

De las hierbas medicinales con flores, la lavanda es una de las más populares. Se presta a cultivarse como seto bajo (siendo sus hojas perennes plateadas un elemento que dura todo el año) o como un prototipo pequeño. Hay muchas especies y variedades, todas de una maravillosa fragancia. La lavanda francesa (*Lavandula stoechas*) tiene unas cabezas violáceas de curiosa forma, pero la lavanda inglesa (*L. officinalis*) es normalmente la más olorosa, usándose para popurrí, aceites y lino oloroso.

**Un «potager» tradicional
(a la izquierda)**

Esto es una mezcla decorativa y práctica de verduras y hierbas en parterres geométricos.

JARDÍN DE HIERBAS

Parterre central
Laurel, manzanilla,
santonila, tomillo

Parterre 1
Mejorana, ajo, cebolletas, salvia morada, hinojo, romero,
albahaca, tomillo

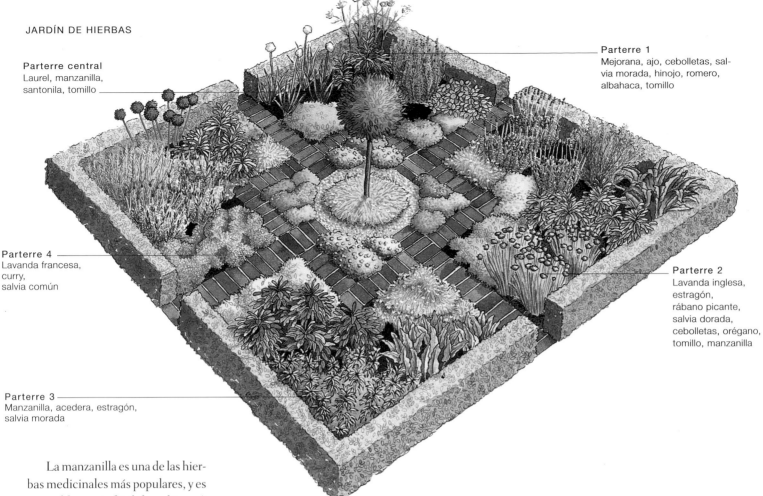

Parterre 4
Lavanda francesa,
curry,
salvia común

Parterre 2
Lavanda inglesa,
estragón,
rábano picante,
salvia dorada,
cebolletas, orégano,
tomillo, manzanilla

Parterre 3
Manzanilla, acedera, estragón,
salvia morada

La manzanilla es una de las hierbas medicinales más populares, y es
razonablemente fácil de cultivar. A
menudo se usa como sustituto de la
hierba (en la variedad «Treneague»)
para formar pequeños céspedes en
un jardín formal, ya que tiene una
superficie aromática maravillosamente primaveral.

Las hierbas presentan una variedad de formas en las hojas interesante, con muchos colores
diferentes a su disposición. El tomillo, la menta, la mejorana y la salvia
incluyen todos cultivares poco frecuentes. Las diferentes especies y
variedades de menta ofrecen claramente diferentes aromas y sabores,
entre ellos la menta de manzana, la
hierbabuena y la menta de jengibre.

Usted puede incluso formar un
topiario de varias hierbas perennes
(véanse las páginas 96-97). Por
ejemplo, los árboles de laurel se
pueden podar para crear modelos
clásicos o pirámides.

CÓMO CONTENER LA MENTA

La menta crece muy fácilmente y es popular entre los jardineros. Sin embargo, si se
deja sin contención puede descontrolarse, creciendo mucho más allá de su zona.

1 *La menta puede ser muy invasora y
sumamente difícil de controlar una
vez que ha colonizado una zona del
jardín. Este problema se puede evitar
plantando la menta en un macetero,
como este tubo de drenaje de arcilla.*

2 *Introduzca el tubo de drenaje que
contiene la menta en un borde del
jardín a una profundidad de cerca de
30 cm (1 ft). Esto permitirá que la
menta crezca aislada y controlada.*

El calendario del huerto

Uno de los aspectos más difíciles de llevar un huerto es recordar lo que hay que hacer en cada momento. Muy a menudo, nos acordamos de que deberíamos haber sembrado las semillas de un vegetal en particular cuando está bien entrada la estación; si lo dejamos para cuando es demasiado tarde podemos perder el mejor momento del año para el crecimiento de las plantas.

Los momentos de mayor actividad en el huerto son la primavera y el verano. Usted necesita planear con cuidado para asegurarse de que encuentra el tiempo suficiente para sembrar, trasplantar, quitar la maleza y cosechar durante estos ajetreados períodos. Descubrirá que cubrir la superficie con un gran plástico negro ayuda a reducir la maleza (véase la página 203), y por lo tanto a reducir el trabajo.

El cuadro sinóptico que viene a continuación le proporcionará un esquema de lo que necesita hacer en cada momento, pero el plan detallado depende mucho de las plantas en particular que quiera cultivar. Es una buena idea mantener una libreta en la que registre el rendimiento de las plantas y cuándo se deben realizar ciertas tareas.

A principios de la primavera

• Siembre las patatas en el interior.
• Siembre las verduras como las habas y las judías verdes en el interior.
• Siembre las verduras como los colinabos y las cebollas de primavera en el exterior.
• Fuerce al ruibarbo cubriéndolo con un cubo del revés.
• Recoja la cosecha de las últimas de sus verduras de invierno, como la valeriana, las coles de Bruselas, la col de invierno, los puerros y las chirivías.
• Plante cebollas.
• Prepare los parterres que no ha cavado en otoño.
• Añada paja o estiércol para dar una buena textura al suelo.
• Compruebe que no haya señales de putrefacción en las verduras almacenadas.

A mediados de la primavera

• Continúe la siembra sucesivamente de las verduras ya mencionadas.
• Comience a sembrar en el interior berenjenas, pimientos, tomates de exterior y lechugas.
• Plante ruibarbo, cebolletas, cebollas y ajos.
• Comience a recortar los bordes de la hierba.
• Plante patatas.
• Cubra la fruta temprana con lana como protección contra cualquier plaga.
• Cubra la fruta blanda de cultivo temprano.

A finales de la primavera

• Continúe sembrando semillas en el interior para las berenjenas, el maíz dulce, las judías verdes, los calabacines y los tomates.
• Siembre toda la verdura más resistente en el exterior, incluidos las coles de Bruselas, las coles, la coliflor, las zanahorias, los puerros, las chirivías, los guisantes, las acelgas y los nabos.
• Plante lechugas en el exterior bajo campanas.
• Comience a cavar con una azada y a quitar la maleza entre las hileras de cultivo.
• Saque las patatas más tempranas de la tierra.
• Coseche las coles de primavera, los puerros, las cebollas de primavera, el perejil, las plantas de ensalada de todo el invierno y las espinacas.

A principios de verano

• Endurezca y trasplante semillas sembradas en el interior de judías, tomates, pepinos, pimientos y berenjenas, y tape con una campana las plantas más tiernas.
• Siembre in situ en el exterior cultivos como las zanahorias, las remolachas, los guisantes, los calabacines, la lechuga, los rábanos y la rúcula.
• Plante tupinambos.
• Continúe quitando la maleza regularmente.
• Siegue los senderos de la hierba y corte los bordes.
• Arranque patatas.
• Estaque guisantes y judías.
• Compruebe que no haya plagas, como los áfidos en las habas.
• Realice unas pequeñas siembras sucesivas de plantas para ensalada.

- Coseche el ruibarbo, las habas, las cebollas sembradas en otoño, los rábanos, las espinacas y los nabos.

A mediados del verano

- Coseche verduras, como los guisantes, las habas, las lechugas, los rábanos, los calabacines, las remolachas y las cebollas de primavera.
- Coseche las fresas, las frambuesas, las grosellas espinosas y las grosellas.
- Ate los brotes de tomates y pepinos del exterior. Estaque pimientos y berenjenas.
- Riegue, cubra con mantillo y alimente todos los cultivos como sea necesario.
- Entresaque las frutas de los manzanos.
- Arranque los puntos crecientes de las judías verdes.
- Recubra las verduras con fertilizante.
- Quite el exceso de hojas de las tomateras.
- Compruebe que no haya plagas voladoras y use lana para cultivos sensibles.
- Use la azada regularmente para mantener la maleza bajo control.
- Cubra con plástico negro cualquier zona del suelo que no se haya plantado, para mantener la maleza a raya.
- Recorte los setos de alrededor.

A finales del verano

- Arranque las cebollas y las cebolletas cuando se haya marchitado la parte superior de la planta.
- Entresaque la fruta en los árboles frutales como sea necesario.
- Pode árboles frutales adiestrados.
- Coloque una red sobre los cultivos de fruta contra los pájaros.
- Coseche las hierbas.
- Alimente los tomates a menudo.

- Coseche las judías, los guisantes, las patatas, las remolachas, las coles, las zanahorias, los pepinos del exterior, los tomates, el maíz dulce, las lechugas, los ajos y los calabacines.
- Coseche las ciruelas, las moras, los arándanos, y las fresas y frambuesas tardías.

A principios del otoño

- Excave cualquier verdura que haya acabado de cosecharse, y convierta en abono las hojas y los tallos.
- Coseche los tomates, los pimientos, las berenjenas, los calabacines, las judías, las lechugas y las verduras de ensalada.
- Almacene las patatas del cultivo principal.
- Coseche manzanas y peras.
- Cubra con una campana los tomates, pimientos y berenjenas que no hayan madurado todavía.
- Plante cebollas para una cosecha a principios de estación.
- Encargue estiércol de corral.

A mediados del otoño

- Comience a escarbar la parcela, incorporando abono vegetal y estiércol bien podrido.
- Arranque los puerros.
- Plante coles para la primavera.
- Pode las grosellas negras.
- Ponga en orden las fresas y quite y vuelva a plantar las trepadoras.
- Plante nuevas cañas de frambuesas y recorte las viejas.
- Limpie, ordene y almacene las estacas no necesarias.
- Haga abono de las plantas de los tomates y de las judías.
- Almacene fruta en estantes de madera en lugar fresco y ventilado.

Finales del otoño

- Continúe escarbando la tierra.

- Siembre habas para pasar el invierno.
- Plante cebollas.
- Plante en macetas hierbas para su uso en invierno.
- Cubra con una campana las verduras de ensalada para su uso en invierno.
- Arranque y almacene las cosechas de raíces para su uso en invierno.
- Ponga cintas de grasa alrededor de los árboles frutales.
- Pode las plantas de moras y grosellas espinosas.
- Queme toda la materia del jardín que no se pueda añadir al montón de abono y use la ceniza resultante como fertilizante de potasa.
- Corte por última vez la hierba.
- Trence las cebollas y los ajos.
- Plante los árboles frutales.

En invierno

- Continúe escarbando si el tiempo lo permite.
- Compruebe la acidez del suelo usando un equipo. Añada cal si es necesario para las brassicas.
- Arranque puerros y nabos.
- Coseche las espinacas.
- Repase la fruta y verdura almacenada por si hay señales de putrefacción y quite cualquier ejemplar afectado.
- Plante los setos.
- Encargue los catálogos de semillas y haga entonces su pedido de semillas.
- Proteja cualquier verdura de invierno con campanas.
- Ordene el cobertizo del jardín y afile todas las cuchillas.
- Engrase las segadoras y el resto del equipo de partes móviles.
- Compruebe la estructura del cobertizo del jardín y repare si es necesario.
- Plante los ajos.

Recolectando cebolletas (arriba)

Recolecte cebolletas cortando la mitad superior de cada tallo. Ideales para ensaladas.

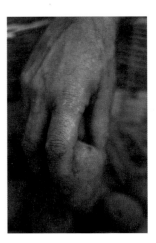

Almacenaje de patatas (arriba)

Asegúrese de almacenar las patatas en un lugar seco y oscuro.

LOS FRUTOS DE SU TRABAJO

La fruta, verdura y hierbas cultivadas en casa tienen un sabor delicioso y provocan en el que las cultiva una sensación gratificante. Pero si cultivar las suyas reúne imágenes de «cavar de sol a sol» o cuidar parcelas enormes de tierra, entonces vuelva pensárselo. Los productos cultivados en casa están experimentando un renacer en cuanto a popularidad.

La preocupación sobre la seguridad alimenticia, la exigencia de una producción de calidad y el aumento de la conciencia de la importancia de la fruta y la verdura frescas en nuestra dieta han puesto de moda la horticultura. Después de todo, la manera de asegurarse de que su comida no se ha alimentado de fertilizantes químicos ni ha recibido pesticidas es cultivarla usted mismo. El aumento vertiginoso del interés

por el sabor de las verduras y las frutas y la expansión de la jardinería orgánica han llevado a la introducción de una gama más amplia de variedades o de volver a introducir otras del pasado. En vez de competir con los productos de bajo coste de cada día, disponibles en las tiendas, muchos jardineros están aprovechando la oportunidad para cultivar variedades inusuales o redescubiertas de frutas,

verduras y hierbas.

Las semillas heredadas están disponibles ahora en variedades antiguas. Entre la riqueza de plantas inusuales disponibles usted puede encontrar las judías de vaina morada, las zanahorias amarillas e incluso los tomates a rayas, por nombrar sólo unas cuantas. Busque e intente cultivar al menos uno o dos estos tipos diferentes, incluso si es simplemente

un experimento, junto con las variedades más probadas y experimentadas.

Favoreciendo la diversidad, y ayudando a que las viejas variedades no caigan en desuso, usted también contribuye a trasmitir una selección mucho más amplia para sus hijos. Si tiene problemas para encontrar las variedades más inusuales, organizaciones orgánicas, como la Asociación para la Investigación de Henry

Doubleday, guardan semillas. Cuando cultive verduras inusuales, anote la época de siembra, trasplante y cosechas, así como la producción, para que pueda comparar su rendimiento con el de las variedades cultivadas más frecuentemente.

Usted puede encontrar también que su interés por la cocina se reaviva. No hay nada como productos frescos de verdad para inspirar la creatividad en la cocina.

Cómo alargar la temporada

Puede ser muy útil alargar la estación cálida, de manera que pueda cultivar plantas que normalmente no sobrevivirían ni crecerían bien a baja temperatura. Para hacer esto, usted necesita aislar las plantas del frío mientras tiene todavía mucha luz. Los marcos para frío y las campanas son los medios más fáciles para conseguirlo. Un invernadero permanente (véanse las páginas 222-223) es esencial si quiere cultivar plantas más grandes.

Hay varios tipos de campanas y marcos para el frío que puede usar en el huerto, algunos de ellos muy económicos y sencillos de construir. Un marco para el frío típicamente tiene lados de madera y una superficie de cristal que se levanta entonces para atender a las plantas. Una campana es una cubierta de cristal o plástico. Puede tener varias formas, incluidas las del túnel, las de tienda o las de campana.

Marcos para el frío

Los primeros marcos para el frío estaban compuestos de madera, pero hoy en día el aluminio es el material escogido por la mayoría de la gente, siendo a la vez ligero y económico. Usted puede comprar normalmente estos marcos en paquetes para ensamblar en casa. Dejan pasar más luz que el marco tradicional de madera o ladrillo, pero pueden ser derribados por fuertes vientos a menos que estén bien anclados.

Necesita escoger un tamaño que sea adecuado para el propósito que tenga en mente. Si está cultivando plantas altas en maceteros, puede necesitar elevar los laterales del marco para el frío sobre ladrillos. Recuerde que los marcos para el frío no están a prueba de heladas, aunque proporcionan algo de protección. Ante un tiempo severo, y dependiendo de lo sensibles que sean los cultivos a las heladas, tendrá que proporcionar un aislamiento adicional. Éste puede adoptar la forma de plástico de burbuja, insertado en el marco contra los laterales o tela de saco atada alrededor del marco cuando haga un tiempo excepcionalmente frío.

Una vez que la temperatura suba, y que el tiempo alterne entre

Cómo calentar el suelo (abajo)

Cubrir el suelo con una lámina de plástico negro lo calentará, y le permitirá plantar cultivos como las patatas antes de lo normal. Corte cruces en el plástico a través de las cuales plantar.

El cultivo temprano de las plantas (a la derecha)

Las plantas tiernas, como los geranios, se pueden cultivar temprano trasplantando las pequeñas plantas cultivadas en el interior a marcos cubiertos en el jardín.

Campana con forma de túnel (a la izquierda y arriba)

Este tipo de campana es ideal para proteger las hileras enteras de plantas. Asegúrese de sujetar bien los bordes para eitar que el viento la arranque.

el frío y el calor, el problema será que el marco para el frío se sobrecaliente. Los marcos para el frío deberían tener una forma de ventilación incorporada, pero se solucionará simplemente abriendo la tapa con bisagras o dejando la superficie deslizante ligeramente entreabierta.

Aunque el cristal para la horticultura es el mejor material vidriado para el uso en marcos para el frío (transmite bien la luz y proporciona el mejor aislamiento), no es una buena idea si hay niños o animales que usen el jardín. Por seguridad, use plástico en su lugar.

Marcos de aluminio

Para un marco para el frío colocado de forma permanente, necesita escoger un lugar adecuado. Preferiblemente debería aprovechar la luz en invierno, por lo que una orientación hacia el sol es necesaria. Los marcos de aluminio ligeros pueden trasladarse por todo jardín para aprovechar mejor la luz.

Esto también asegura que usted haga el mejor uso del suelo.

Las campanas

Vienen en varias formas, pero hay dos estructuras básicas. Tienen forma de tienda (con un techo inclinado) o forma de túnel (con techo redondeado), con varios cambios a partir de estas estructuras. El material puede ser cristal (véase la advertencia acerca de los niños) o plástico. Si su campana tiene forma de túnel o tiene una hilera de campanas en forma de tienda, recuerde que las piezas de los extremos son necesarias para evitar que el viento pase y mate las plantas.

Usted puede comprar campanas o, si lo prefiere, es posible improvisar y hacer las suyas propias. Las campanas individuales y pequeñas pueden hacerse simplemente a partir de botellas de plástico con la base recortada. Proporcionan una protección para las plantas pequeñas y tiernas y también crean una barrera efectiva contra las babosas

y los caracoles. Recuerde que en muchos casos las campanas permiten obtener dos cultivos al año en la misma parcela, pero debe asegurarse de que el suelo esté fertilizado adecuadamente para sostener tan alta producción.

Campanas caseras (arriba)

Las botellas de plástico con la base quitada son un medio económico de proteger plantas individuales.

Cómo crear una campana

Las campanas pueden construirse fácilmente en cualquier zona resguardada del jardín y son ideales para proporcionar a las plantas un comienzo temprano en primavera. A menudo, pueden favorecer el crecimiento hasta tres semanas antes que las plantas sin protección. Este tipo de cobijo temporal puede ser importante para proteger las verduras tempranas y las frutas que crecen bajas, como las fresas, de las heladas de finales de la primavera.

Plantas bajo una campana (abajo)

Las plantas jóvenes y tiernas se benefician de la protección de una campana. Además de permitir cobijarse de los elementos, proporciona una barrera contra las plagas.

Una campana de túnel, lista para su uso, se puede construir de manera bastante sencilla cortando secciones de 1 m (3 ft) de ancho de malla de alambre galvanizada y rígida (con cuadrados de cerca de 8 cm/3 in), doblando cada una para formar un semicírculo y atando cada extremo con un trozo de 70 cm (28 in) de alambre o de cuerda de plástico. Estas campanas tienen la ventaja de ser móviles.

Algunos jardineros dejan de usar campanas ya que pueden parecer bastante difíciles de utilizar. Sin embargo, si la campana está bien construida y colocada, debería ser fácil mantener sus plantas dentro de ella. Cuando necesite atender sus plantas, sencillamente levante el plástico que las cubre y saque la malla de alambre. Como precaución en lugares que sean particularmente ventosos, es mejor colocar el túnel de manera que un extremo se enfrente directamente al viento reinante.

De esta manera presentará una superficie mucho más pequeña al viento que si la campana se coloca con el lateral frente al viento, volviéndola menos vulnerable. Es también mucho más fácil reforzar los extremos más pequeños del túnel que los laterales.

Puede incluso hacer una campana casera a su gusto que se adapte a las condiciones climatológicas presentes en su jardín. Usando diferentes tipos de material para cubrirla, la misma estructura se puede usar para ofrecer protección de varios grados de heladas de la primavera o, cuando las plantas son más viejas, la cubierta se puede cambiar de grados diferentes de red, para proporcionarles protección contra los ataques de los pájaros.

Para este tipo de construcción, el elemento más caro en principio serán las secciones de la malla de alambre que forman la base de la campana. Sin embargo, merece la pena comprar alambre de buena calidad, ya que le durará hasta 20 años. La cubierta de plástico dura dos o tres años.

CÓMO CREAR UNA CAMPANA

Herramientas y materiales

- Malla de alambre rígida y galvanizada y cuerda de plástico o alambre
- Lámina de plástico clara
- Barrotes de madera
- Un taladro
- Clavos o clavijas de plástico
- Cuchillo o tijeras

1 *Coloque las secciones de malla metálica preparada sobre las plantas que se han de proteger (en este caso fresas), con las plantas ocupando la posición central dentro de la campana.*

2 *Coloque las secciones juntas con sus extremos tocándose, añadiendo tantas secciones como sean necesarias para cubrir la hilera de plantas.*

3 *Coja una lámina de plástico transparente, despliéguela y llévela sobre la malla metálica con cuidado, de manera que no se rasgue. Deje que sobren al menos 60 cm (2 ft) de plástico en cada extremo de la campana.*

4 *A los lados de la campana, coloque secciones de barrotes de madera de 19 mm por 40 mm (¾ in x 1½ in) taladrados con agujeros a intervalos de 30 cm (1 ft). Coloque éstos en los bordes del plástico.*

5 *Ancle el plástico a lo largo de cada lado de la campana clavando clavos o clavijas de plástico de 15 cm (6 in) en los agujeros y plástico hasta el interior del suelo de debajo.*

6 *Estire el plástico tenso en el lado de la campana restante y clávelo con barrotes de madera, antes de cortar cualquier exceso de plástico. Reúna el plástico sobrante en los extremos de la campana. Entiérrelo en el suelo o clávelo con clavijas y barrotes de madera, usando el mismo método que a los lados de la campana.*

Los invernaderos

Tener un invernadero es la marca de un jardinero serio. Usted puede tener un invernadero sencillo sin calefacción o uno que la tenga. Sin embargo, si quiere cultivar plantas tiernas en un clima que sea demasiado frío para ellas, un invernadero sin calefacción no las mantendrá lo suficientemente cálidas.

Invernadero de cobertizo (abajo)

Este espacioso invernadero aprovecha la zona inmediatamente adyacente a la pared de la casa, de manera que la gran estructura no se impone al jardín.

Mantener un invernadero caliente a una temperatura adecuada, y asegurar que tiene suficiente ventilación durante el tiempo caluroso, requiere bastante atención, por lo que ésta no es una tarea para los pusilánimes o para aquellos con estrictas limitaciones de tiempo. Si usted es un jardinero comprometido, un invernadero puede ser una herramienta valiosa que le dé oportunidades que de otro modo serían imposibles en su clima.

Los invernaderos sin calefacción funcionan del mismo modo que una campana o marco para el frío (véanse las páginas 218-221), excepto en que son más grandes y están situados de manera permanente. Son muy útiles para sembrar semillas de mediados a finales de primavera, para adelantarse al tiempo, por lo que, para cuando todo el peligro de heladas ha pasado, las plantas están bien establecidas y son por lo tanto menos vulnerables. Esto le permite disfrutar de varios cultivos de verduras mucho antes de la temporada en que se encuentran en las tiendas, en momentos del año en que son caras. Un invernadero también le permite que maduren los cultivos o favorece que las plantas de adorno florezcan antes de lo que lo harían si estuvieran plantadas en el exterior. Un invernadero sin calefacción es un lugar ideal para cultivar

TIPOS DE INVERNADERO

Hay varios estilos y materiales, con sus propias ventajas e inconvenientes.

■ *Los marcos de madera blanda hay que pintarlos regularmente, el cedro rojo occidental necesita un tratamiento con conservante.*

■ *El aluminio no necesita mantenimiento.*

■ *El techo inclinado es ideal para las verduras en el suelo.*

■ *Aquellos con la mitad de tablas o sobre una pared baja son más económicos de calentar.*

■ *Los invernaderos de cobertizo retienen bien el calor.*

■ *Un invernadero conservatorio es similar a uno de cobertizo pero normalmente más recio.*

■ *Un túnel de plástico no es caro (aunque no aísla bien) y es ideal para las verduras en verano.*

La elección de un invernadero (a la derecha)

Los invernaderos pueden ser estructuras elegantes por derecho propio. Aquí, el edificio se mezcla bien con las plantas.

plantas como los tomates, que en climas más fríos a menudo no maduran adecuadamente.

Elección de un invernadero

Usted no necesita un invernadero enorme. Se pueden comprar invernaderos muy sencillos pero altamente prácticos en piezas para ensamblar, que son más que adecuados para el objetivo de cultivar unas pocas verduras y plantas tiernas a partir de semillas cada primavera, y quizá para reproducir unas pocas plantas de interior.

Uno de los invernaderos más útiles y económicos en cuanto al espacio es el cobertizo. Este tipo utiliza una pared existente como estructura de soporte trasero, por lo que además de utilizar mejor el espacio (esencial si usted tiene un jardín pequeño), se puede colocar en una zona resguardada lejos de los fuertes vientos.

Cómo planear el invernadero

Usted necesita pensar bien sobre dónde debería estar colocado su invernadero. Oriente un invernadero independiente de manera que el caballete vaya de este a oeste. Necesitará situarlo cerca de un suministro de agua externo, ya que el riego es una de las mayores preocupaciones de cualquier jardinero que cultive plantas bajo cristal. Algún tipo de sistema de drenaje para el escape de agua también es esencial.

El invernadero debería estar equipado con un andamiaje de peso ligero en el que se puedan almacenar bandejas de plantas, y debería existir también una zona dedicada a plantar macetas y trasplantar.

CULTIVOS ÚTILES DE INVERNADERO

Estos cultivos son para madurar en un invernadero. La mayoría necesita calor artificial a principios de año.

Berenjenas.
Judías verdes trepadoras (para cultivos tempranos, sin calefacción)
Guindillas (pimientos morrones, chile).
Pepinos (variedades de invernadero).
Hierbas (de invierno a primavera, sin calefacción o con ella).
Lechugas (invierno o primavera, sin calefacción).
Tomates (variedades de invernadero).
Parra de uvas (trasera del cobertizo).
Melones.
Melocotones y nectarinas (trasera).
Fresas (cultivadas en macetas, suavemente obligadas a una cosecha temprana).

Un gran invernadero (arriba)

Este invernadero tiene mucho espacio en el que moverse y un amplio andamiaje para cultivar y mostrar plantas. Tiene ventiladores para ayudar a reducir la temperatura cuando hace calor.

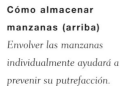

La cosecha

Si usted se ha tomado la molestia de cultivar su propia fruta y verdura, es importante que llegue a disfrutar al comérselas. No sólo necesita tener cuidado al cosechar el cultivo, de manera que no dañe las plantas y la producción, sino que en ocasiones tendrá un exceso de fruta y verduras inevitable y necesitará saber cómo almacenarlo.

M ientras algunas verduras más pequeñas (como las cebollas y los cultivos de raíces) se cosecharán en su totalidad arrancando toda la planta, las verduras de hoja y fruto se pueden tratar de manera diferente.

Algunas verduras de ensalada se pueden cultivar de manera que coseche la planta entera u opte por el método de «cortar y volver de nuevo», por el que simplemente corta tantas hojas como necesite, permitiendo que la planta continúe produciendo más para el siguiente corte. Los cultivos de ensalada de hojas, como la rúcula, la verdolaga, la lechuga de hoja suelta y la valeriana, pueden tratarse todos de esta manera.

Merece la pena fijarse en que la mayoría de verduras y frutas, especialmente aquellas que contienen vitamina C, tienen su máximo contenido en vitaminas inmediatamente después de la recolección, y perderán vitaminas almacenadas o en la cocina, por lo que merece la pena comer tantos productos frescos y crudos como pueda para obtener el máximo beneficio de ellos. Éste es uno de los beneficios de cultivar sus propias frutas y verduras, ya que no tiene manera de saber con seguridad cuánto tiempo han estado almacenados los productos cultivados comercialmente.

No todas las verduras se almacenan bien, ni todas se benefician

Cómo almacenar manzanas (arriba)
Envolver las manzanas individualmente ayudará a prevenir su putrefacción.

Cómo cosechar las lechugas (a la derecha)
Recolecte las lechugas cortando a través del tallo tan cerca del nivel de la tierra como sea posible y quitando la planta entera, antes de recortar cualquier hoja exterior no deseable.

Cómo almacenar las cebollas (arriba)
Las cebollas se pueden almacenar en un ambiente fresco, oscuro y libre de heladas. Ensartarlas en una pierna de unas viejas medias y separar cada cebolla con un nudo es un método muy fácil y efectivo.

necesariamente de las mismas condiciones de almacenamiento. Las verduras de hoja verde normalmente no se almacenan bien; las verduras de raíces, los guisantes y las judías se pueden guardar con más éxito. Almacene las verduras de raíces en un lugar fresco y oscuro o en una caja de arena con una tapa. Ponga las cebollas en una rejilla para que se sequen y ensártelas luego en cuerdas de manera que se puedan colgar.

Muchas verduras se congelan bien; para la mayoría de jardineros éste es el método preferido de almacenamiento. La tabla de esta misma página indica el tiempo de cosecha y método de almacenamiento para los cultivos más frecuentes. Algunas cosechas necesitan blanquearse antes de ser congeladas. Esto implica hervirlas de inmediato durante un periodo muy breve antes de enfriarlas rápido y ponerlas en sacos para el congelador.

LA COSECHA DE VERDURAS

La tabla que viene a continuación muestra la duración de la época de cultivo, producción aproximada por metro cuadrado y adecuación para la congelación, para algunas de las verduras principales que es probable que usted cultive.

Verdura	Producción (kg por m²)	Duración de la época de cultivo (semanas)	Adecuada para la congelación
Berenjenas	5	30	Sí
Remolacha	2	26	Sí
Habas	4	28	Sí
Broccoli	2	45	Sí
Coles de Bruselas	1,5	52	Sí
Zanahorias	2	26	Sí
Coliflores	4,5	24	Sí
Apio	4	36	Sí
Repollo chino	1,5	16	Sí
Calabacines	2	20	Sí
Pepinos	3	20	No
Judías enanas	2	20	Sí
Ajo	2	40	No
Lechugas	1,5	20	No
Puerros	2	36	No
Cebollas	1,5	32	No
Guisantes	3	28	Sí
Pimientos	1,5	28	No
Rábanos	0,5	6	No
Rúcula	0,5	12	No
Judías verdes	3,5	20	Sí
Espinacas	1,5	36	Sí
Maíz dulce	1	20	Sí
Tomates	2,5	24	No

Cómo almacenar las patatas

Se puedan almacenar en un lugar fresco, oscuro y libre de heladas, pero necesitan mucho aire circulando. Una cesta tejida, revestida con paja, es ideal para su almacenamiento. Que no entre luz para evitar que las patatas se vuelvan verdes.

CÓMO ALMACENAR CEBOLLETAS
Es fácil mantener las hierbas frescas congelándolas para crear bloques de hielo herbales.

1 *Lave las cebolletas y use un cuchillo de cocina afilado para cortarlas en rodajas de 2-3 cm (1–1½ in) de longitud.*

2 *Coloque los ramos de cebolletas cortadas en cada cuadrado de la bandeja de cubitos de hielo, antes de llenarla hasta el borde con agua y colocarla en el congelador toda la noche.*

3 *Una vez congelados, los bloques de cebolletas están listos para su uso o para almacenar sueltos en bolsas de politeno hasta que se necesiten. La bandeja de cubitos se puede volver a usar.*

El césped y
la cubierta
del terreno

Plantas para cubrir el suelo

Cubrir la superficie del suelo con plantas es una de las maneras más fáciles de cuidar de su jardín, ya que la capa de hojas elimina el crecimiento de la maleza, dejándola muy poco que hacer. Sin embargo, las zonas muy grandes de suelo cubierto pueden parecer poco apasionantes, así que necesita encontrar maneras de usar las plantas para cubrir la tierra que sean atractivas, como ayuda para reducir las tareas del jardín.

Algunas de las cubiertas de más éxito para la tierra son plantas que se extienden por rizomas (tallos subterráneos trepadores), de manera que establecen rápidamente una alfombra de hojas. Tome conciencia de que esta alfombra que se extiende puede no pararse donde usted preferiría que lo hiciera; use estas plantas a veces invasoras en zonas específicas donde no puedan descontrolarse (entre una zona de pavimento y una pared, por ejemplo).

Plantas para cubrir la tierra (abajo, de izquierda a derecha)

Ajuga reptans; Epimedium x rubrum; Euonymus fortunei «Esmeralda» y «Oro»

Entre las plantas bajas que cubren el suelo, cultivadas principalmente por sus hojas, las vincapervincas son una buena elección, particularmente para una zona del jardín que esté la penumbra. Hay dos especies, *Vinca major* (más invasiva) y *V. minor* (la más delicada de las dos). Ambas tienen hojas perennes y unas bonitas flores azules. Otra planta popular a mano es la *Pachysandra terminalis*, con hojas perennes en espiral.

Los resistentes geranios también resultan ser una cubierta para el suelo excelente y tienen unas hojas bonitas, junto con la suma de unas flores atractivas a principios del verano. El *Geranium renardii* y el *G. macrorrhizum* son ambos útiles, aunque no espectaculares. La ortiga muerta es otra planta de alfombra y la versión jaspeada y dorada, la *Lamium maculatum* «Aureum» es particularmente valiosa ya que es como una corneta (*Ajuga reptans*). Cultivar «Burgundy glow» dará unas hojas rojas y unas flores de vivo color azul.

Para la sombra, la hiedra (especie *Hedera*) es muy valiosa, y cubre rápidamente las superficies con sus hojas perennes y densas. Hay muchas formas de hiedra, con hojas de formas fascinantes y jaspeadas, aunque aquellas con hojas de colores, por ejemplo la *H. helix* «Ranúnculo», necesitarán la luz del sol para mantener su irregular coloración.

Usted puede cubrir los lados de los senderos plantando una franja de plantas para cubrir el suelo. Los

La combinación de materiales (arriba)

Las plantas pueden funcionar armoniosamente con materiales duros para dar una cubierta atractiva a la tierra. Aquí las esculturales hostas se combinan con grava y las Heucheras multicolores con gran efecto.

Cubierta para la tierra debajo de un árbol (izquierda)

Aquí, una densa alfombra verde de hojas contrasta un crecimiento bajo con este magnífico arce maduro. El enónimo, arbusto pequeño y duro, y la vincapervinca, que adora la sombra, proporcionan una vegetación ideal.

arbustos que crecen bajos como la santonila, la lavanda y la hierba gatera son particularmente útiles para esto. Se pueden recortar anualmente para mantener su tamaño y forma bajo control.

Una de las mejores maneras de formar una cubierta para el suelo es plantar a través de una capa de plástico negro. Elimina la maleza en sus primeras etapas. Usted puede cubrir la superficie del plástico con corteza para darle un aspecto más atractivo. El espacio entre las plantas dependerá de lo que esté plantando, pero 30-45 cm (12-18 in) entre plantas es una buena aproximación general.

Aunque no están incluidos entre las plantas para cubrir el suelo, muchos arbustos hacen un verdadero servicio en el jardín con este papel, particularmente aquellos con el hábito de extenderse, como algunos de los enebros, que crecen bajos, (cultivares de *Juniperus squamat*) o el *Viburnum davidii* que forma un montículo). Los arbustos más altos con una marquesina que se extiende también jugarán su papel, proporcionando una sombra densa sobre la zona. Esto significa que la maleza verá dificultada su germinación debajo de la marquesina, por lo que habrá que quitar menos maleza.

Plantas para cubrir la tierra (abajo, de izquierda a derecha)

Hedera helix «Goldstern»; Ophiopogon planiscapus «Nigrescens»; Epimedium x youngianum «Niveum».

Tipos de hierba

Una de las plantas más valiosas para crear una atractiva capa sobre la tierra y asfixiar la maleza es la humilde hierba. De hecho, hay muchos tipos diferentes, a menudo referidos como hierbas semiornamentales, además de las variedades usadas frecuentemente como césped.

Las hierbas ornamentales incluyen a las verdaderas hierbas (*Poaceae*) y las familias de las juncias (*Cyperaceae*) y los juncos (*Juncaceae*). Las hierbas se pueden dividir en tres grupos: las anuales, las bienales y las perennes. Las más útiles para el jardinero son las perennes, que continúan año tras año. Sin embargo, mientras una hierba puede ser perenne en un clima cálido, a menudo sólo se puede cultivar como anual en zonas más frías, así que tenga esto presente, especialmente si está buscando una solución de bajo mantenimiento. La hierba tierna de fuente (*Pennisetum setaceum*) es un ejemplo.

Las hierbas pueden clasificarse también por su hábito: las trepadoras y las que se agrupan. Las hierbas trepadoras, que se extienden por estolones por encima del suelo o rizomas por debajo de la superficie, tienden a ser invasoras, pero son útiles como cubierta general para el suelo. Para el jardín ornamental, las hierbas que forman grupos son las mejores a elegir porque permanecen en su sitio. Se incluyen desde las variedades pequeñas como la festuca de piel de oso (*Festuca scoparia*) a la enorme hierba de la pampa (*Cortaderia selloana*). Los colores varían de los ricos verdes azulados, tales como los de la hierba azul australiana (*Poa glauca*), a los bronces, dorados y violáceos.

Para clasificar el hábito de las hierbas, los botánicos también usan términos más descriptivos: adornadas, amontonadas, rectas, divergentes, verticales arqueadas y arqueadas.

Dónde cultivar la hierba

Usted puede plantar hierbas en una amplia gama de situaciones en el jardín, desde pequeñas especies alrededor de un jardín de piedras a las plantas de características impresionantes y bellas en maceteros. Muchas crecen bien en suelo húmedo y por lo tanto se convierten en el ambiente perfecto para un elemento acuífero, especialmente para un estanque informal. Las hierbas que se originan en regiones áridas harán un buen servicio en un jardín de grava, requiriendo poco riego incluso en tiempos de sequía.

Hierbas no domesticadas (a la derecha)

Las hierbas ornamentales se pueden contener en pulcros maceteros o parterres, o permitir que crezcan salvajes para crear una vista dramática.

Mantenimiento de la hierba

En climas templados, plante la hierba en primavera u otoño. Si tiene que plantar cuando el tiempo es cálido, corte la hierba a un tercio de su tamaño después de plantarla y regarla regularmente, aunque se defiende mejor con la sequía que la mayoría de las plantas, simplemente no crecerá tan alta o tan fuerte.

En sus hábitat naturales, las hierbas están sujetas frecuentemente a fuegos de verano, que en realidad benefician la formación de nueva vegetación. Merece la pena adoptar una política de poda de la hierba muy a principios de primavera, justo antes del crecimiento de la nueva estación. Esta puesta a punto no le priva de las cabezas de semillas de otoño, que pueden proporcionar gran placer danzando y susurrando ante la luz baja de otoño.

Usted puede dividir sus hierbas a finales del otoño o principios de la

primavera. Necesita algo de fuerza bruta y un cuchillo o sierra muy afilado. Después de dividir y volver a plantar, corte las hojas a un tercio para reducir la pérdida de humedad.

Una de las virtudes de la hierba es que está casi libre de plagas y enfermedades, aunque mamíferos como los conejos se alimenten de ella.

La combinación de hierbas (izquierda)

Cultive hierbas de diferentes alturas y colores para crear un efecto de capas con una variedad de alturas y de formas interesantes.

Formas de hierba (abajo)

Las hierbas tienen una amplia gama de formas diferentes, desde las ligeras y etéreas a las más sólidas y estructurales.

Prados y efectos naturales

Aunque el césped bellamente cuidado es muy apreciado por muchos jardineros ambiciosos, las tendencias más recientes de la jardinería basadas en principios ecológicos han llevado a muchas más personas a acoger la idea de un jardín salvaje o semisalvaje.

La hierba sin cortar o con flores puede ser muy atractiva en el lugar adecuado y es la solución ideal para un huerto o el extremo más lejano de un jardín de las afueras de una ciudad, mantenido pulcramente. Ofrece la gran ventaja de que también proporciona un hábitat adecuado para la vida salvaje. Es gratificante pensar que a cambio de trabajar menos usted está beneficiándose de verdad de la flora y fauna local. La distinguida entomóloga Miriam Rothschild ha abogado durante mucho tiempo por el uso de plantas nativas, basándose en que aquellas con flores simples (a dife-

rencia de sus parientes con doble flor sumamente cultivadas) no son estériles y por lo tanto proporcionan néctar.

Si le gusta una mayor formalidad, en jardines más grandes, usted puede usar zonas de hierba sin cortar para bordear céspedes más formales o crear una tira cortada como sendero a través de un prado de flores. Esto no sólo ayuda a demarcar lo salvaje de lo cultivado, sino que también da a toda la zona un aspecto más cuidado.

Si planea cortar estas zonas naturales de hierba alta una vez al año, normalmente en verano, entonces

puede plantarlas para dar un buen espectáculo de bulbos que florecen en primavera, muchos de los cuales se naturalizan también en el prado. Entre los que funcionan bien en estas condiciones están las campanillas blancas (*Galanthus*), los narcisos (*Narcissus*), el azafrán y las fritilarias. Las hojas de los bulbos se habrán marchitado para el momento en que usted desee cortar la hierba, a mediados del verano. Si quita las hojas, los bulbos perderán su suministro de comida y tendrá un aspecto decaído al año siguiente.

Si cultiva plantas perennes que florezcan en verano en medio de su alta hierba, el corte anual tendrá que esperar hasta finales del verano (como se haría en un campo de heno).

Plantar bulbos entre la hierba

La mayoría de los bulbos debería plantearse en otoño, y merece la pena usar una plantadora de bulbos. Esta herramienta quita los tapones de hierba y suelo, dejando un agujero en el que entonces plantar el bulbo a una profundidad adecuada (la mayoría de los bulbos debería plantarse al doble de su propia pro-

BULBOS PARA LA HIERBA
Varios bulbos se naturalizan (crecen bien y se extienden) en medio de la hierba. Entre los mejores están:

Camassia.
Colchicum.
Crocus.
Erythronium.
Fritillaria.
Galanthus.
Leucojum.
Muscari.
Narcissus.
Ornithogalum.
Scilla.

Plantar un prado (izquierda)
Podría crear un prado con un estilo relajado en un rincón o en la parte trasera del jardín. Además de tener un buen aspecto, atraerá la vida salvaje local.

Color anticipado (arriba)

Estas campanillas blancas (Galanthus colossus) proporcionan una explosión de color cuando gran parte del jardín está aletargado.

Uso de plantas más altas (izquierda)

Usted no tiene por qué limitarse a plantar bulbos de baja altura entre la hierba. Plantas más altas, como estos narcisos, armonizan bien con la hierba más alta.

fundidad). El tapón de tierra se vuelve a colocar entonces.

Un prado de flores

Para crear un prado rico en flores, necesita escoger plantas que sean propias de su zona. No sólo tendrá mejores resultados, sino que parecerán apropiadas y servirán a la vida salvaje. Un paquete de semillas de flores contiene una mezcla de hierbas resistentes pero que crecen lentamente y una selección de plantas perennes de hoja ancha. El clima, el estado y estructura del suelo, y los niveles de humedad determinarán lo que crecerá bien. En líneas generales, cuanto más pobre es el suelo, más amplia es la gama de plantas con flores que germinarán, por lo que no hay necesidad de fertilizar la zona.

CÓMO PLANTAR BULBOS ENTRE LA HIERBA

La manera más fácil de plantar bulbos entre la hierba es usando una plantadora de bulbos.

No plante los bulbos en rígidas hileras, sino que espárzalos para conseguir un efecto natural «salvaje».

1 *Esparza un puñado de bulbos para conseguir un aspecto natural. Plántelos donde aterricen.*

2 *Gire la plantadora de bulbos en la tierra a la profundidad deseada y, todavía girando, sáquela de nuevo.*

3 *Coloque el bulbo en el agujero en posición recta, pero no lo presione demasiado.*

4 *Coloque parte del tapón alrededor del bulbo hasta el ras. Añada el resto presionándolo.*

PRADOS Y EFECTOS NATURALES   **233**

La creación de césped

Si usted desea crear un césped, necesitará preparar la zona concienzudamente. Recuerde que un césped es un proyecto a largo plazo y a menudo un elemento importante dentro del jardín. Teniendo esto presente, es esencial preparar bien el suelo antes de colocar el césped. Merece la pena esforzarse desde el principio para asegurarse un resultado logrado y duradero.

Antes de que pueda colocar ningún césped, ya elija semillas o césped, necesita asegurarse de que la superficie esté adecuadamente preparada. Su primera tarea es quitar cualquier maleza perenne (véanse las páginas 148-149) y las piedras que haya en su lugar. Es importante asegurarse de que la zona esté nivelada. Los céspedes son difíciles de cortar si no son llanos, de ahí la necesidad de una superficie lisa, así trabajar más tarde es más fácil.

LAS RAÍCES DE LA HIERBA

No sólo la hierba crea una alfombra densa de follaje sobre la tierra, sino que por debajo del suelo hay una masa incluso más densa de fibrosas raíces. Las raíces proliferan rápidamente, pero para que penetren a su máxima profundidad necesitan un suministro de agua regular y abundante.

En los suelos ligeros, es importante asegurarse de que ha regado durante suficiente tiempo para que el agua penetre a las capas inferiores del suelo. El riego superficial favorece que las raíces de las plantas se queden cerca de la superficie, volviéndolas más sensibles a la sequía.

Cómo allanar el suelo

Hay varias maneras de allanar el suelo, dependiendo del método que utilice del tamaño de la zona. Para las zonas grandes, la solución más sencilla es clavar estacas de madera (sobre las que se hayan indicado marcas de altura con un rotulador negro) en el suelo, cada una a la misma profundidad. Entonces puede atar con cuerda las estacas a la altura deseada, y ajustar la superficie del suelo de manera que esté a ras de la cuerda. Si decide colocar el césped en la zona en lugar de sembrar la semilla, recuerde permitir unos 5 cm (2 in) por encima de la altura deseada para dar cuenta del grosor del césped.

El drenaje

Otro factor a considerar cuando planee un nuevo césped es el drenaje. Las hierbas del césped crecen mejor en suelo bien drenado y ligero. Si su jardín está anegado de agua y el suelo está compuesto normalmente de arcilla pesada, tendrá que considerar drenar la zona primero, y debería también incorporar grandes cantidades de arena y materia orgánica en el suelo mismo. Los suelos que son muy ligeros se benefician de que se les añada gran cantidad de materia orgánica para maximizar sus propiedades de retener agua.

Un sencillo sistema de drenaje que usa tubos de arcilla funciona bien para aliviar los lugares anegados de agua (véanse las páginas 202-203). Normalmente, estos tubos se colocan intervalos de 5 m (16½ ft), comunicándose con un hoyo de drenaje lleno de escombros. La distancia entre los canales de drenaje vendrá determinada por el clima local y la capa freática.

En zonas de elevada pluviosidad, necesitará colocar los tubos más juntos; en la mayoría de los casos, debería haber alrededor de 3 m (10 ft) de separación.

El drenaje (arriba)
Solucione los problema de drenaje potencial de la zona antes de sembrar o colocar su césped. Un sistema de drenaje le ayudará si el drenaje es muy pobre en su zona.

Para zonas del jardín como el césped,
el cuidado y mantenimiento general son mucho más fáciles
si el lugar está llano o tiene una pendiente suave.

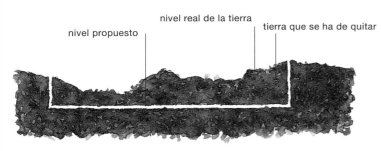

nivel propuesto — nivel real de la tierra — tierra que se ha de quitar

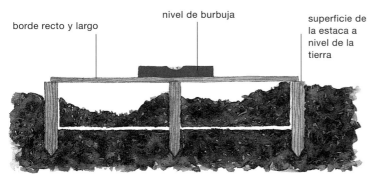

borde recto y largo — nivel de burbuja — superficie de la estaca a nivel de la tierra

1 Marque la zona con cañas y un cordón de jardín claramente visible.

2 Usando martillo, clave las estacas de madera en el suelo a intervalos de 2 m (6½ ft).

3 Use un nivel de burbuja y una tabla de 2 m (6½ ft) de largo y bordes rectos para asegurarse de que las superficiea de las estacas de madera estén al mismo nivel.

4 Rastrille el suelo entre las estacas rectas hasta que sea visible la misma superficie de cada estaca. Compruebe que el nivel del suelo sea consistente como antes.

Cómo preparar la tierra

Una vez que haya nivelado la tierra y tratado los temas de drenaje del lugar, necesitará reafirmar la superficie para prepararla para la semilla o césped. Esto se hace mejor pisando, más de una vez si es posible. Puede hacer esto simplemente pisando la tierra, asegurándose de que ha recorrido toda la zona.

Una vez que sea firme y lisa, rastrille la tierra para crear una fina tierra de cultivo. Después de rastrillar, deje la zona sin cultivar durante unas pocas semanas, y saque con una azada cualquier semilla de maleza que haya germinado durante este tiempo. Finalmente, aplique un fertilizante para césped especialmente formulado. Lea bien las instrucciones para asegurarse de que sigue la proporción de aplicación recomendada.

Lleve a cabo su trabajo de preparación unas semanas antes de sembrar o colocar el césped para dar a la tierra una oportunidad de asentarse.

1 Primero, rastrille la zona para crear una fina tierra de cultivo, quitando cualquier maleza o grandes piedras del lugar. Desintegre cualquier terrón grande de tierra a medida que pase.

2 Camine a través del césped; presione con sus talones para reafirmar el suelo y reducir los arreglos posteriores, y rastrille de nuevo para quitar las huellas de los pies y nivelar el suelo.

¿Sembrar o trasplantar?

Usted puede o sembrar el nuevo césped con semillas o puede colocarlo. Plantar el césped produce resultados instantáneos, pero la semilla es más barata, por lo que en grandes jardines es probablemente la mejor opción. En jardines pequeños, plantar el césped puede ser la mejor opción.

Las semillas son la opción práctica para reparar los pequeños trozos descubiertos en un césped. Para zonas más grandes, usted puede sustituir las secciones de césped o reutilizar césped existente en combinación con la siembra de semillas (véase la página 241).

La siembra de semillas

Intente sembrar nuevo césped en el momento más propicio del año, cuando las semillas germinarán y crecerán rápidamente. Normalmente principios de otoño es el mejor momento, cuando el suelo está todavía cálido. Si siembra semi-

llas en verano, tendrá que regar la zona frecuentemente.

Es importante conseguir la proporción correcta para el tipo de hierba que esté utilizando. Las festucas, que se utilizan normalmente para céspedes, se siembran con la mitad de la proporción de la hierba de centeno perenne, que es mucho más resistente. Si siembra demasiado dispersamente, el césped tardará más en establecerse: si siembra demasiado espesamente, las plantas competirán unas contra otras por la luz y los nutrientes disponibles. El proveedor de semillas dará sus recomendaciones en cuanto a propor-

ciones. Las grandes zonas se siembran mejor a máquina, que dispensa las semillas de forma pareja. A mano está bien para zonas pequeñas.

Prepararse para sembrar

Usted necesita marcar la zona que se ha de sembrar en cuadrados de aproximadamente 2 m (6½ ft) de manera que pueda sembrar cada uno antes de pasar al siguiente. Calcule la cantidad de semillas para cada zona, use una taza o un pequeño cubo, lance la semilla en una dirección y entonces otra vez en dirección contraria para cubrir toda la zona.

PROPORCIONES DE SIEMBRA PARA LA HIERBA Y MEZCLAS DE HIERBAS MÁS FRECUENTES

Para sembrar la semilla con éxito, necesita calcular la cantidad que necesita por metro cuadrado. La cantidad que necesita varía de acuerdo con como sean de burdas o finas las hierbas sembradas.

Proporción en gramos por m²/oz por yd²

Festucas y hierbas
25–30 gr/¾–1 oz.
Hierba de centeno perenne
35–40 gr/1¼ oz.
Hierba de Bermudas común
(Cynodon dactylon)
5–8 gr/¼ oz.

Festuca roja
(Festuca rubra)
20–40 gr/¾–1¼ oz.

Hierba azul de Kentucky
(Poa pratensis)
10–15 gr/¼–½ oz.

CÓMO SEMBRAR UN CÉSPED

Las semillas tardan más que plantar el césped en establecerse, pero si se siembran en primavera u otoño, darán un resultado de calidad. Elija una mezcla de semillas para su propósito, mientras el césped de especialista tiene que encargarse con antelación.

1 *Rastrille el suelo preparado para formar un parterre de semillas y quite cualquier piedra grande con el rastrillo para deshacer terrones restantes.*

2 *Marque la zona en cuadrados iguales. Pese las semillas para cada cuadrado, siémbrelas luego igual, la mitad en cada dirección. Rastrille algo la zona.*

3 *Aplique las semillas sembrándolas de manera pareja con la mano al nivel de la rodilla, para que se dispersen bien a medida que vuelan hacia fuera.*

Después de sembrar, rastrille ligeramente la superficie para cubrir las semillas, y riéguela luego regularmente para estimular la germinación. Una vez que las plantas alcancen los 5 cm (2 in), puede cortar el césped sobre la mitad de esta altura con un cortacésped rotatorio.

Cómo colocar el césped

Se puede colocar un nuevo césped en casi cualquier estación, excepto durante los periodos de heladas, sequías o tiempo muy lluvioso. Compre césped de buena calidad, en buen estado, de una fuente acreditada. Se venderá normalmente en pequeños rollos, de unos 30 cm (1 ft) de ancho por 1 m (3 ft) de largo, pero el césped de gran calidad para «campos de cricket» viene en unidades más pequeñas, de unos 30 cm² (1 ft) Asegúrese de calcular bien el área cuando lo encargue.

Organice el pedido y el acopio del césped en un buen momento, ya que debería colocarse el día que se entregue. Si tiene que almacenar el césped unos pocos días, desenró-llelo y colóquelo con la superficie hacia arriba en un lugar con sombra y cúbralo con láminas de plástico. Riegue el césped si lo guarda así durante más de 48 horas.

Coloque el césped como crearía una pared de ladrillos. Use el borde recto más cercano como guía y trabaje por filas en la zona. Coloque cada nueva pieza de césped a ras de su compañera.

Cuando haya colocado todo el césped, apisónelo bien con el dorso de un rastrillo. Esto eliminará cualquier burbuja de aire. Finalmente, esparza algo de arcilla plástica arenosa, que ayudará a sellar los huecos. Si está colocando el césped con tiempo seco, asegúrese de que lo riega bien inmediatamente después de colocarlo, y continúe regándolo diariamente hasta que se aposente.

Para orillar el césped, coloque una manguera o una cuerda entre las estacas para marcar un borde curvado, y una tabla o borde similar para formas rectangulares. Una cuchilla de media luna es ideal para cortar los bordes.

El almacenamiento del césped (arriba)

No almacene el césped en rollos durante más de dos o tres días o la hierba del interior de los rollos se volverá amarilla debido a la falta de luz.

CÓMO COLOCAR EL CÉSPED

El césped proporciona un efecto casi instantáneo, aunque pueden pasar varias semanas antes de que esté totalmente estable. El césped debería colocarse preferiblemente en otoño. Sin embargo, si el suelo es demasiado húmedo para trabajar sobre él en otoño, el césped podría colocarse en primavera.

1 *Comenzando desde una esquina, coloque la primera fila de césped a lo largo de una tabla o cordón del jardín para conseguir un borde recto y pulcro.*

2 *Desde la esquina, coloque la segunda fila en ángulo recto con la primera. Ponga cada trozo para que las uniones estén escalonadas.*

3 *Trabaje desde una tabla plana para no dañar el césped, y para apretarlo a su lugar. Empuje las uniones hasta juntarlas ajustadamente.*

4 *Esparza una capa de arcilla plástica arenosa y cepíllela o rastríllela hacia el interior de cualquier hueco para que los bordes no se sequen o encojan.*

El mantenimiento del césped

Como todas las demás partes vivas de su jardín, el césped necesita un buen mantenimiento para tener su mejor aspecto. Además de cortar su hierba a la altura deseada, también es importante saber cómo tratar la maleza, alimentar su césped y reparar cualquier daño que pueda ocurrir.

Crear una gran zona de césped puede parecer la manera ideal de conseguir un jardín con poco mantenimiento. Hasta cierto punto esto es verdad; sin embargo, usted todavía tendrá que trabajar duro para mantener su césped con un aspecto tan pulcro y sano como cuando lo colocó por primera vez.

Cómo cortar el césped

La primera tarea y la más obvia que se debe llevar a cabo es cortar el césped. Usted nunca debería permitir que su césped creciera más de unos cuatro centímetros. Hay una amplia gama de cortacéspedes disponibles, desde máquinas sencillas manejadas manualmente a grandes versiones al estilo de los tractores, adecuadas para el césped más grande. El cortacésped cilíndrico manejado manualmente da, sin ninguna duda, el acabado más fino, con unas bonitas franjas que recuerdan al campo de cricket. Los cortacéspedes rotatorios hacen la tarea más rápida y fácilmente, pero sin darle un acabado. Los cortacéspedes que flotan en el aire trabajan rápido y son ideales si su tierra no es llana, pero no cortan con cuidado.

Si quiere un acabado de franjas elegantes, comience en el centro del césped alejándose de la casa, volviendo hacia ella para la siguiente franja. Acabe un lado y luego vuelva al corte del centro, comenzando en el extremo más lejano de la casa.

El acabado de los bordes

Ningún césped parecerá decente a menos que los bordes estén pulcramente acabados. Una cuchilla de media luna corta a través del césped pulcramente. Dibuje una línea con estacas y cuerda para asegurar un borde nítido. Cada vez que corte el césped, necesitará recortar los bordes con tijeras de jardín.

ACCIÓN DEL CORTACÉSPED CILÍNDRICO/ROTATORIO

El estilo de césped que escoja debería influir en el tipo de cortacésped que compre para mantener su hierba bien cuidada.

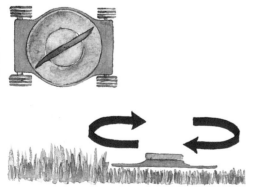

Los cortacéspedes rotatorios cortan como una guadaña. Use éstos para céspedes informales.

Los cortacéspedes cilíndricos cortan como unas tijeras. Son útiles para céspedes formales cortados bajos.

(arriba) *La acción del cilindro posibilita que el cortacésped se encuentre muy cerca del suelo, proporcionando un efecto de acabado cuidado y perfecto.*

CÓMO CREAR UN SENDERO

Si su césped es la ruta principal de una parte del jardín a otra, como por ejemplo la parcela de verduras, merece la pena pensar con anticipación en crear de un sendero a través de él.

El mejor es el de baldosines de piedra hundidos ligeramente por debajo del nivel del césped (2,5 cm/1 in por debajo de la superficie). Esto no sólo previene que el césped aparezca estropeado en el sendero que ha elegido, sino que además asegura que la operación de cortar el césped no deje grietas, ya que sólo tiene que pasar el cortacésped sobre las piedras.

Cómo cortar una franja (arriba)

Crear una franja limítrofe de materiales duros de jardinería, como de ladrillo, elimina la necesidad de recortar los bordes del césped.

Sendero de cemento y tierra (arriba)

Este sendero decorativo se caracteriza por bloques hexagonales de cemento colocados en el fondo de una cubierta para la tierra cortada de cerca.

Sendero de césped (arriba)

Un sendero a través de una gran expansión de césped minimiza el daño a la hierba. Escoja la ruta más directa para animar a la gente a que use el sendero.

Cómo orillar el césped (arriba)

A menudo, después de que el césped se haya cortado, queda una franja de hierba sobre el borde. Se puede quitar con un par de tijeras de orillar que corten la hierba a ras del borde del césped.

Sendero de césped a través de una hierba alta (arriba)

Aquí, se han usado diferentes alturas de hierba para crear un sendero bellamente orillado a través de un huerto. La hierba más alta da una vegetación inferior adecuada para los árboles.

necesario. Algunos fertilizantes liberan sus nutrientes muy lentamente, así que compruebe esto siempre en el paquete.

Si las malas hierbas perennes de hoja ancha realmente dominan, aplique una dosis de herbicida selectivo destinado a las plantas de hojas grandes, siguiendo las instrucciones del fabricante.

Sin embargo, si usted no desea añadir productos químicos a su preciado césped, tendrá que quitar la inevitable maleza a mano. Un cuchillo afilado realiza la tarea más eficientemente que otras herramientas.

Franjas formales (arriba)

Muchas personas aspiran a tener un césped tradicional de franjas elegantes. Sin embargo, mantener este efecto requiere mucho cuidado y atención por parte del jardinero.

Salud y vigor del césped

Para evitar que el césped se vuelva desigual o infestado de malas hierbas de hojas grandes, lleve a cabo un programa bastante regular de alimentación y preste una atención especial a quitar la maleza.

La mayoría de las hierbas de césped necesitan escarificarse regularmente. Esto implica realizar agujeros en la tierra para permitir que el oxígeno llegue a las raíces de la hierba. Usted puede hacer esto con una horca de jardín o incluso un rastrillo de púas vacías hecho con ese propósito, lo que hará menos ardua la tarea. Periódicamente, aplique un abono de arena y fertilizante a su césped. La arena ayuda a la mejora del drenaje, y el fertilizante proporciona un aumento de nutrientes muy

La reparación de agujeros

Incluso un césped que esté bien cuidado puede toparse con el desgaste. La mayoría de los céspedes no son puramente ornamentales y están sujetos a cierto grado de uso; habitualmente pueden ser una zona de juego favorita para los niños y los animales domésticos. Incluso el proceso diario de cami-

CÓMO RASTRILLAR

Si el césped está blando y esponjoso al caminar, normalmente se debe a una capa de recortes de hierba muerta o «paja» que se ha formado en la superficie del suelo. Si se le permite continuar, esta capa puede albergar plagas y enfermedades, así como también semillas de maleza.

1 *Use un rastrillo para quitar la paja de su césped. Un rastrillo de púas de muelle es ideal para sacar las capas de materia muerta que se han acumulado.*

2 *El rastrilleo debe ser bien vigoroso para peinar la superficie del suelo, de manera que las raíces de la hierba se rompan y «poden» suficientemente para favorecer el crecimiento de nuevas raíces.*

3 *Quite todos los residuos y tírelos lejos del césped. Esto evita que cualquier plaga, enfermedad o maleza que pueda haber en los residuos infecte su césped.*

CÓMO ATRAVESAR O ESCARIFICAR UN CÉSPED

Para un césped que crece en suelo drenado compacto, es importante hacer que penetre más aire alrededor de las raíces para que respiren.

La manera más fácil es por medio de una serie de perforaciones por las cuales el dióxido de carbono entra fácilmente a través del suelo.

1 *Introduzca las púas de un rastrillo de púas vacías unos 15 cm (6 in) dentro del césped. La próxima vez que se inserten las púas, la tierra fresca desplazará a la tierra que está ya ahí y la dejará en la hierba.*

2 *Después de que se haya atravesado una zona, los «núcleos» de la tierra se pueden quitar y pequeños montones de tierra vegetal fina se pueden cepillar o rastrillar al interior de los agujeros dejados por el rastrillo de púas vacías.*

3 *Como alternativa, si tiene un jardín pequeño usted puede usar una simple horca de jardín para hacer los agujeros en la zona del césped.*

nar arriba y abajo del jardín y cuidar de sus parterres y bordes puede finalmente hacer mella.

Afortunadamente, si su césped se daña hay pasos que puede seguir para repararlo. Si tiene zonas vacías de césped, o bien puede usar nuevo césped para repararlo o bien, si la zona es pequeña, puede sembrar semillas de hierba. Es importante asegurarse de que escoge el mismo tipo de hierba que el de su césped actual. Si usa semillas, colocando una lámina de película adherente, asegurada en las esquinas, sobre la nueva zona puede favorecer la germinación de las nuevas semillas.

CÓMO REPARAR UN CÉSPED

El césped dañado se puede reparar simplemente sustituyendo una sección del césped, o levantando y dándole la vuelta al césped dañado y volviendo a sembrar la zona problemática.

1 *Con una pala, quite la sección dañada del césped. Corte una zona del mismo tamaño que el nuevo trozo de césped.*

2 *Coloque la nueva sección del césped a mano, a ras de los bordes adyacentes.*

3 *Apriete bien el nuevo césped y riéguelo. Evite caminar sobre la zona durante unos días.*

El césped alternativo

Un césped no tiene por qué consistir en plantas de hierba. De hecho, los céspedes originarios estaban compuestos de plantas bajas que se extendían y que podían recuperarse rápidamente si se pisaba sobre ellas, además de tolerar una poda de cerca.

Las plantas que tienen hojas aromáticas se usan a menudo para los céspedes alternativos, ya que las hojas aplastadas liberan un aroma agradable a medida que se camina sobre ellas, creando un efecto maravilloso para las noches de verano. Los blandos cojines de follaje exuberante en expansión tienen la ventaja de actuar como un repelente para los insectos.

Tradicionalmente, las plantas como el tomillo (*Thymus serpyllum*) y la manzanilla (*Chamaemellum nobile*) eran muy populares como céspedes hasta que los cortadores de hierba mecánicos y fiables estuvieron disponibles, haciendo posible manejar más fácilmente un césped de hierba y mantenerlo corto. Este tipo de césped aromático ha recuperado la popularidad, buscando los jardineros un césped que necesite menos mantenimiento, pero que todavía dé una capa sobre la tierra atractiva y complemente a las demás plantas del jardín. Sin embargo, se debería recordar que plantas como el tomillo y la manzanilla no son tan resistentes como las plantas de hierba y no se recuperan de su uso frecuente tan fácilmente como el césped de hierba.

La preparación para un jardín que no sea de hierba es casi idéntica a la que debería emprender para preparar un césped de hierba, ya que que el suelo necesita ser cultivado, escalonado y allanado del mismo modo. La preparación debería comenzar mucho antes de plantar, para permitir que varias generaciones de plantas de maleza germinen y mueran con una azada o un spray. La diferencia principal con un césped que no sea de hierba es que no pueden colocarse trozos de césped para formar un césped rápidamente. Este tipo de césped debe plantarse especialmente si se usa la forma sin flores de la manzanilla (*Chamaemellum nobile* «Treneague») ya que el crecimiento de la semilla no es opcional.

Cómo colocar un césped de manzanilla (derecha)

Plantar un césped es muy diferente de sembrar semillas de hierba o colocar un césped. Se tienen que colocar y plantar individualmente grandes cantidades de plantas pequeñas sobre una gran zona.

CÓMO CREAR
UN CÉSPED DE MANZANILLA

Herramientas y materiales

- Un rastrillo grande
- Un rastrillo más pequeño de dientes más finos
- Cuerda o cordón de jardín
- Un desplantador
- Unas tijeras de jardín
- Una regadera
- Cinta o vara de medir
- Plantas de manzanilla
- Plantas de tomillo

1 *Comience rastrillando hondo en el lugar destinado al césped, usando primero un gran rastrillo para deshacer cualquier gran terrón y luego otro más pequeño con dientes finos para dejar un acabado suave y llano. Finalmente, quite todas las piedras.*

2 *Marque la zona usando un cordón o cuerda de jardín. Esto marca las lindes del césped y actúa como guía para plantar en su posición las filas exteriores de plantas.*

3 *Comience poniendo la fila exterior de plantas primero, introduciendo suavemente cada planta en el suelo para ayudarlas a establecerse rápidamente, plantar flojamente a menudo lleva a un pobre asentamiento debido a que la planta se seca.*

4 *Las plantas que tienen muchos tallos y forman una masa pueden dividirse con cuidado en dos secciones para aumentar el número de plantas y ayudar a que el césped se espese rápidamente.*

5 *Si las plantas se han vuelto altas y dispersas, pódelas con unas tijeras de jardín. Necesitarán estar recortadas de todos modos y es mucho más fácil hacerlo mientras están todavía en la bandeja del vivero. La poda también las ayudará a ramificarse desde la base y extenderse a lo largo del suelo.*

6 *Una vez que haya acabado de plantar y todas las plantas estén bien colocadas en su posición, riegue toda la zona con varias regaderas o use una manguera.*

Guía de plantas

Árboles

Hay una amplia gama de árboles entre los que escoger, pero para la mayoría de nosotros, que tenemos jardines pequeños, el tema principal es cuánto crecerán. Otro factor a tener en cuenta cuando se elige es si quiere que su árbol funcione como una pantalla. Si lo hace, es mejor elegir un árbol de hoja perenne, que realizará esta tarea durante todo el año; un árbol caducifolio funcionará como una pantalla efectiva durante sólo la mitad del año.

Siempre merece la pena buscar árboles que ofrezcan una variedad de cualidades: un color de hoja atractivo en otoño, bayas o quizás flores olorosas o abundantes, como las de las decorativas cerezas o magnolias. El color y la estructura de follaje también son importantes. Usted puede encontrar una gama maravillosamente diversa de formas y tipos de hoja, que van desde las hojas en forma de aguja de las coníferas a las hojas disecadas en exceso de algunos arces japoneses, la mayoría de los cuales también proporcionan un colorido espectacular en otoño. Los espinos son buenos para todo el año, ofreciendo bonitas flores en primavera, abundante y rico follaje verde en verano y frutas brillantemente coloridas y hojas de buen color en otoño. Son también relativamente pequeños, por lo que son buenos candidatos para los espacios reducidos.

Tenga en cuenta que los árboles no deben plantarse demasiado cerca de los edificios, ya que las raíces pueden ser invasoras. Los sauces sobresalen en este aspecto. Igualmente, los árboles que crecen rápido, como algunas especies del *Chamaecyparis*, a la vez que son útiles para proporcionar unos efectos de pantalla rápidos, pueden crecer demasiado para su posición a menos que se poden.

Acer palmatum f. *atropurpureum*
Arce japonés

Altura, 5 m (15 ft), extensión, 5 m (15 ft)

Arce japonés de hoja caducifolia, de lento crecimiento, con un follaje atractivo de color morado rojizo en primavera y verano, volviéndose demasiado rojo en otoño. Las hojas palmadas, divididas profundamente en 5-7 lóbulos, se aguantan sobre tallos rojos. Forma un árbol de copa redonda en expansión, y se puede cultivar en un macetero, donde su tamaño se verá restringido. Necesita protección del frío y de los vientos secos que pueden abrasar y rizar las delicadas hojas. Grupos de pequeñas flores aparecen en primavera, seguidos de frutas rojizas en otoño. Pode ligeramente en otoño para quitarles la madera marchita o dañada. Se reproducen sembrando semillas en otoño tan pronto como estén maduras.

Ailanthus altissima
Árbol del cielo

Altura, 25 m (80 ft), extensión, 15 m (50 ft)

Alcanzando finalmente el tamaño de un árbol de bosque, el árbol caducifolio del cielo es un ejemplar para un jardín grande. Tiene hojas espectacularmente grandes y pinadas que se abren de color verde rojizo y envejecen a medio verde. Los jóvenes brotes son de un color bronce y están cubiertos de minúsculos pelos; la corteza es gris y profundamente fisurada. Las flores, de un blanco verdoso, se sostienen en grandes grupos en verano, seguidas de frutas de un marrón rojizo. Las flores masculinas y femeninas están en plantas separadas; ambas son necesarias para que se formen los frutos. Podando mucho cada año se mantiene la planta como un arbusto, pero puede dar más brotes. Se reproduce sembrando semillas maduras en otoño o primavera, o plantando en macetas brotes secundarios.

Aralia elata «Variegata»
Angélica japonesa

Altura, 10 m (30 ft), extensión, 10 m (30 ft)

El árbol de la angélica japonesa es un árbol caducifolio que se encuentra en grupos, con tallos espinosos que brotan libremente. Sus hojas miden hasta 1,2 m (4 ft) de largo y están doblemente pinadas, dividiéndose en cerca de 80 hojitas ovales y pequeñas, cada una de las cuales tiene un borde irregular de color blanco cremoso. En otoño se vuelven de color naranja y amarillo antes de caer. A finales de verano y en otoño, se forman grupos llamativos de flores de color blanco cremoso en las puntas de los brotes, seguidas de unas frutas negras redondas. Pode todos los brotes de más y cualquier brote que vuelva a un claro color de las frutas.

Arbutus unedo
Madroño

Altura, 6m (20 ft), extensión, 6m (20 ft)

El madroño es un árbol pequeño, siempre verde o un arbusto alto con corteza marrón-rojiza que se desprende con facilidad y hojas brillantes y de un verde oscuro. En otoño tiene ramilletes de flores de color blanco con tonalidades rosas que cuelgan, seguidas de frutos esféricos y nudosos. Maduran y adquieren un color rojo-escarlata vivo el otoño siguiente y son comestibles. La forma *Rubra* tiene flores de un color rosado oscuro, mientras que la «elfin king» es mucho más compacta, con 2 m (6 ft) de alto y 1,5 m (5 ft) de ancho. Siémbrelo en un arriate o como una muestra en una maceta. Pódelo sólo si es absolutamente necesario. Se reproducen por medio de la siembra de semillas o por esquejes semimaduros cogidos a finales de verano.

Chamaecyparis pisifera «Filifera Aurea»
Ciprés de Sawara

Altura, 10m (30ft), extensión, 4m (12ft)

Una conífera con crecimiento muy lento, corteza marrón que se desprende y brotes jóvenes y delgados, con forma de látigo, que se marchitan. Las hojas maduran como un ramillete achatado. Es de color amarillo dorado, y un ejemplar ideal para plantar una conífera o para un macetero. Tienen conos masculinos diminutos en primavera y pequeños conos femeninos que maduran del color verde al marrón durante el primer otoño. El ciprés de Sawara crece en todo tipo de suelo, pero prefiere los algo ácidos o los neutros. Cultívelo a pleno sol para mantener el color, ya que se volverá verdoso a la sombra. Pode sólo si es muy necesario, y no corte dentro de la madera vieja. Se reproduce por esquejes semimaduros cogidos a finales del verano.

Crataegus
Espino

Altura, 8 m (25 ft), extensión, 8 m (25 ft)

Atractivo árbol caducifolio, el espino tiene hojas verdes sin brillo y brotes con espinas. Tiene colorido en primavera, cuando produce grupos de flores sencillas o dobles de 1 cm (½ in) de ancho de un color blanco cremoso o rosa claro u oscuro, tales como la *C. laevigata*. En otoño, les siguen a éstas unas frutas rojas redondas u ovales; plantas como la *C. persimilis* tienen unos colores de hojas atractivos. La mayoría de los espinos son plantas resistentes y elásticas que toleran el viento, la sal de la costa, la contaminación y cualquier lugar excepto el suelo anegado de agua. Pode sólo para mantener la salud y la forma. La reproducción es mediante germinación en verano o injertos mientras la planta está aletargada en invierno.

Eucalyptus gunnii
Goma de sidra

Altura, 10-20 m (30-60 ft), extensión, 5-10 m (15-30 ft)

La goma de sidra perenne es uno de los más conocidos eucaliptos, y uno de los más resistentes. Se cultivan por sus hojas juveniles, que son muy apreciadas por los floristas. Son redondas y azules en plantas jóvenes, con forma de hoz y de un verde grisáceo en árboles más maduros. Una poda abundante cada primavera favorecerá la formación de una planta de múltiples tallos con 4-5 brotes de casi 1,5 m (5 ft) de altura. Esto también tiene la ventaja de mantener las hojas juveniles y de controlar el tamaño de la planta. Con la edad, la corteza gris azul se vuelve de un color blanco verdoso, pelándose en largas tiras hasta revelar una nueva corteza verde grisácea, a veces con un matiz rosáceo. Las pequeñas flores de color blanco cremoso nacen en verano en árboles maduros. Se reproduce sembrando semillas en primavera.

Ilex aquifolium
Acebo

Altura, 10 m (30 ft), extensión, 3 m (10 ft)

El acebo forma un arbusto o árbol en forma de pirámide con corteza gris y hojas perennes satinadas y espinosas. Hay muchas formas, algunas con más espinas o con colores de hoja irregulares, plateados o dorados. Las flores pequeñas, blancas o rosas, se producen en primavera, seguidas (en plantas femeninas) por bayas brillantes de color rojo o amarillo, de acuerdo con la variedad. Las plantas masculinas y femeninas son necesarias para que se formen las bayas. El acebo es atractivo como especie, pero puede también usarse como un fuerte seto. Pode sólo para mantener la salud o forma de la planta. Se reproduce mediante la siembra de semillas en otoño (la germinación pueden tardar tres años) o tomando esquejes semimaduros.

Magnolia grandiflora
Laurel

Altura, 6-12 m (20-40 ft), extensión, hasta10 m (30 ft)

Magnolia grande de hoja perenne y crecimiento bastante lento, follaje denso y satinado de color verde oscuro. El reverso de la hoja es de color verde pálido con una capa de pelos de color rojo anaranjado. A finales de verano y en otoño, surgen flores de color blanco cremoso, en forma de copa, llamativas y grandes, con centros morados, cada una de 25 cm (10 in) de ancho. El laurel puede cultivarse sostenido por sí mismo en un borde o un gran macetero, o puede adiestrarse contra una pared, donde proporciona una atractiva protección durante todo el año. Pode sólo para mantener la salud y forma de la planta. Se reproduce tomando esquejes semimaduros a finales del verano.

Prunus «Kiku-shidare-zakura»
Cerezo decorativo

Altura, 3 m (10 ft), extensión, 3 m (10 ft)

El cerezo decorativo es un árbol caducifolio precioso que da colorido a un pequeño jardín. En primavera, a medida que las nuevas hojas de color de bronce van emergiendo, las ramas se cubren de flores dobles de un vivo color rosa, que miden cerca de 3,5 cm (1½ in) de ancho y forman densos grupos. Tiene un segundo florecimiento de color en otoño mientras que las hojas verdes afiladas se vuelven de color naranja y rojo antes de caerse. Quite la madera marchita o dañada en verano para evitar infecciones por la enfermedad de la hoja plateada, que provoca que las ramas se mueran. Se reproduce mediante la germinación en verano o los injertos cuando la planta está aletargada en invierno o principios de primavera.

Prunus x *subhirtella* «Autumnalis Rosea»
Cerezo de Higan, cerezo de capullo de rosa

Altura, 6 m (20 ft), extensión, 6 m (20 ft)

Este cerezo floreciente forma un árbol caducifolio de gran extensión. Las hojas dentadas son de color de bronce cuando surgen en primavera, maduran de color verde oscuro y se vuelven de un glorioso color amarillo como la mantequilla antes de caer en otoño. La atracción de este árbol es que las pequeñas flores semidobles de color rosa están agrupadas durante todo el otoño, invierno y principios de la primavera, siempre que haya un período de tiempo templado. Pode para quitar los brotes marchitos o dañados y hágalo en verano para evitar el riesgo de infección por la enfermedad de la hoja plateada, que hace que las ramas mueran. Se reproduce mediante la germinación en verano o mediante injertos mientras la planta está dormida en invierno o principios de la primavera.

Pyrus salicifolia «Pendula»
Peral decorativo

Altura, 5 m (15 ft), extensión, 4 m (12 ft)

Esta forma decorativa de peral es un árbol caducifolio que forma una masa enredada de ramas caídas. Las hojas, como las del sauce, largas y de color verde claro, tienen una capa de pelos como el fieltro cuando son jóvenes, dándoles un atractivo color gris plateado; esta capa desaparece a medida que las hojas envejecen. Las bonitas flores de color blanco cremoso se producen en grupos de 6-8 en primavera a las que siguen, a finales del verano, unas pequeñas frutas con forma de pera, verdes y pequeñas. La forma de esta planta se puede mejorar con la poda regular a finales de primavera después de florecer para reducir el número de brotes y controlar su dirección de crecimiento. Se reproduce mediante la germinación en verano o los injertos en invierno.

Rhus typhina
Zumaque de cuerno de venado

Altura, 2 m (6 ft), extensión, 3 m (10 ft)

Conocido como el «zumaque de cuerno de venado», éste es un árbol caducifolio pequeño con las puntas de los brotes rojas y aterciopeladas que parecen astas. En primavera, se producen grupos erguidos de flores rojas en las puntas de los brotes. Brotan libremente y pueden volverse invasores si se les permite que se desarrollen. La principal estación de atracción es el otoño, cuando las largas hojas pinadas se vuelven del color verde oscuro a los tonos encendidos del rojo, naranja y dorado antes de caerse. La forma *R. t. Dissecta* tiene hojas como de encaje finamente disecadas y flores amarillas de hasta 20 cms (8 in) de longitud, seguidas por frutos de color rojo oscuro y peludos. Se puede podar mucho en primavera para que produzca grandes hojas. Se reproduce desenterrando brotes enraizados cuando están aletargados.

Robinia pseudoacacia «Frisia»
Acacia blanca

Altura, 10 m (30 ft), extensión, 5 m (15 ft)

Esta variante de acacia blanca es un árbol caducifolio de rápido crecimiento que puede brotar libremente. Sus jóvenes brotes tienen púas rojas como el vino tinto, y la corteza del tronco se vuelve muy arrugada a medida que la planta envejece. Las hojas son pinadas y cambian del amarillo dorado y, a medida que maduran, al amarillo verdoso en verano, y al amarillo anaranjado en otoño. Flores olorosas, blancas, como los guisantes se producen en grupos colgantes y largos en verano, seguidos por vainas marrones. La acacia blanca se puede podar bastante cada año a principios de la primavera para controlar el tamaño y para que produzcan hojas más grandes, o a finales de verano o en otoño (para evitar que exude demasiada resina) para mantener la salud. Se reproducen mediante esquejes en invierno.

Sorbus hupehensis
Rowan de Hubei

Altura, 8 m (25 ft), extensión, 8 m (25 ft)

Bonito árbol caducifolio con hojas pinadas de color verde azulado que se vuelven rojas en otoño antes de caer. A los grupos piramidales de flores blancas a finales de la primavera le siguen en verano grupos colgantes de bayas redondas de color blanco y rosa fucsia. Como otros miembros del grupo de los rowan, tolera la contaminación atmosférica y resulta ser una opción excelente para un jardín de ciudad. Las variantes incluyen la *S. obtusa*, cuyas bayas maduran a un color rosa oscuro. La «Roca de José» es una elección popular para un jardín de ciudad ya que se mantiene erguido, y las hojas tienen colores muy bonitos en otoño, volviéndose de tonos rojos, morados y naranjas. Las bayas son amarillas. La mayoría de las especies de rowan prosperan en suelo bien drenado, a pleno sol o sombra parcial. *S. aria*, el rayo blanco, funciona bien en suelo seco y calizo. Pode el rowan a finales del invierno o principios de la primavera sólo para quitar cualquier madera marchita o dañada. Se reproduce tomando esquejes de madera blanda a principios del verano o mediante injertos en invierno.

Taxus baccata
Tejo

Altura, 10 m (30 ft), extensión, 8 m (25 ft)

El tejo común es una planta perenne densa, muy ramificada, con una corteza de color marrón rojizo que se pela y hojas en forma de aguja de color verde oscuro satinado. Tolera la sombra, las condiciones secas y la contaminación atmosférica, lo que lo hace útil en las ciudades y al lado de las carreteras. Los conos masculinos amarillos se producen en primavera y las plantas femeninas producen frutos brillantes de color rojo en otoño. Las numerosas formas incluyen la «Dovastonii Aurea» (extensa, dorada), la «Fastigiata» (erguida, verde) y la «Standishii» (compacta, erguida, dorada). El tejo se puede podar bastante para mantener su forma, lo que lo hace útil como seto y topiario. Se reproduce mediante la siembra de semillas tan pronto como maduran (sólo las especies) o cogiendo esquejes semimaduros en verano.

Arbustos

Los arbustos son la columna vertebral de cualquier jardín. Sus variadas formas, hábitos de crecimiento, formas de hojas y flores son elementos esenciales en su diseño, por lo que su elección necesita considerarse con cuidado. Demasiadas plantas perennes pueden crear un efecto estático y triste, pero deberían plantarse unas pocas para proporcionar estructura y forma durante los meses de invierno, cuando las plantas perennes se han apagado y los arbustos caducifolios se han reducido a un esqueleto. Ya sean caducifolios o perennes, merece la pena seleccionar los arbustos con hojas de color y textura variados. La gama es amplia, desde las hojas satinadas y oscuras hasta las finas casi plateadas, desde las simples hojas oscuras a las de colores variados y brillantes. Realizando una selección diversa, creará una sensación permanente de luz y vida en su jardín, complementando las plantas con flores.

La altura y la forma son consideraciones cruciales y, de nuevo, tienen como objetivo la variedad. Incluya unos pocos arbustos de crecimiento más alto para proporcionar cobijo y pantalla, añada los de tamaño medio para rellenar la parte trasera de los bordes y proporcionar puntos de interés en el plan y, finalmente, elija los más pequeños para fortalecer las plantas en los bordes perennes o formar setos bajos.

Muchos arbustos son ideales para los setos. Usted puede escoger desde los arbustos perennes, de rápido crecimiento pero de trabajo más intenso, hasta los que florecen, que proporcionan una pantalla menos sólida, pero más atractiva visualmente. La poda es de mayor importancia si los arbustos florecientes rinden como deberían. Cuando se hace bien, favorece que se forme un máximo número de flores; cuando no se hace en el momento adecuado, se puede perder el espectáculo de flores.

Aucuba japonica
Laurel moteado

Altura, 2 m (6 ft), extensión, 2 m (6 ft)

Atractivo arbusto perenne, que tolera la sombra, la humedad, la contaminación y los vientos salados. Sus hojas, de forma oval y satinada, son verdes, con unos pocos dientes de los bordes. Las formas variadas incluyen a la femenina A. j. *«Crotonifolia»* de hojas salpicadas de amarillo brillante, flores pequeñas de color rojo violáceo en primavera, seguidas de bayas de color rojo vivo y grandes que duran hasta el invierno, desapareciendo tan pronto como una forma masculina como la A. j. *«Crassifolia»* crezca cerca. Pode ligeramente en primavera para mantener la forma. Se reproduce mediante la siembra de semillas en otoño o mediante esquejes semimaduros en verano.

Berberis thunbergii f. atropurpurea
Agraz

Altura, 1 m (3 ft), extensión, 1 m (3 ft)

Arbusto caducifolio densamente ramificado con tallos angulosos de color marrón rojizo con espinas muy afiladas. Una fila de estas plantas forma un buen seto en las lindes para desanimar a los intrusos. Las hojas redondeadas son de color morado rojizo oscuro o morado de bronce y se vuelve de un glorioso color rojo encendido en otoño, antes de caer. Los grupos de flores amarillas teñidas de rojo aparecen en primavera, seguidas de frutos rojos satinados en otoño. Tolera la poda regular en primavera después de florecer. Quite una cuarta parte del viejo crecimiento hasta la base para favorecer nuevos brotes. Se reproduce tomando esquejes de punta blanda en primavera o esquejes semimaduros en verano.

Buddleja davidii
Arbusto de la mariposa

Altura, 3 m (10 ft), extensión, 3 m (10 ft)

Este arbusto es de crecimiento rápido, caducifolio y grande, prospera en cualquier suelo bien drenado. Las grandes hojas puntiagudas se sostienen en brotes largos y arqueados que son verdes, de borde amarillo a medida que brotan, envejeciendo hacia el crema y el blanco. A pleno sol muestra el mejor color de las hojas. En verano, las mariposas se sienten atraídas hacia las olorosas flores de color morado rojizo, que se sostienen en tallos de hasta 30 cm (12 in) de longitud. Pode bastante a principios de la primavera. Se reproduce a través de esquejes de madera dura en invierno.

Buxus sempervirens
Boj

Altura, 3 m (10 ft), extensión, 3 m (10 ft)

Planta perenne y tupida de lento crecimiento que se puede recortar fácilmente para formas de topiario. Es útil como contraste con plantas de color más vivo o como ejemplar de propio derecho, en el borde o en el macetero. Sus pequeñas hojas ovales y resistentes son de color verde oscuro satinado; en primavera, producen muchas flores de color verde amarillento, con forma de estrellas y diminutas. Las formas variadas son a menudo de crecimiento más lento. Incluyen a la «Elegantissima» (de hojas con borde blanco), la «Latifolia maculata» (compacta, con hojas jóvenes de color amarillo vivo, que maduran hacia un color verde oscuro con marcas amarillas) y la «Marginata» (hojas de borde amarillo). La «Suffruticosa» crece lentamente y es compacta, siendo particularmente buena para un topiario. Se reproduce cogiendo esquejes semimaduros en verano.

Camellia x williamsii «Donation»
Camelia

Altura 5 m (15 ft), extensión 2,5 m (8 ft)

Arbusto perenne de atractivas hojas ovales y satinadas en tallos de color marrón claro. En primavera produce amplias flores de color rosa semidobles con centros dorados. Ya que éstas pueden ser destruidas por la lluvia o las heladas, la planta se beneficiará de tener el cobijo o el calor de una pared. Las camelias son adecuadas para ser cultivadas en maceteros, especialmente si el suelo nativo es alcalino, ya que necesitan uno ácido. El riego debe ser consistente, de otro modo los capullos de las flores pueden caerse antes de abrirse. La poda es necesaria. Se reproduce mediante esquejes semimaduros en verano (con al menos 2,5 cm/1 in de tallo leñoso en la base). Use la hormona para las raíces y proporcione calor en la base, como por ejemplo con un propagador eléctrico.

Choisya ternata
Flor naranja mejicana

Altura, 1,5 m (5 ft), extensión, 1,5 m (5 ft)

La flor naranja mejicana es un arbusto perenne y compacto con hojas palmadas, aromáticas y satinadas, producidas en espirales en tallos leñosos y verdes. Unos grupos densos de pequeñas flores blancas, con forma de estrella y olor a almizcle, aparecen a finales de la primavera y de nuevo a finales del verano y en otoño. La de «Sundance» rara vez florece, pero tiene unas hojas de vivo color amarillo (puede abrasarse si la luz de sol es intensa y volverse de color verde lima en la penumbra). La «Perla Azteca» es compacta, con largas hojitas delgadas de color verde oscuro y flores blancas teñidas de rosa. Cultívela en cualquier suelo bien drenado o en un macetero y pode sólo para quitar los brotes dañados. Se reproduce tomando esquejes semimaduros a finales del verano.

Cordyline australis «Deslumbradora de Torbay»
Palmera de la col de Nueva Zelanda

Altura, 1 m (3 ft), extensión, 1 m (3 ft)

La palmera de la col de Nueva Zelanda, planta perenne de hojas puntiagudas, crece finalmente para parecerse a un árbol similar a la palmera de tallo leñoso. Es una planta arquitectónica y es un buen ejemplar individual, en un borde o en un macetero. Las hojas arqueadas en forma de lanza son rayadas y están bordeadas de un blanco cremoso, pudiendo medir hasta 1 m (3 ft) de longitud. Las flores, en forma de taza y con dulce fragancia, se producen en grupos largos en verano en plantas maduras, seguidos, en los años calurosos, por bayas blancas y redondas. Se reproducen quitando brotes tan pronto como tengan buenas raíces. Se pueden plantar directamente o en maceteros hasta que sea necesario.

Cornus alba «Spaethii»
Cornejo de corteza roja

Altura, 3 m (10 ft), extensión, 3 m (10 ft)

El cornejo de corteza roja es un arbusto caducifolio recto, ideal para plantarlo en un borde mixto o al lado de un estanque. Se cultiva por sus tallos rojos, abundantes y delgados, que son particularmente llamativos en invierno, cuando la planta proporciona una salpicadura de color de bienvenida. Las hojas son de bronce a medida que se abren, y después de un verde intermedio, puntiagudas, con una mancha brillante amarilla alrededor de los bordes. Se vuelven rojas y naranjas antes de caer en otoño. Las flores blancas se producen en cabezas planas durante el verano. Los tallos jóvenes tienen el mejor color; para dar el espectáculo más colorido, pode bastante la planta cada primavera. Se reproduce tomando esquejes de madera dura en otoño (o a finales de invierno cuando se poden los brotes).

Cotinus coggygria
Arbusto del humo

Altura, 3 m (10 ft), extensión, 3 m (10 ft)

El arbusto del humo es un arbusto caducifolio con hojas redondeadas de color verde intermedio. En otoño, éstas se vuelven de color naranja y rojo antes de caer. Los hilos, muy ramificados y mullidos, de diminutos frutos aparecen en verano, madurando desde un color morado rosáceo a un gris ahumado, introduciendo el aspecto nebuloso que da origen al nombre común de la planta. Cultívela en un borde mixto. La forma de «Púrpura Real» tiene hojas de rico color morado rojizo oscuro que se vuelven rojas en otoño, y la «Variedad de Notcutt» tiene hojas de color granate y panojas de frutos de color rosa violáceo. Estas variantes de hojas moradas son una excelente elección para el fondo de un borde, añadiendo altura así como color a las plantas. La C. «Llama» es más alta, de hasta 6 m (20 ft) de altura, con hojas de color verde claro que se vuelven de color rojo anaranjado en otoño. Pode bastante cada primavera para aumentar el tamaño de las hojas, o solamente de modo superficial para mantener la forma y la salud de la planta. Se reproduce tomando esquejes de madera blanda en primavera.

Cytisus x praecox «Totalmente dorada»
Retama

Altura, 1,2 m (4 ft), extensión, 1,5 m (5 ft)

Arbusto caducifolio compacto con brotes verdes arqueados y diminutas hojas, que crece hasta formar un montículo con forma de bóveda. En primavera produce un espectáculo vivo de color cuando se cubre de flores como los guisantes de color amarillo oscuro dorado. Esta planta es útil para la parte de delante de un borde mixto o para un macetero, jardín con piedras o parterre elevado. Tolera bien el lugar y sobrevive en una posición costera o al descubierto. La retama crece en la mayoría de suelos, incluso los pobres, pero prefiere el suelo ácido. Pode sólo para quitar cualquier brote marchito o dañado. Se reproduce tomando esquejes semimaduros a finales del verano.

Elaeagnus x ebbingei
Eleagno

Altura, 3 m (10 ft), extensión, 3 m (10 ft)

Atractivo arbusto perenne resistente y fiable, que tolera la exposición a la costa y que se extiende y tiene brotes de color bronce dorado con escamas. Las fuertes hojas, en general con forma de lanza, tienen un color verde metálico arriba y verde plateado abajo. En otoño e invierno, unas pequeñas flores blancas muy olorosas, con forma similar a una campana, se producen debajo de las hojas. A menudo la fragancia se percibe antes de que se vean las flores. Los cultivares jaspeados incluyen el «Borde dorado» (hojas de borde amarillo) y la «Luz de lima» (nuevos brotes plateados en marcas de color verde lima amarillo en las hojas). Quite todos los brotes que se vuelvan verdes en una planta jaspeada, ya que de otro modo dominarán. Se reproduce tomando esquejes semimaduros en verano.

Euonymus fortunei «Alegría Esmeralda»
Árbol del huso

Altura, 60 cm (2 ft) extensión, indefinida

Arbusto perenne y tupido, de lento crecimiento, cultivado por sus hojas marcadas brillantemente en lugar de por sus flores de color blanco verdoso, pequeñas e insignificantes. Las hojas ovales y fuertes son de un vivo color verde, con bordes blancos, que cambia a rosa en invierno. Los tallos se arrastran como si cubrieran el suelo, pero trepan hacia arriba, a 1,5 m (5 ft) de altura, si se les da algo de apoyo. Tolera variedad de condiciones aunque las marcas de las hojas pueden verse afectadas a la sombra. Plántelo como un seto bajo, en un borde, junto a la base de una pared, o en un macetero, entre otras plantas como cubierta de terreno o individualmente. Pode en primavera si es necesario para mantener la forma. Se reproduce tomando esquejes semimaduros a finales del verano.

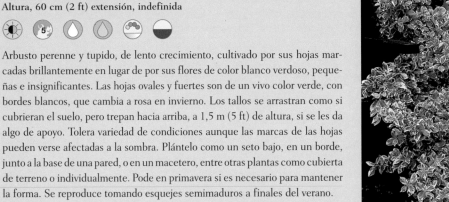

Euphorbia characias subespecie wulfenii
Algodoncillo, titímalo

Altura, 1,2 m (4 ft), extensión, 1,2 m (4 ft)

Ésta es una planta recta poco frecuente de bordes mixtos. Normalmente está clasificada como arbusto perenne, pero tiene brotes que se desarrollan y mueren al cabo de dos años (bienales). Los tallos velludos de color morado se producen en grupos con hojas alargadas de color verde grisáceo. Las flores tienen partes masculinas y femeninas en una estructura de color verde amarillento llamada *cyathium*, rodeada por un involucro verde (de bráctea sencilla). Se sostienen en grupos redondos y densos en las partes altas de los tallos desde principios de primavera y deberían quitarse a medida que se marchitan si no son necesarias las semillas. Corte todos los tallos brotados hasta la base después de florecer. Se reproduce por división en primavera.

Exochorda x *macrantha* «La novia»
Arbusto de la perla

Altura, 2 m (6 ft), extensión, 3 m (10 ft)

Este arbusto caducifolio y compacto tiene tallos arqueados y crece hasta formar un montículo redondeado de hojas de color verde. A finales de la primavera y a principios del verano desaparece bajo una capa de bonitas flores blancas con forma de platillo de hasta 2,5 cms (1 in) de ancho en grupos de 6-10. Es ideal en un borde o como ejemplar individual y puede cultivarse en un macetero. Pode cada año después de florecer para quitar los brotes florecidos hasta un par de capullos fuertes, y en arbustos asentados, quite cerca de un cuarto de la vegetación hasta la base de la planta para promover nuevos brotes. Se reproduce tomando esquejes de madera blanda en verano.

Fatsia japonica
Aralia japonesa

Altura, 3 m (10 ft), extensión, 3 m (10 ft)

Arbusto perenne y expansivo que puede alcanzar un tamaño considerable bajo las condiciones adecuadas. Es preferible resguardarlo de los vientos fríos, que pueden dañar las grandes hojas satinadas de color verde oscuro, de entre 7 y 11 lóbulos, pero tolera la exposición a la costa y la contaminación. Es una planta maravillosa para dar una sensación tropical a un jardín; crece sin dificultad en un macetero, que mantiene el tamaño bajo control. Las flores de un color blanco cremoso se sostienen en grupos esféricos sobre brotes que se ramifican en otoño, seguidas por frutos negros. Pode en primavera sólo para quitar las viejas cabezas de las flores y cualquier brote dañado. Se reproduce mediante la siembra de semillas en el interior tan pronto como maduran en otoño o tomando esquejes semimaduros en verano.

Hamamelis x *intermedia* «Pallida»
Hamamelis

Altura, 4 m (12 ft), extensión, 4 m (12 ft)

Arbusto expansivo con ramas ascendentes, cultivado por sus flores invernales con forma de araña y su glorioso color en otoño. Las hojas ovaladas son de un color verde mate en verano volviéndose amarillas en otoño. Desde mediados hasta finales del invierno aparecen en grupos unas pequeñas flores olorosas en los brotes desnudos. Cada uno tiene cuatro pétalos de color amarillo azufre con forma de tiras arrugadas alrededor de un centro rojo. Son bastante resistentes a las heladas, pero la floración se puede detener durante un periodo de frío intenso. Cultívelo en un borde mixto o en un bosque y pode sólo para mantener la salud de la planta. Se reproduce mediante acodo en primavera, injertos en invierno o brotes en verano.

Kolkwitzia amabilis
Arbusto de la belleza

Altura, 3 m (10 ft), extensión, 3 m (10 ft)

El arbusto de la belleza es un arbusto caducifolio y succionador que crece casi en cualquier sitio y se beneficia del cobijo en primavera, cuando salen las hojas. Tiene tallos arqueados y largos con una corteza que se pela y hojas de color verde puntiagudas. A finales de la primavera y a principios del verano produce grupos del flores de cinco lóbulos y forma de campana, de color pálido a rosa por fuera y marcadas con amarillo y naranja en el cuello. Se sostienen en grandes cantidades por toda la planta, realizando un despliegue espectacular de color. Pode anualmente después de la floración: quite los brotes florecidos hasta un capullo fuerte y, en plantas asentadas, corte un cuarto de los brotes completamente para favorecer el crecimiento desde la base. Se reproduce tomando esquejes de madera blanda en verano.

Magnolia stellata
Magnolia en forma de estrella

Altura, 3 m (10 ft), extensión, 4 m (12 ft)

Esta magnolia es un atractivo arbusto caducifolio con un hábito de crecimiento expansivo y tallos grises. Las flores, con forma de estrella, comienzan como capullos peludos a finales del invierno, abriéndose a principios o mediados de primavera, para revelar unas flores blancas, de 12 cm (5 in) de ancho, con centros dorados de hasta 15 pétalos. Abriéndose antes de que las hojas, largas y de color verde, comiencen a salir, se vuelven de color rosa a medida que envejecen. Esta magnolia debe protegerse en primavera, ya que las flores se pueden dañar con las heladas tardías; es ideal para cultivarse individualmente en un borde o en un macetero decorativo. No debería necesitar podarse a menos que estuviese dañada. Se reproduce tomando esquejes semimaduros a finales del verano o mediante acodo en primavera.

Prunus laurocerasus «Otto Luyken»
Cerezo

Altura, 1 m (3 ft), extensión, 1,5 m (5 ft)

El cerezo es un arbusto perenne y frondoso que crece casi en cualquier lugar. Tiene un hábito compacto y hojas satinadas de color verde oscuro que, en el borde, sirven como contraste para los vivos colores del verano, una vez que acaba de florecer. Flores pequeñas, con forma de taza y de color blanco cremoso, se sostienen en espigas rectas sobre las puntas de los brotes en primavera; les siguen unos frutos redondos que maduran del rojo al negro. Puede tener un segundo florecimiento en otoño. Pode después del florecimiento, si necesitan quitarse algunos brotes para mejorar la forma. Se reproduce mediante esquejes semimaduros a finales del verano.

Rhododendron yakushimanum
Rododendro

Altura, 2 m (6 ft), extensión, 2 m (6 ft)

Bello arbusto perenne y compacto que sigue siendo atractivo incluso cuando las flores se acaban. Cultívelo en un borde de arbustos, un jardín de bosque o en un macetero. Las hojas jóvenes se cubren de fieltro de color canela en ambas caras que se pierde en el dorso de la cara a medida que la hoja envejece. Pero el reverso retiene una gruesa capa de color marrón rojizo. A mediados de la primavera, aparecen racimos de hasta 10 flores con forma de campana, de color rosa oscuro cuando son capullos, abriéndose de color rosa claro y marchitándose de color blanco, de manera que tres colores pueden estar presentes al mismo tiempo. Pode sólo para quitar las flores marchitas. Se reproduce tomando esquejes semimaduros a finales del verano o mediante acodos en primavera.

Ribes sanguineum
Grosella

Altura, 2 m (6 ft), extensión, 2 m (6 ft)

La grosella es un arbusto caducifolio con hojas alternas de tres a cinco lóbulos y flores con forma de campana y de color rosa al rojo, que se sostienen en grupos colgantes en primavera. Las hojas son sumamente aromáticas; algunas personas encuentran el aroma desagradable. La variedad «Escarlata de Pulborough» tiene flores de color rojo oscuro con un centro blanco, mientras que la «Blanca de Tydeman» es totalmente blanca. A las flores a veces les siguen unos frutos redondos rojos o negros. La grosella es perfecta para un borde de arbustos o un borde mixto. Se reproduce mediante el arraigamiento de esquejes semimaduros a finales del verano o esquejes de madera dura en otoño o invierno.

Rosa «Fru Dagmar Hastrup»
Rosa

Altura, 1 m (3 ft), extensión, 1 m (3 ft)

Ésta es una de las rosas del grupo de las rugosas, que se caracterizan por sus tallos rectos y densamente espinosos y sus flores sumamente aromáticas. Forma una planta caducifolia redonda, con un hábito expansivo y hojas de color verde, con muchas venas y de aspecto áspero, que se vuelven amarillas como la mantequilla antes de caer en otoño. En verano produce flores sencillas de color rosa claro, con forma de taza poco profunda, de hasta 8 cm (3 in) de ancho, con un delicioso aroma de clavo. A éstas les siguen en otoño unos atractivos escaramujos redondos de color rojo oscuro. Plante esta rosa como seto bajo o en un borde mixto. Pode sólo para quitar los viejos escaramujos y cualquier brote marchito por dañado. Se reproduce tomando esquejes de madera dura desde finales del otoño a principios del invierno.

Rosa xanthina «Pájaro canario»
Rosa

Altura, 3 m (10 ft), extensión, 3 m (10 ft)

Rosa de arbusto caducifolio densamente ramificado con brotes arqueados de color marrón rojizo y hojas de color verde grisáceo. Ésta es una de las rosas más tempranas en florecer; es espectacular en primavera, cuando las ramas se cubren de flores olorosas sencillas de hasta 5cm (2 in) de ancho. Son de un vivo color amarillo dorado y tienen un centro elevado de estambres dorados. Puede haber un segundo florecimiento en verano; todos los escaramujos que se forman son redondos y de color marrón o granate. El «pájaro canario» es ideal para cultivarlo contra una valla, donde las flores disfrutan de protección añadida. Pode después del florecimiento para quitar la madera marchita o dañada. Se reproduce tomando esquejes de madera dura desde finales del otoño a principios del invierno.

Rosmarinus officinalis
Romero

Altura, 2 m (6 ft), extensión, 1,5 m (5 ft)

Esta forma de romero crece fuertemente en vertical. Plántelo en un borde mixto o en un jardín de hierbas o como un seto. Las hojas perennes de color verde azulado son sumamente aromáticas y muy útiles en la cocina y en tratamientos de hierbas. Cada hoja es estrecha y correosa, producto de la adaptación para resistir la pérdida de humedad en las regiones calurosas del mediterráneo, de donde es originaria. A finales de la primavera y principios del verano, aparecen flores azules con dos pétalos inferiores a lo largo de los tallos, a veces con un segundo florecimiento en otoño. Pode anualmente después del primer florecimiento, especialmente si las hojas se han de cosechar. Se reproduce tomando esquejes semimaduros en verano.

Sambucus racemosa «Plumosa Aurea»
Saúco de bayas rojas

Altura, 3 m (10 ft), extensión, 3 m (10 ft)

Esta variedad de saúco de bayas rojas se cultiva por sus espectaculares hojas. Es una planta vigorosa, adecuada como espécimen en un borde, donde sus largos tallos arqueados tienen espacio para crecer. Las hojas caducifolias, finamente cortadas, son de color bronce cuando salen, abriéndose de un vivo color amarillo dorado. Su color es mejor cuando la planta crece a pleno sol, pero el bochorno del mediodía en verano puede provocar que se queme. Los grupos de flores de color amarillo cremoso se sostienen en primavera, seguidas a finales del verano o en otoño de frutos rojos, redondos y brillantes. Pode bastante cada año, reduciendo los tallos a 2-3 capullos, para mantener un buen aspecto de las hojas. Se reproduce tomando esquejes de madera dura en invierno.

Skimmia x *confusa*
Skimmia

Altura, 1 m (3 ft), extensión, 1,5 m (5 ft)

Arbusto aromático, perenne y de crecimiento lento, que forma una cúpula compacta. Es una planta ideal para un borde o un macetero, y tolera la sombra, la contaminación atmosférica e incluso un poco de negligencia. Las gruesas hojas, de color verde y correoso, son ovales, acabando en una punta afilada, están en tallos verdes y robustos. En primavera, nacen unas flores masculinas de color blanco cremoso, con forma de estrellas, olorosas y pequeñas, en densos grupos de hasta 15 cm (6 in) de longitud. Las flores masculinas y femeninas están en plantas diferentes, por lo que éste es un polinizador ideal para una variante femenina. No necesita una poda regular, sólo ser recortada para mejorar la forma si es necesario. Se reproduce tomando esquejes semimaduros en verano.

Viburnum x *bodnantense* «Aurora»
Viburno

Altura, 2 m (6 ft), extensión, 1,5 m (5 ft)

Espectacular arbusto caducifolio recto que da color en invierno, esta planta produce continuamente grupos de flores de color rosa, en tallos desnudos, desde finales de otoño hasta principios de la primavera, aunque se para en periodos de tiempo severos. En un día tranquilo y cálido, la dulce fragancia vuela a cierta distancia de la planta. A medida que las flores se marchitan, las hojas de aspecto basto comienzan a salir, de color verde bronce al principio, hacia un color verde oscuro cuando envejecen. Este viburno es ideal para la parte de atrás de un borde, pero debería ser accesible de manera que la fragancia se pueda apreciar. Pode sólo para quitar tallos marchitos o dañados. Se reproduce cogiendo esquejes de madera blanda en verano.

Viburnum plicatum
Arbusto de pastel de boda
Altura, 3 m (10 ft), extensión, 4 m (12 ft)

Este viburno caducifolio es un arbusto expansivo con grandes grupos de flores blancas en forma de platillo en primavera. Las hojas se vuelven de un rico color morado rojizo en otoño. Hay varios cultivares populares y atractivos, que incluyen el «Grandiflorum» con flores blancas particularmente grandes y el «Mariesii» que tiene una forma claramente acodada con las ramas en filas. Los viburnos crecen bien al sol o en la penumbra. Puede reproducirlos a partir de esquejes de madera blanda en verano.

Weigela «Florida Variegata»
Weigela
Altura, 2 m (6 ft), extensión, 2 m (6 ft)

Arbusto caducifolio compacto con brotes arqueados, ideal para crecer en un borde o macetero. Las hojas ovales afiladas son de color verde grisáceo, con borde de color blanco cremoso, y mantienen su color mejor en una posición bien iluminada, aunque el sol intenso del mediodía en verano puede causar que se quemen. Las flores tubulares de un rosa intenso se producen a lo largo de los tallos a principios del verano. Además de esta weigela jaspeada, hay muchas otras opciones, que incluyen la atractiva *W. florida* «Foliis purpureis» de hojas de color bronce, con flores de color rosa intenso que son blanquecinas en el interior. La W. «Eva Rathke» es ligeramente más pequeña, hasta 1,5 m (5 ft) de altura, con flores de color carmesí oscuro. Una especie diferente, *W. praecox*, crece más alta, hasta 2,5 m (8 ft), tiene hojas de color verde oscuro y flores olorosas de color rosa con un cuello amarillo. Los tallos de las weigelas crecen un año y florecen al siguiente, después de lo cual se pueden recortar bastante para asegurar la continua producción de madera con flores. Puede reproducirlo cogiendo esquejes semimaduros a finales del verano o esquejes de madera dura en invierno.

Enredaderas y arbustos de pared

Pocas plantas le dan la relación calidad-precio que las trepadoras le dan. En zonas muy pequeñas de tierra producen varios metros de follaje y flores, que cubren o resaltan paredes, cobertizos y árboles. Los arbustos de pared son corrientes y se prestan a ser adiestrados contra una pared que les proporcionará protección. Algunas, como el abutilon, tienen tallos bastante delgados que necesitan un soporte.

La gama de trepadoras y arbustos de pared es amplia; las plantas que vienen a continuación son sólo una pequeña selección. Todos nosotros tenemos nuestras favoritas; entre las más populares están las rosas y clemátides trepadoras, pero algunas de las menos vistosas realizan un buen servicio al cubrir superficies grandes y aburridas de pared o valla. Aquellas que son perennes (como algunas clemátides y todas las pyracanthas) lo harán durante todo el año.

El aroma es un factor importante para realizar la elección: muchas trepadoras son generosas en este aspecto, nada supera al dulce olor de las rosas y las madreselvas introduciéndose a través de la ventana del dormitorio en verano. También merece la pena intentar planificar el olor o atracción durante más de una estación, por lo que debe escoger algunas que florezcan en invierno o primavera, como el jazmín de invierno, y otras, como la pyracantha, que proporcionan un despliegue brillante de bayas en otoño.

La velocidad de crecimiento de algunas trepadoras no significa que usted pueda olvidar la tarea de controlarlas; puede que usted tenga que suministrar una red de alambre, constantemente aumentada, sobre la que adiestrar los tallos errantes. Puesto que el peso de una trepadora vigorosa en pleno florecimiento es considerable, el sistema de apoyo debe ser lo suficientemente fuerte.

Abutilon megapotamicum
Abutilon reptante

Altura, 2 m (6 ft), extensión, 2 m (6 ft)

Grácil arbusto expansivo con hojas verdes semiperennes, que pueden ser enteras o de hasta cinco lóbulos y aparecen en tallos arqueados. Las atractivas y vistosas flores son individuales o están en pequeños grupos a lo largo de los brotes, durante el verano hasta el otoño. Tienen forma de campana, con un cáliz rojo, pétalos amarillos y estambres prominentes de color morado. La forma «Variegatum» tiene hojas salpicadas de un vivo color amarillo. Crecerá bien contra una pared cálida, de la que se beneficiará en cuanto a protección; en zonas muy frías puede mantenerse en un macetero para que se pueda proteger de las heladas durante el invierno llevándolo dentro de casa o a un rincón resguardado. Pode recortando los viejos brotes florecidos hasta dejar 2-3 capullos a principios de la primavera. Puede reproducirla cogiendo esquejes de madera blanda en verano.

Akebia quinata
Trepadora de chocolate

Altura, 10 m (30 ft), extensión, 5 m (15 ft)

La trepadora de chocolate es una trepadora enroscada semiperenne con hojas palmadas de color verde que cambian a bronce a medida que van saliendo. Las flores de aroma de vainilla aparecen en primavera, de un color que oscila entre el granate y el marrón chocolate, de aquí el nombre común. Las flores masculinas y femeninas están juntas en el mismo grupo: las masculinas, pequeñas en la punta, y las femeninas, grandes en la base. Los frutos, de color morado y forma de salchicha, salen en los veranos calurosos, si hay una segunda planta cerca para fertilizarla. Cultive la trepadora de chocolate contra una pared cálida o sobre una pérgola. Pode después de florecer, si es necesario mantener la forma. Puede reproducirla mediante acodos en primavera, cogiendo esquejes semimaduros en verano o sembrando semillas tan pronto como estén maduras.

Campsis x *tagliabuana* «Madame Galen»
Trepadora de la trompeta

Altura, 10 m (30 ft), extensión, 5 m (15 ft)

Esta vigorosa trepadora caducifolia crece bien en una pared, valla o pérgola soleadas, sobre las que se sostiene usando raíces aéreas. Produce hojas pinadas de color verde oscuro que se vuelven de color amarillo dorado en otoño. Se abren vistosas flores de color rojo anaranjado, con forma de trompeta, en grupos de hasta 12, en las puntas de los brotes desde mediados del verano hasta las heladas. Ate brotes jóvenes al soporte hasta que las raíces aéreas dominen; pueden pasar 2-3 años para que esta planta se establezca en su lugar. Pode recortando todos los brotes laterales a finales del invierno. Puede reproducirla cogiendo esquejes semimaduros a finales del verano o esquejes de las raíces en invierno.

Ceanothus «Azul Otoñal»
Lila de California

Altura, 2 m (6 ft), extensión, 2 m (6 ft)

Esta lila de California es un arbusto perenne y tupido, arropado por hojas pinadas de color verde oscuro y finamente dentadas. Desde finales de verano hasta el otoño produce grandes cantidades de bellas flores de color lila en grupos abiertos de aspecto esponjoso de hasta 8 cm (3 in) de longitud. Es ideal para cultivarla contra una pared cálida, donde se la protegerá contra heladas y vientos fríos, y le proporcionará cobertura durante todo el año. Tolera la mayoría de suelos excepto el calizo superficial, que puede provocar que sus hojas se vuelvan amarillas; responden bien a la poda ligera y regular que mantiene su forma. Puede reproducirla tomando esquejes semimaduros en verano.

Clematis armandii
Emparrado de la virgen

Altura, 4 m (12 ft), extensión, 3 m (10 ft)

Esta atractiva trepadora leñosa es una de las pocas clemátides perennes; es ideal para cultivarla contra una pared o valla, ya que necesita la sombra sobre sus raíces. Las hojas correosas satinadas se dividen en tres hojitas. Miden hasta 15 cm (6 in) de longitud y tienden a ser de color bronce cuando salen, envejeciendo hacia un color verde oscuro. A principios de la primavera, se producen unas flores blancas olorosas con forma de platillo en grupos densos. La «Flor del Manzano» tiene hojas blancas, teñidas de rosa, y la «Montaña de Nieve» es totalmente blanca. Después de florecer, pode los tallos florecidos dejando un par fuerte de capullos para favorecer a la madera floreciente para el año siguiente. Puede reproducirla tomando esquejes semimaduros a finales del verano.

Clematis «Etoile Violette»
Emparrado de la virgen

Altura, 4 m (12 ft), extensión, 1,5 m (5 ft)

Esta clemátide es un miembro del grupo «Viticella» y florece hacia el final de la estación, durante los últimos días de verano y el otoño. Es una trepadora caducifolia semileñosa con hojas ligeramente peludas divididas en tres hojitas, y es ideal para cultivarla contra una pared o sobre una pérgola, siempre que sus raíces estén a la sombra. Sostenida sobre delgados y nudosos tallos, sus flores son sencillas y tienen la forma de un platillo; son de color violeta con anteras de un vivo color amarillo en el centro. Pode en primavera antes de que la planta comience a crecer, dejando los capullos fuertes a cerca de 20 cm (8 in) sobre el nivel del suelo. Puede reproducirla tomando esquejes de madera blanda en verano o mediante acodos serpentinos en primavera.

Clematis «Nelly Moser»
Emparrado de la virgen

Altura, 2 m (6 ft), extensión, 1 m (3 ft)

Ésta es una clemátide caducifolia, bastante compacta, que crece en casi cualquier lugar, siempre que las raíces estén a la sombra. Está bien en un macetero y tolera incluso crecer contra una pared sombría, siempre que tenga algún cobijo de los vientos fríos. A principios del verano, produce grandes flores de hasta 15 cm (6 in) de ancho; son de color rosa pálido con una tira central más oscura y anteras rojas. A menudo hay una segunda floración a finales del verano que tienden a ser de color más pálido. Pode los brotes a un tercio dejando un par de capullos fuertes a finales del invierno o principios de la primavera. Puede reproducirla cogiendo esquejes de madera blanda en verano o mediante acodos serpentinos en primavera.

Humulus lupulus
El lúpulo

Altura, 3 m (10 ft), extensión, 3 m (10 ft)

El lúpulo es una trepadora perenne herbácea y resistente que se sostiene a sí misma y que tiene tallos enroscados, espinosos y delgados. Las hojas, verdes, con muchos lóbulos e igualmente espinosas, tienen bordes dentados. En verano, posee flores insignificantes seguidas en otoño por grupos de frutos (lúpulos). Los tallos y flores secos se pueden usar para decoración en el interior del hogar. Tolera la penumbra y estar orientado hacia el norte, aunque el crecimiento en primavera puede retrasarse. La forma H. l. «Aureus» es siempre de un suave color amarillo dorado, pero se puede quemar a pleno sol. Pode hasta 10 cm (4 in) cada primavera para dejar espacio para su crecimiento. La reproducción es mediante esquejes semimaduros cogidos en junio y julio.

Hydrangea anomala subespecie *petiolaris*
Hortensia trepadora

Altura, 15 m (50 ft), extensión, 4 m (12 ft)

La hortensia trepadora es una caducifolia leñosa con raíces aéreas adherentes. Crece bien, incluso a la sombra, por lo que resulta útil contra una pared orientada al norte. Los grupos en forma de cúpula, de hasta 25 cm (10 in) de ancho, de flores pequeñas estériles y fértiles, de un color blanco verdoso, se producen durante todo el verano. Las hojas son bastas y de color verde oscuro, cambiando a amarillo en otoño; se sostienen en ramas marrones que se descortezan. Al principio es de crecimiento lento, pero puede hacerse muy grande en un espacio abierto. Cultivarla en un macetero limitará el tamaño final. Pode sólo para mantener la forma y salud de la planta. Se reproduce mediante acodos serpentinos en primavera (los tallos tardan cerca de un año en echar raíces).

Jasminum nudiflorum
Jazmín de invierno

Altura, 3m (10 ft), extensión, 3m (10 ft)

El jazmín de invierno es un arbusto caducifolio popular con tallos verdes arqueados, cuadrados y flexibles y pequeñas hojas de color verde oscuro. Tiene unas flores tubulares de un vivo color amarillo, que se abren durante todo el invierno y principios de la primavera sobre tallos desnudos, formando una estrella de cinco pétalos. El «Aureum» tiene hojas con marcas amarillas. Se puede adiestrar fácilmente contra un entramado, valla o pared, aunque necesitará asegurarlo en su lugar; como alternativa, se puede cultivar en un borde o macetero inmediatamente después de la floración, recortando los viejos brotes florecidos hasta dejar unos 2-3 pares de capullos en los tallos principales. Se puede reproducir cogiendo esquejes de madera dura en invierno o escarbando acodos arraigados.

Lonicera periclymenum
Madreselva común

Altura, 5 m (15 ft), extensión, 5m (15 ft)

Es una trepadora caducifolia, leñosa, enroscada y de fuerte crecimiento, ideal para una pared, valla o pérgola. Tiene hojas ovales de color verde y unas flores tubulares muy olorosas, rojas y de un blanco amarillento, que se agrupan en los extremos de los brotes durante todo el verano; les siguen unas bayas rojas (venenosas) en otoño. La forma «Bélgica» tiene flores blancas, de color morado rojizo por fuera que cambia a amarillo a finales de la primavera y principios del verano (con una segunda floración a finales del verano); la «Tardía» florece desde mediados del verano hasta mediados del otoño, de un intenso color morado rojizo por fuera, blanco por dentro, que cambia a amarillo. Para mantener la forma y evitar la congestión, pode la vieja madera después de florecer. Puede reproducirla cogiendo esquejes de madera dura en otoño.

Passiflora caerulea
Flor de pasión azul

Altura, 10 m (30 ft), extensión, 5m (15 ft)

Trepadora semiperenne o perenne de rápido crecimiento, adecuada para una pared cálida, con tijeretas enroscadas y tallos acanalados que sostienen hojas divididas de color verde oscuro. Desde el verano hasta la otoño, los grandes capullos se abren en flores complejas de hasta 10 cm (4 in) de ancho. Cada una tiene 5 sépalos blancos y 5 pétalos blancos, alrededor de un círculo de filamentos de color morado ribeteados de blanco. Dentro hay 5 anteras de color amarillo dorado y 3 estigmas marrones. En veranos calurosos, les siguen unos frutos de color amarillo anaranjado. La «Constance Elliot» tiene flores blancas muy olorosas con filamentos azules o blancos. Pode los brotes florecidos hasta dejar 2-3 capullos de los tallos principales a principios de la primavera. Se reproduce cogiendo brotes laterales de 8-10 cm (3-4 in) con una base de mediados a finales del verano.

Pyracantha «Brillo Naranja»
Firethorn

Altura, 3m (10 ft), extensión, 3m (10 ft)

Esta planta perenne forma un arbusto de gran expansión que reacciona bien a una gran poda, formando una densa cobertura de color verde sobre una pared. Sus pequeñas hojas satinadas de color verde oscuro se sostienen sobre brotes espinosos y fuertes. A finales de la primavera, surgen grupos de pequeñas flores de color blanco cremoso, seguidas en otoño por bayas de un vivo color naranja (que les encantan a los pájaros). Una vez establecida, esta pyracantha puede sostener una pequeña trepadora creciendo en ella, lo que nos proporcionará color en una estación diferente. Ate los brotes de la armadura y recorte los demás hasta los tallos principales de manera regular para favorecer la formación de hojas. Se reproduce cogiendo esquejes semimaduros en verano.

Rosa «Albertine»
Rosa trepadora

Altura, 5m (15 ft), extensión, 4m (12 ft)

Cultivada en Francia en 1921, esta rosa trepadora caducifolia de gran crecimiento es una de las más fiables que se hayan producido nunca; es ideal contra una pared, un entramado o una valla. Cuando es joven produce hojas de color marrón cobrizo, más tarde de color verde satinado, en brotes arqueados de color rojo apagado y espinas rojas. Las olorosas flores de verano de color rosa salmón, que se vuelven más pálidas con la edad, son totalmente dobles y miden cerca de 8 cm (3 in) de ancho. La poda implica cortar los antiguos brotes floridos inmediatamente después de la floración y quitar cualquier brote secundario que pueda originarse del rizoma de una planta injertada. Necesitan sacarse desde su base o dominarán la variedad superior. Se reproduce cogiendo esquejes de madera dura a finales de otoño.

Rosa «Sirena»
Rosa trepadora

Altura, 6m (20 ft), extensión, 6m (20 ft)

La rosa trepadora caducifolia, vigorosa pero de lento crecimiento, prospera contra una pared o una pérgola. Los rígidos tallos son de color marrón rojizo con espinas afiladas en forma de garfio y satinadas, las hojas, de color verde oscuro, se tiñen de bronce a medida que van saliendo. Durante el verano y el otoño produce flores apagadas y sencillas de hasta 10 cm (4 in) de ancho, de un brillante color amarillo claro. Éstas se mantienen en invierno (como lo hacen las hojas) si el tiempo es suave y la planta está resguardada. Durante dos años después de plantar, pode sólo para quitar los brotes dañados, luego pode cada primavera para reducir los brotes principales hasta el soporte y los brotes laterales hasta los 3-4 capullos. Se reproduce mediante injertos en invierno o capullos en verano.

Plantas perennes, anuales y bulbos

Las principales plantas que florecen en un jardín son las más efímeras, produciendo un despliegue de color a menudo breve pero aun así bienvenido. Es importante, cuando se selecciona entre este grupo, pensar la manera de conseguir una temporada de seducción tan larga como sea posible, cultivando una gama de plantas que rindan en diferentes épocas del año. También merece la pena planificar el color de manera que las plantas que florecen al mismo tiempo se complementen entre sí tanto como sea posible. Las modas en cuanto al color tienden a resplandecer y a desvanecerse, pero, en general, es mejor crear planes armoniosos de colores o, como alternativa, planear contrastes de colores fuertes totalmente saturados. Sería muy chillón ver una o dos flores de colores brillantes ante un fondo de tonos suaves.

Para proporcionar un color primaveral, los bulbos son muy valiosos; hay una amplia gama que dura de principios a finales de la estación, y algunas también durante el verano y el otoño. Las plantas perennes están en su apogeo a principios del verano y duran hasta finales de éste; después de esta estación, sus semilleros pueden proporcionar un despliegue espectral, atractivo en otoño e invierno. Las plantas anuales normalmente son de crecimiento rápido y florecen con celeridad. Germinando en varias épocas del verano, dependiendo del tipo, mueren justo después.

Recuerde tener en cuenta las hojas de las plantas perennes y anuales cuando planifique sus plantas, ya que serán parte del despliegue durante mucho más tiempo que las flores. Algunas, como las crocosmias y las flores de lis, tienen bellas hojas lineales; otras las tienen redondas y suaves, como las de la hierba estrella o los geranios.

Achillea filipendulina «Manto de Oro»
Aquilea

Altura, 1,5 m (5 ft), extensión, 60 cms (2 ft)

Planta semiperenne herbácea que forma grupos, esta aquilea crece bien en un borde soleado, mixto o herbáceo. Tiene hojas pinadas y peludas de color verde claro, que parecen ligeramente helechos y crecen sobre una roseta en la base. Las flores, parecidas a las margaritas, de un vivo color amarillo dorado, se sostienen en grupos achatados de hasta 10 cm (4 in) de ancho, en tallos altos y frondosos. Estas flores se producen desde principios del verano hasta que comienzan las heladas del otoño y pueden cortarse y secarse para su uso en interiores. Quite las flores marchitas, si no son necesarias, para favorecer la floración. Se reproducen dividiéndolas en primavera.

Achillea millefolium «Reina de color cereza»
Aquilea común

Altura, 60 cms (2 ft), extensión, 60 cms (2 ft)

Una vez establecida, esta forma de aquilea se extiende mediante rizomas subterráneos; puede ser invasora. Es una planta perenne ideal para un borde grande, donde tenga espacio para crecer, o para un macetero, que mantendrá el crecimiento bajo control. Tiene hojas divididas, de color verde y forma de helecho, en tallos derechos, y flores parecidas a las margaritas, de un vivo color cereza con centros blancos. Florecen desde principios del verano hasta que comienzan las heladas del otoño. Corte los tallos de flores viejos cada primavera, preparando la planta para la nueva vegetación, y reproduzca mediante división, también en primavera.

Alchemilla mollis
Hierba estrella

Altura,, 60 cms (2 ft), extensión, 60 cms (2 ft)

Planta perenne, herbácea, forma grupos con un atractivo follaje. La hierba estrella, si está contra una pared de la casa, es ideal incluso para el borde más pequeño ya que tolera la sequía. Cada hoja circular tiene 9-11 lóbulos y es de color verde y suave, cubierta con diminutos pelos. Las hojas, con forma exterior de taza, están inclinadas para retener unas gotas de agua después de la lluvia, haciendo que brillen. Nubes de muchas y diminutas flores de color amarillo verdoso se sostienen en grupos sueltos en tallos altos durante el verano y el otoño. Se pueden cortar y secar para usarlas en interiores: quite las flores marchitas ya que se autofecundan fácilmente. Puede reproducirlas mediante la siembra de semillas en primavera o dividiéndolas en primavera u otoño.

Allium cristophii
Cebolla decorativa

Altura, 60 cms (2 ft), extensión, 30 cms (12 in)

Esta planta perenne bulbosa es un miembro decorativo de la familia de la cebolla; es ideal para cultivar delante de un borde o en un jardín con piedras. Tiene hojas en la base, en forma de tiras y de color verde grisáceo de hasta 40 cm (16 in) de longitud, con pequeños y rígidos pelos en los bordes. Se marchita normalmente cuando aparece el tallo, que al florecer está acanalado, y puede crecer hasta 60 cm (2 ft) de altura. Las flores se producen a principios del verano en grupos de hasta 50 en una umbela con forma de globo y suelta, de 10-20 cm (4-8 in) de diámetro. Cada flor con forma de estrella individual mide cerca de 2,5 cm (1 in) de ancho y es de color morado rosáceo con una brillante pantalla metálica. Se reproduce por semillas en primavera o quitando brotes en otoño.

Anemone hupehensis «Abundancia de Hadspen»
Anémona

Altura, 1m (3 ft), extensión, 45 cms (18 in)

Planta perenne, herbácea, produce hojas de color verde mate oscuro, de tallo largo, divididas en tres hojitas. Desde mediados del verano hasta el otoño, los tallos altos que florecen tienen hojas ligeramente peludas y dentadas más pequeñas. Las flores son atractivas para la vista y de un color rosa oscuro intenso con estambres de color amarillo dorado y se sostienen sobre tallos ramificados, rectos y delgados. Es una bonita planta para un borde, donde puede extenderse ampliamente una vez que se asienta o un macetero grande, que mantiene bajo control el proceso de expansión. Quite los viejos tallos floridos y las hojas en invierno o a principios de la primavera para hacer sitio a las nuevas hojas. Se puede reproducir por división en primavera.

Artemisia «Castillo de Powis»
Artemisia

Altura, 60 cms (2 ft), extensión, 1m (3 ft)

Con sus hojas plateadas, sumamente aromáticas, esta bonita planta perenne de base leñosa es ideal para cultivarse en un borde soleado. Las hojas, finalmente divididas, son casi lineales y forman un montículo redondeado y esponjoso que se desordena con la brisa más ligera y libera sus aceites olorosos cuando se toca. Se producen pequeñas flores plateadas teñidas de amarillo en grupos de hasta 15 cm (6 in) de longitud durante el final del verano y el otoño. Pode bastante en primavera para mantener la planta compacta. Puede reproducirla cogiendo esquejes semimaduros de la base o de madera blanda, especialmente en zonas propensas a las heladas donde puede que no sobreviva al invierno.

Aster amellus «Veilchenkönigin»
Aster

Altura, 60 cms (2 ft), extensión, 45 cms (18 in)

Planta perenne, herbácea, que forma una masa compacta y pequeña; es ideal para dar color, hacia el final de la estación, en la parte delantera de un borde o en un macetero. Tiene hojas verdes con forma de lanza en tallos rectos o ligeramente elásticos; desde finales de verano hasta finales de otoño, tiene flores similares a las margaritas en grupos sueltos. Mide hasta 5 cm (2 in) de ancho y es de intenso color morado violáceo con un centro amarillo dorado. Pode después del florecimiento o a principios de la primavera para hacer sitio y que crezca nuevamente. Se reproduce, mediante división o tomando esquejes de la base, en primavera.

Bellis perennis «Pomponette»
Margarita doble

Altura, 20 cms (8 in), extensión, 20 cms (8 in)

Esta margarita es una planta perenne y resistente; forma rosetas, que crecen en la mayoría de las situaciones y que se autofecunda fácilmente a menos que se poden las flores marchitas regularmente. Tiene unas hojas en forma de cuchara de un vivo color verde y flores de largo tallo, separadas durante toda la primavera y el verano. En zonas templadas florece incluso en invierno, siempre que se evite que se establezcan las semillas. La «Pomponette» se trata como una bienal para plantarla en primavera. Se puede plantar con margaritas dobles en la parte delantera de un borde, entre el pavimento de un sendero o patio, o en macetero de cualquier tamaño, sola o en combinación con otras plantas. Se reproduce mediante división en primavera u otoño o sembrando semillas en primavera.

Calendula officinalis
Caléndula inglesa

Altura, 30 cm (12 in), extensión, 30 cm (12 in)

Esta caléndula es una planta anual compacta, de rápido crecimiento, con múltiples tallos y hojas aromáticas, peludas y con forma de lanza. Durante el verano y el otoño produce flores dobles o sencillas, similares a las margaritas, en tonos naranjas y amarillos, con centros más oscuros. Úsela para añadir un toque de color en la parte delantera de un borde, o en un macetero o jardinera. Quite las flores marchitas regularmente para evitar que echen semillas y asegurar una continua sucesión de flores. Cualquier semilla que se forme y se arroje probablemente crecerá al año siguiente. Puede reproducirla sembrando semillas, a finales de la primavera, fuera de su lugar final de crecimiento.

Calluna vulgaris
Brecina

Altura, 45 cm (18 in), extensión, 45 cm (18 in)

Grupo de arbustos de hoja perenne, frondosos y de lento crecimiento, conocidos con el nombre de brezos. Tienen hojas peludas, pequeñas y horizontales, que se superponen a lo largo de tallos leñosos y resistentes. Los colores de las hojas incluyen los tonos verdes, grises, amarillos, rojos o naranjas, cambiando a menudo de tono en invierno después de una helada. Las pequeñas flores, con forma de campanilla, se sostienen en grupos en las puntas de los brotes desde mediados del verano hasta finales del otoño. Pueden ser blancas, rosas o rojas. Cultívelo en el borde si las condiciones lo permiten, o en un macetero donde el suelo pueda ajustarse bien. Pode en primavera para quitarle las flores marchitas. Se reproduce mediante esquejes cogidos en otoño tras acabar la floración.

Camassia leichtlinii
Quamash

Altura, de hasta 1,3 m (4½ ft), extensión, 10 cm (4 in)

Atractiva planta perenne bulbosa, que produce hojas rectas, estrechas, como tiras, de hasta 60 cm (2 ft) de longitud. A finales de la primavera, los altos grupos de flores llevan flores de color blanco cremoso y forma de estrella en masas flojas en sus puntas. Entre las diferentes formas se incluyen: la «Semiplena», con flores semidobles, y la subespecie *suksdorfii* «Blauwe Donau», que tiene flores de color azul violáceo. Plante el bulbo a 10 cm (4 in) de profundidad en otoño, en un lugar bien drenado, y cúbralo con paja y hojas para protegerlo de las heladas durante el invierno. Crece bien en un macetero, en un lugar libre de heladas, en invierno. Se reproduce quitando brotes a finales del verano mientras el bulbo está aletargado.

Campanula lactiflora «Variedad de Prichard»
Rapónchigo lechoso
Altura, 75 cm (30 in), extensión, 60 cm (2 ft)

El rapónchigo lechoso es una bonita planta perenne, herbácea y recta, ideal para un borde, ya que tiende a necesitar estacas de soporte a medida que crece. Tiene hojas verdes, dentadas, ovaladas, largas y delgadas y grupos de flores abiertas de color azul oscuro violáceo con forma de campanilla desde principios del verano hasta del otoño. Se autofecunda fácilmente, aunque el color de la flor de las plántulas puede variar del de las plantas madre. Pode las flores regularmente a medida que se marchiten para evitar que la planta eche semillas y se favorezca la formación de más flores. Se reproduce por división en primavera u otoño o mediante los esquejes de la base en primavera.

Canna «Striata»
Planta del tiro del indio
Altura, 1,5 m (5 ft), extensión, 60 cm (2 ft)

Planta perenne rizomatosa y herbácea, poco común y sumamente espectacular, cultivada por sus hojas y flores de aspecto exótico. Añade un toque tropical y colorido al jardín; puede cultivarse en un borde o en un macetero. Las grandes y sensacionales hojas, en tallos altos de color morado rojizo oscuro, tienen forma de lámina y son claras o de un color verde amarillento, con unas venas pronunciadas de un vivo color amarillo. Las flores tubulares son de un color naranja resplandeciente, brillando como tres pétalos amplios, y se sostienen en un grupo derecho en verano y a principios del otoño. En zonas propensas a las heladas, eleve el rizoma o lleve el macetero al interior de la casa durante el invierno y póngalo fuera de nuevo cuando el peligro de helada haya pasado. Se reproduce mediante división en primavera (cada pieza necesita un capullo de un brote).

Colchicum autumnale
Azafrán del prado

Altura, 15 cm (6 in), extensión, 8 cm (3 in)

Esta planta es ideal para cultivarla bajo árboles y arbustos o entre la hierba. Es una planta perenne vigorosa y bulbosa que produce hojas largas, con forma de tiras, y grandes y vistosas flores con forma de cáliz. Florece en otoño sin hojas (que aparecen en primavera), produciendo sus flores cuando muchas otras plantas están empezando a marchitarse. Las flores son de un claro color rosa violáceo con pétalos amplios y estambres dorados. La forma «Alboplenum» tiene flores dobles de color blanco, mientras que la «Pleniflorum» tiene flores grandes, dobles y de color rosa violáceo. Plántela a 10 cm (4 in) en verano o a principios del otoño; si están en un macetero, vuelva plantarla cada 4-5 años durante el verano. Se reproduce dividiendo los bulbos letárgicos en verano.

Convallaria majalis
Lirio de los valles

Altura, 22 cm (9 in), extensión, 30 cm (12 in)

El lirio de los valles es una bonita planta, perenne, rizomatosa, que florece en un lugar sombrío, debajo de otras plantas o en un macetero. Crece lentamente y se expande cubriendo el suelo. Las amplias hojas ovaladas de la base envuelven un tallo recto y floreciente que sostiene unas bonitas flores blancas, colgantes, con forma de campana en primavera. Plántelo en maceteros para llevarlo a una habitación fresca o a un invernadero para que florezca, donde la dulce fragancia se pueda apreciar plenamente. La forma «Albostriata» tiene hojas con rayas blancas; la «Flore Pleno» tiene flores dobles; la variante *rosea* tiene flores de color rosa claro. Se reproduce mediante la división de los rizomas en otoño cuando las hojas han muerto, pero no permita que se sequen.

Cosmos
Cosmos

Altura, 75 cm (30 in), extensión, 45 cm (18 in)

Este género incluye tanto las plantas perennes como las anuales. Se cultivan por sus flores en forma de platillo o bombín, que aparecen en una gama de colores desde el blanco, rosa y rojo al granate, dependiendo de la especie o cultivar, y se puede plantar en un borde mixto o anual, o en maceteros en un patio. La C. *atrosanguineus*, la planta del chocolate, recibe su nombre por el olor y el color de sus flores, aterciopeladas y abundantes. Es una planta perenne, tuberosa y expansiva, que sobrevive durante muchos años en zonas más templadas, pero es probable que se muera por las heladas de invierno, a menos que se le dé una gruesa tapa protectora de paja y hojas. Las hojas de un color verde, de intermedio a oscuro, están divididas y se sostienen sobre tallos rojizos. Durante todo el verano y el otoño se producen individualmente en tallos altos las flores de color marrón rojizo oscuro y forma de platillo. La C. *bipinnatus* es una planta anual, disponible como cultivares con flores blancas, rosas, carmesí o incluso a rayas. La Serie Sensación tiene flores más grandes, mientras aquellas de la enana Serie Sonata son mucho más pequeñas. Quite las flores marchitas regularmente para ayudar a asegurar una continuación de las flores. Se reproducen las perennes, como la C. *atrosanguineus*, cogiendo esquejes de la base en primavera, y las anuales, sembrando semillas, también en primavera.

Crocosmia
Montbretia

Altura, hasta 1 m (3 ft), extensión, 8 cm (3 in)

Es una planta perenne que forma grupos y crece de bulbos individuales en un borde, desde donde se extenderá gradualmente a partir de los nuevos bulbos. Las hojas son largas, con forma de lanza y nervios o pliegues prominentes. Desde mediados hasta finales del verano, tallos altos y delgados sostienen flores, con forma de embudo, en grupos que se abren hacia la punta a medida que crecen; son buenas como esquejes para interiores. Las variantes incluyen la «Lucifer», que es alta y recia, con flores rojas. La C. *crocosmiiflora* «Jackanapes» tiene unas flores bicolores amarillas y naranja oscuro, mientras que la C. x c.«Canario de Norwich» tiene unas flores de color amarillo dorado. Plante a 8-10 cm (3-4 in) en primavera. Se puede reproducir por la división de los grupos en primavera.

Crocus
Azafrán

Altura, 10- 20 cm (4-8 in), extensión, 5 cm (2 in)

Estas pequeñas plantas perennes y bulbosas que florecen en primavera, invierno u otoño son perfectas para cultivarse alrededor de arbustos, entre hierba o en un jardín con piedras. Tienen hojas delgadas; las flores, cuatro o más por bulbo, tienen forma de cáliz, de color blanco o tonos amarillo, azul o morado, lisas o a rayas. Las flores del *C. chrysanthus* son amarillas dorados con un reverso granate a rayas. El *C. minimus* tiene unas flores de un vivo color morado, con plumas en el reverso de un tono más intenso (a finales de la primavera). El *C. vernus* y sus híbridos florecen en tonos blancos («Juana de Arco»), azules («la Reina de los Azules») o morados («Purpureus Grandiflorus») en primavera. Plante a 8-10 cm (3-4 in) de profundidad en otoño. Se reproduce dividiéndolo en verano.

Cyclamen
Ciclamen

Altura, 8 cm (3 in), extensión, 10 cm (4 in)

Los ciclámenes son plantas perennes tuberosas que crecen mejor a la sombra de los árboles o arbustos, proporcionando color en el otoño, el invierno o la primavera, cuando las demás plantas están desnudas; permanecen en letargo durante el verano. Producen hojas redondeadas, con forma de corazón, con marcas de color verde o plateado que contrastan. Las flores inclinadas, que están sobre tallos delgados y rectos, tienen 5 pétalos. El *C. hederifolium* produce flores de color rosa en otoño, antes que las hojas; el *C. coum* tiene flores compactas blancas, rosas o rojas desde finales del invierno a principios de la primavera. Plante a 2,5-5 cm (1-2 in) de profundidad a principios del otoño. Se reproduce sembrando semillas tan pronto como estén maduras.

Dahlia
Dalia

Altura, hasta 1m (3 ft), extensión, 60 cm (2 ft)

Hay cerca de 30 especies de dalias y unos 20.000 cultivares, cultivados para exhibirlos, cortarlos o admirarlos en el jardín. Vistosas y elásticas, estas plantas perennes tuberosas oscilan entre las variedades de parterres y las de lindes. Se clasifican por la forma de la flor: anémonas, bolas, cactus, collarines, decorativas, misceláneas (incluidas las orquídeas, las peonías y las estrellas), rosas de pitiminí, semicactus, sencillas y nenúfares. Los colores van del blanco al granate pasando por los amarillos, rosas, naranjas y rojos. En primavera siembre semillas de dalias plantadas; coja esquejes de brotes de la base de los tubérculos de las dalias de un borde en primavera o divídalas en piezas. En zonas propensas a las heladas, levante los tubérculos en otoño, corte los tallos dejándolos en 15 cm (6 in) y déjelos pasar el invierno en arena seca.

Dianthus chinensis
Clavel chino

Altura, hasta 70 cm (28 in), extensión, hasta 30 cm (12 in)

Los claveles chinos son unas preciosas plantas frondosas que adoran el sol y prefieren el suelo alcalino y crecen para formar montículos como cojines de hojas grises plateadas. Son plantas de hoja perenne y corta vida, pero normalmente crecen como anuales a partir de semillas cada año y son ideales para colocarlas en la parte delantera de un borde mixto o en un macetero. Los tallos de color gris plateado tienen hojas estrechas y puntiagudas, de color verde intermedio o grisáceo, y flores sencillas con un aroma delicado de clavo, en grupos de hasta 15, en verano. Las flores miden hasta 8 cm (3 in) de ancho, con pétalos de muchos flecos, y pueden ser blancas, rosas o rojas. Siembre las semillas in situ en primavera o coja esquejes de brotes sin flores en verano.

Eschscholzia californica
Amapola de California

Altura, 30 cm (12 in), extensión, 15 cm (6 in)

La amapola de California es una bonita planta anual que adora el sol (o una planta perenne de vida breve) que crece rápidamente a partir de las semillas sembradas in situ para producir flores de vivo colorido en verano. Tiene unas hojas helechosas finamente divididas de color azul verdoso o grisáceo. Las flores, que se cierran en tiempo nublado, consisten en cuatro pétalos tan delgados como el papel, desplegados para producir la forma de una taza poco profunda alrededor de un centro dorado. Son buenas para cortarlas; tienen tonos rojos, naranjas, melocotón, amarillos y crema. Las largas vainas siguen a las flores. La amapola de California crece incluso en suelos bastante pobres, en un borde o en un macetero. Están disponibles las formas con flores dobles, semidobles o enredadas.

Felicia
Margarita azul

Altura, hasta 60 cm (2 ft), extensión, hasta 60 cm (2 ft)

Las flores de verano de las felicias son azules, haciendo que estas plantas sean un complemento para parterres del jardín o en maceteros. La *F. amelloides* es un arbusto tierno, tupido y pequeño, con hojas de un vivo color verde y flores de un tono que va del azul claro al azul intenso: «Read's blue» es de un color azul medio; «Read's White» es puramente blanco y «Santa Anita» es de un vivo color azul. Hay también una forma jaspeada con hojas con marcas blancas. La *F. amoena* (también tratada como planta anual) tiene flores de un vivo color azul; la «Variegata» tiene unas hojas jaspeadas de color crema. La *F. bergeriana* es una planta anual reptante con flores de color azul y centros amarillos. Reproduzca las plantas anuales a partir de semillas en primavera; coja esquejes de la punta de las plantas perennes tiernas a finales del verano para pasar el invierno en el interior.

Helianthus
Girasol

Altura, hasta 5m (15 ft), extensión, hasta 60 cm (2 ft)

El girasol, anual y parecido a la margarita, viene en muchas formas y tamaños, con flores de verano en todos los tonos de amarillo. Los más bajos son adecuados para jardines pequeños o maceteros, los más altos se cultivan mejor contra una pared cálida para tener apoyo y cobijo. Tienen unas gruesas hojas en forma de corazón, tallos peludos y flores con florecillas de rayos exteriores (normalmente amarillas) y florecillas interiores de disco (amarillas, marrones o moradas). El «Teddy Bear» es denso (1 m/3 ft) con flores dobles de un vivo color amarillo de hasta 12 cm (5 in) de ancho. El «Music Box» es una variedad ramificada de hasta 75 cm (30 in) de altura con cabezas de flores de 10-12 cm (4-5 in) de ancho, florecillas de rayos de amarillo claro al rojo (incluidas las bicolores) y florecillas de disco de color marrón oscuro. El «Sunspot» tiene flores grandes y amarillas, de 25 cm (10 in) de ancho, en una planta de sólo 60 cm (2 ft) de altura. El *H.* x *laetiflorus* es su girasol perenne que crece hasta cerca de 1,8 m (6 ft). Tiene unas hojas largas de color verde oscuro y, desde finales del verano hasta principios del otoño, produce flores de un vivo color amarillo de cerca de 12 cm (5 in) de ancho con un disco central de pequeñas florecillas. El H. «Lemon Queen» es un cultivar popular de 1,5 m (5 ft) de altura. Sus flores de color amarillo claro tienen discos centrales ligeramente más oscuros. Los girasoles perennes son ideales para cultivarse en un borde mixto. Reproduzca los anuales sembrando semillas in situ en primavera; divida los perennes en primavera.

Hyacinthus orientalis
Jacinto

Altura, de 20-30 cm (8-12 in), extensión, 8 cm (3 in)

Los jacintos son plantas perennes bulbosas, normalmente cultivadas en mace-teros, con flores pálidas y sumamente olorosas en primavera. Tienen forma de campana, son sencillas o dobles y vienen en grupos de muchos colores de hasta 40, en un solo tallo recto y amplio, entre hojas con forma de tiras de un vivo color verde. Entre los mejores están el «Blue Jacket» (sencillo, azul marino), el «City of Haarlem» (sencillo, de color amarillo claro), el «Delft blue» (sencillo, azul grisáceo), el «Gipsy Queen» (sencillo, color salmón), el «Hollyhock» (doble, carmesí), «L'Innocence» (sencillo, blanco) y el «Pink Pearl» (sencillo, rosa). Plante con la punta del bulbo a 2,5-3 cm (1–1¼ in) por debajo de la superficie del abono en otoño. Se reproduce quitando pequeños brotes en verano cuando los bulbos están letárgicos.

Impatiens
Nomeolvides

Altura, hasta 30 cm (12 in), extensión, hasta 60 cm (2 ft)

Los fiables nomeolvides florecen durante todo el verano, prefiriendo el cobijo y la penumbra en un borde o macetero. Son plantas perennes tiernas, normal-mente tratadas como anuales, que florecen desde una edad temprana, produ-ciendo grupos de flores aguijoneadas de cinco pétalos en tallos jugosos y frágiles, que tienen también hojas carnosas y exuberantes. La *I. walleriana* viene en muchas mezclas de semillas con flores de color morado, rojo, salmón, rosa y blanco, y a veces con un ojo más oscuro o marcada por un segundo color. Los híbridos de Nueva Guinea son más grandes y tienen hojas salpicadas de amari-llo o de rojo bronce. Sus flores son normalmente sencillas, blancas y en tonos morados, rojos, rosas y malvas. Se reproduce sembrando semillas en primavera o cogiendo esquejes de madera blanda en primavera o verano.

Iris
Flor de lis bulbosa

Altura, hasta 60 cm (2 ft), extensión, hasta 30 cm (12 in)

Las flores de lis bulbosas tienen hojas en forma de lanza y no tienen barbas (pelos en los pétalos) desde finales de invierno a mediados de verano, depen-diendo de la variedad. Hay tres grupos: *Juno*, con coloridos pétalos colgantes y pequeños pétalos rectos; la *Reticulata*, con flores azules, blancas o de un color morado rojizo; y la *Xiphium*, con flores azules, moradas, amarillas o blancas. En esta especie se incluyen la *I. danfordiae* (amarilla) y la *I. reticulata* (de color azul violáceo), que son pequeñas y florecen en invierno o a principios de la prima-vera. La *I. magnifica* (de color lila claro) florece a mediados de la primavera. La *I. latifolia* (azul, violeta o blanca) y la *I. xiphium* (azul, blanca o amarilla) flore-cen a principios del verano. Plántela en otoño al doble de la profundidad del bulbo. Se reproduce por división o separando los brotes en otoño.

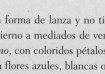

Lathyrus odoratus
Guisante de olor

Altura, hasta 2 m (6 ft), extensión, hasta 45 cm (18 in)

El guisante de olor es una de las mejores plantas anuales de jardín, disponible como trepadora que crece alto, para un tipi en el borde o contra una valla, o en forma enana, reproducida para cultivarse en maceteros y cestas colgantes. En verano, grupos de flores normalmente muy olorosas y de borde ondulado nacen, blancas y en tonos rosas, rojos y azules. Algunas son bicolores o tienen un borde salpicado; todas son ideales para cortar y llevarlas al interior de casa. Muchos cultivares se han desarrollado para que tengan diferentes características. Los cultivares antiguos se seleccionaban principalmente por su olor: el «Quito», que tiene cuatro flores pequeñas y muy olorosas por tallo, es un ejemplo típico. El color ha sido importante en programas modernos de reproducción; las flores están disponibles en una gama cada vez más amplia: los cultivares de Spencer están entre los más populares. Son vigorosos, creciendo hasta 2 m (6 ft). Los guisantes de olor normalmente trepan por medio de tijeretas, sin embargo, el grupo enano de Snoopea no tiene tijeretas, alcanza sólo 60 cm (2 ft) de altura y se puede usar como cubierta para el suelo. Se reproduce mediante la siembra de semillas en otoño o principios de la primavera.

Lobelia crinus
Lobelia

Altura, 90 cm (3 ft), extensión, 30 cm (12 in)

Esta impresionante planta perenne herbácea crece hasta formar una masa de tallos inusuales de color morado oscuro. Las hojas de un color morado rojizo, satinadas, miden hasta 10 cm (4 in) de longitud y tienen una forma de lanza con bordes dentados. Durante el final del verano y hasta entrado el otoño, nacen los altos grupos de flores de un vivo color escarlata, cada una con dos pétalos inferiores y tubulares con brácteas de color morado rojizo. Esta planta necesita un lugar húmedo para crecer bien; es ideal en el suelo, al borde de un estanque o una corriente, o en un borde húmedo. Tiene una vida corta; debería reproducirse mediante esquejes de los capullos en verano para asegurarse de que no se pierda.

Muscari armeniacum
Nazareno

Altura, 20 cm (8 in), extensión, 5 cm (2 in)

El nazareno es una planta perenne, enana y bulbosa, con hojas carnosas, estrechas y largas. Comienzan a crecer en otoño, extendiéndose después y separándose cuando aparecen los capullos de las flores. Las erizadas cabezas de las flores nacen en primavera, durante un periodo de varias semanas; están densamente agrupadas con flores de un vivo color azul, forma de campana y diminutas. Entre las muchas formas están la «Argaei Album» (flores blancas), la «Blue Spike» (flores azules grandes y dobles) y la «Heavenly blue» (de un vivo color azul). Cultive los jacintos de uvas en terrenos de acarreo alrededor de arbustos, en un jardín de piedras o en maceteros. Plante a 10 cm (4 in) de profundidad en otoño. Reprodúzcalo mediante una división regular de los grandes grupos a mediados del verano, cuando estén en letargo, para mantener las plantas sanas y evitar la congestión.

Narcissus
Narciso

Altura, 10-60 cm (4-24 in), extensión, 5-15 cm (2-6 in)

Hay cientos de variedades de estos bulbos que florecen en primavera, ideales para cultivarse alrededor de los arbustos, bajo árboles caducifolios, entre la hierba o en maceteros. Tienen hojas estrechas como tiras y flores con una trompeta o taza interior con una fila exterior de pétalos. Los tonos de las flores incluyen el amarillo, el blanco, el naranja, el crema y el rosa; las flores pueden estar solas o en grupos, ser sencillas o dobles, tener varias longitudes y forma de taza o trompeta. Varían desde los tipos enanos de 10 cm (4 in) de altura, a las variedades altas que alcanzan los 60 cm (2 ft). Plante los bulbos letárgicos a 1½ veces su propia profundidad en otoño. Corte las flores marchitas después de florecer y quite las hojas marrones a mediados del verano. Sáquelo y divídalo cada 3-5 años, una vez que las hojas se hayan marchitado.

Nicotiana x *sanderae*
Planta del tabaco

Altura, 25-60 cm (10-24 in), extensión, 30-45 cm (12-18 in)

Este pariente decorativo del tabaco es una planta de varias ramas y de tallo grueso que crece como una anual, una bienal o a veces una perenne de vida breve, de acuerdo con las condiciones, pero se trata normalmente de una anual que debe plantarse en verano, para bordes o maceteros. Las hojas, de borde ondulado, forman una roseta en la base de la que sale el tallo alto que florece. Las flores individuales tienen un tubo de cerca de 5 cm (2 in) de longitud, que brilla hasta formar una amplia figura de trompeta con cinco lóbulos redondeados. Están disponibles de color blanco y en tonos de rojo, rosa, morado e incluso verde lima. Las formas densas, como la Serie Dominó, son ideales para maceteros. Cultívela a partir de semillas en primavera.

Osteospermum
Margarita africana

Altura, 30-60 cm (12-24 in),
extensión, 30-60 cm (12-24 in)

Hay muchas formas de híbridos de margaritas africanas, con una amplia gama de colores. Todas forman montículos en forma de bóveda redondeada, con hojas de color verde grisáceo a verde medio, a medida que crecen, produciendo flores amplias, parecidas a las margaritas, en tallos delgados, durante el verano y el otoño. Las flores, normalmente individuales, vienen en color blanco o tonos crema, naranja, amarillo o rosa, a menudo con un centro que contrasta, ocasionalmente con pétalos con forma de cuchara e inusualmente arrugados (como la «Whirlygig»). La «Buttermilk» tiene flores individuales, grandes y de color amarillo claro, que son de color amarillo más oscuro en el reverso, mientras que la «Nairobi Purple» tiene tallos de color verde violáceo y, durante una larga temporada desde la primavera al otoño, tiene flores de color morado oscuro que son blancas en el reverso. Es pequeña, creciendo hasta justo 15 cm (6 in) de altura. Las margaritas africanas son excelentes para los maceteros. Se pueden cultivar como anuales, pero son perennes en zonas libres de heladas. Siembre semillas en primavera o coja esquejes semimaduros a finales del verano para que pasen el invierno en el interior de la casa.

Papaver croceum
Amapola de Islandia
Altura, 30 cm (12 in), extensión, 15 cm (6 in)

La amapola de Islandia es una planta perenne de hojas peludas, a menudo cultivada como bienal, adecuada para un borde o macetero. Florece en verano, produciendo flores normalmente individuales, con forma de cuenco, con estambres dorados y largos, sobre tallos delgados y altos, cambiando a semillas rojas. Se incluyen entre las selecciones más atractivas de semillas la «Garden Gnome» (compacta, de color rojo, salmón, naranja, amarillo y blanco) y la «Meadow Pastels» (grandes flores en tonos pastel de los colores bronce, albaricoque, amarillo y rosa). Las flores más grandes son adecuadas para ser cortadas, pero necesitan cobijarse de los vientos fríos, que las dañan. Siembre las semillas en primavera.

Pelargonium
Geranio
Altura, 15-60 cm (6-24 in),
extensión, 15-60 cm (6-24 in)

Los *pelargoniums* cultivados en jardines son principalmente plantas perennes de hoja perenne. A menudo incorrectamente llamados *geraniums* (otro género), son muy apreciados por sus atractivas y vivas flores de verano y sus hojas aromáticas. Son ideales para cultivarlos en bordes o maceteros. Hay varias formas con diferentes características. El Geranio Regio es frondoso, con gruesos tallos ramificados, hojas peludas, dentadas y de forma de palma, grandes y vistosas flores de color blanco, rosa, salmón, naranja, rojo o morado. Los geranios con hojas aromáticas tienen flores más pequeñas y hojas finamente talladas, dentadas o con lóbulos y aromáticas; los olores incluyen el limón, la menta, la naranja, la lima o el bálsamo. Los famosos geranios regionales tienen tallos suculentos y suaves, y hojas grandes y redondas. Las flores pueden ser sencillas, semidobles o dobles, de color blanco o tonos naranjas, rosas, rojos, morados, ocasionalmente amarillos. Los geranios reptantes tienen hojas parecidas a las de la hiedra y flores, sencillas o dobles, de color blanco o tonos morados, rojos, rosas y malvas. Se reproduce mediante esquejes, de madera blanda o semimaduros, de brotes que no florecen, a principios o finales del verano. Manténgalos lejos de las heladas durante el invierno.

Phlox drummondii
Flox anual

Altura, de 10-60 cm (4-24 in), extensión, 30 cm (12 in)

La medio resistente flox anual se cultiva por sus flores de vivo colorido y se convierte en una buena planta de verano para plantar en parterres o en el macetero de un patio. Sencillas o dobles, de color blanco o en tonos morados, rojos, rosas o lilas, las flores forman densos grupos de hasta 8 cm (3 in) de ancho en las puntas de los brotes desde mediados de verano a principios del otoño. Las plantas están derechas, tienen hojas estrechas como tiras, de color verde medio o claro, en parejas, sobre tallos delgados y verdes. Entre las formas disponibles se incluye los cultivares con nombre tales como la «Chanal» (de un vivo color rosa claro, doble), y semillas de varios colores mezclados, como la «Tapestry» (flores olorosas en una amplia gama de colores). Corte las flores marchitas para que florezcan continuamente. Siembre semillas a principios de la primavera.

Primula
Oreja de oso, prímula

Altura, 20 cm (8 in), extensión, 20-30 cm (8-12 in)

Las prímulas y las orejas de oso son plantas perennes con rosetas de hojas en la base y llamativas flores con forma de embudo. Son ideales para plantar en parterres y maceteros. La *P. auricula* tiene flores agrupadas de un intenso color amarillo, rojo o morado, con un centro amarillo, en un tallo recio por encima del follaje. La *P. vulgaris* (prímula) tiene flores individuales de color amarillo en tallos delgados y cortos entre el follaje. Los híbridos del Polyanthus tienen flores con forma de prímula en grupos en un tallo por encima del follaje. Son granates, rojos, naranjas, amarillos, rosas, blancos o azules. Las mezclas de semillas incluyen la Serie Crescendo (de rojo amarillo) y el Grupo Gold Laced (de color rojo caoba oscuro, con ojo y bordes de los pétalos de color amarillo dorado). Se reproduce sembrando semillas en primavera o dividiéndola en otoño.

Rudbeckia
Flor de piña

Altura, 25-100 cm (10-36 in), extensión, 30-100 cm (12-36 in)

Grupo de plantas anuales, bienales y perennes con flores parecidas a las margaritas en verano y otoño. Las flores, que tienen tonos de color amarillo, naranja y rojo con centros marrones o verdes, son buenas para ser cortadas. Siembre las anuales y bienales (*R. hirta* y cultivares) en primavera. Estas incluyen la «Becky Mixed» (enana, con flores grandes de color amarillo y naranja), la «Goldilocks» (dobles y semidobles, de color amarillo dorado) y la «Kelvedon Star» (de color amarillo dorado con abundantes marcas marrones). Las formas perennes se reproducen por división en primavera. Incluyen la *R. fulgida* variedad sullivantii «Goldsturm» (grandes flores doradas) y la R. «Herbstsonne» (vigorosa, de hasta 2 m/6 ft, de un intenso color amarillo con centros verdes). Cultive todas las formas en un borde; las más pequeñas son adecuadas para maceteros.

Salvia
Salvia

Altura, 30-150 cm (8-20 in), extensión, 23-60 cm (4 in)

Es un gran género de planta anual, bienal, perenne y arbusto, distinguido por sus flores de dos pétalos inferiores y gran colorido en verano y otoño. La mayoría tienen un follaje aromático, incluido la S. *officinalis*, que se usa en la cocina. Las salvias anuales se usan para parterres o maceteros, mientras las perennes son para los bordes. Las plantas anuales para parterres incluyen la S. *splendens* «Resplandor del fuego» y «Flecha roja», ambas con flores de un vivo color rojo. La planta anual S. *viridis* «Clarissa» es enana y frondosa, con brácteas de vivos colores morados, rosas o blancos. La S. *farinacea*, salvia harinosa, es una planta perenne, cultivada como una anual. Tiene flores de un intenso color azul lavanda, agrupadas en los extremos, desde el verano hasta el otoño. La S. f. «Blanca porcélana» tiene flores blancas. La planta perenne S. *nemorosa* tiene largas hojas de color verde medio y flores, de color violeta o entre blanco y rosa, en densos racimos en los extremos. La S. n. «Ostfriesland» tiene flores de color azul violáceo oscuro, mientras que la «Lubecca» tiene flores violetas con brácteas violáceas que continúan en la planta después de florecer. Entre las plantas con formas de flores azules están la S. *patens*, una planta perenne, tuberosa, de hojas peludas, y la S. *guaranitica*, un subarbusto tierno, con flores largas de color azul intenso. Cultive las semillas de las anuales y perennes en primavera: divida las perennes en primavera y coja esquejes semimaduros de arbustos a finales del verano.

Tropaeolum majus
Capuchina

Altura, 1,5 m (5 ft), extensión, 1,5 m (5 ft)

Es una planta anual, medio resistente, reptante o trepadora, con hojas de color verde claro, redondas, a veces con marcas blancas. Las flores con forma de trompeta, de brote largo, cerca de 5 cm (2 in) de ancho, duran todo el verano y todo el otoño y tienen tonos amarillos, cremas, naranjas y rojos, a menudo con un toque de contraste en el cuello. Son comestibles, tienen un aspecto muy colorido, en la ensalada. Hay muchas mezclas de semillas disponibles, incluida la «Climbing Mixed», la semitrepadora Serie Gleam y la enana Serie Whirlybird. Cultívela en maceteros, cestas colgantes o delante de un borde. Se reproduce sembrando semillas en el interior en primavera, o en el exterior una vez que el riesgo de heladas haya pasado.

Tulipa
Tulipán

Altura, 20-50 cm (8-20 in),
extensión, 10 cm (4 in)

Los tulipanes son bonos que crecen en primavera y que son ideales para cultivarse en maceteros o bordes. La amplia gama de especies e híbridos se ha clasificado de acuerdo con las características botánicas y el tiempo de floración. Las flores pueden ser sencillas o dobles, en forma de cáliz o de estrella, con pétalos lisos o con flecos, redondos o largos y delgados. Los tonos de las flores incluyen el blanco, amarillo, rosa, rojo, naranja y morado casi negro. La «Purísima» es un tulipán de flores blancas muy popular, mientras que la «Reina de la noche» es diametralmente opuesta, con flores granates casi negras. Los tulipanes a rayas han sido durante mucho tiempo una curiosidad para el coleccionista: el «Carnaval de Niza» es un híbrido de flores dobles blancas con tiras rojas, mientras que el «Flaming Parrot» tiene pétalos con flecos y tiras amarillas y rojas. Las plantas bajas son normalmente híbridos de *T. kaufmanniana* (tulipán nenúfar), como el «Giuseppe Verdi» (flores a rayas amarillas y rojas), y los híbridos *T. greigii*, como la «Caperucita Roja» (flores rojas). La *T. praestans* es más alta, con 30 cm (12 in), y tiene grupos de hasta 5 flores de color rojo anaranjado. Corte las flores marchitas después de la floración y permita que se vaya extinguiendo. Plante nuevos bulbos en otoño a 10-15 cm (4-6 in) de profundidad. Se reproduce por división cuando se sacan los bulbos después de florecer.

Verbena bonariensis
Verbena

Altura, 2 m (6 ft), extensión, 45 cm (18 in)

Planta perenne, alta, forma una masa con tallos erguidos y rígidos, se ramifican regularmente y tienen unas pocas hojas arrugadas y ásperas. Las cabezas de las flores aplanadas, de color morado, ligeramente aromáticas, se producen durante todo el verano y durante el otoño, hasta que las heladas lo impiden. Ésta es una planta ideal para el centro o para la parte de atrás de un borde, donde puede necesitar estacamiento para mantenerla sin que se incline. Se autofecunda profusamente; las plantas jóvenes se pueden sacar para trasplantarlas, o bien se puede dividir la planta en primavera. Corte el crecimiento cada primavera ya que rebrotará desde la base.

Viola cornuta
Violeta cornuda

Altura, 15 cm (6 in), extensión, 40 cm (16 in)

Planta de hojas perennes, expansiva, con tallos que son horizontales al principio y luego giran hacia arriba. Tiene unas hojas ovales y satinadas, con bordes dentados y flores ligeramente aromáticas durante la primavera y principios del verano. Miden cerca de 3,5 cm (1½ in) de ancho, con 5 pétalos ampliamente separados, de color entre lila y violeta. Los pétalos inferiores tienen marcas blancas y finos brotes ligeramente curvos. Se han criado formas blancas, amarillas, rosas y rojas. La violeta cornuda es ideal bajo otras plantas, en un borde o macetero permanente. Cultívela a partir de la siembra de semillas en primavera o tan pronto como estén maduras, o divida las masas establecidas en primavera (después de florecer) o en otoño.

Viola Delta Series
Pensamiento

Altura, 20 cm (8 in), extensión, 25 cm (10 in)

Esta serie de coloridos pensamientos es densa y robusta, con una cara más grande que lo normal. Es uno de los muchos del grupo de cultivares de la *Viola* x *wittrockiana*. Traen color al jardín, los maceteros y los parterres durante todo el año, incluso durante el invierno. Se han criado para tolerar la mayoría de las condiciones y florecen continuamente siempre que no se juegue con las semillas. Tienen un aspecto tupido y expansivo, con hojas perennes en forma de corazón, y flores de hasta 10 cm (4 in) de ancho. Están disponibles en color blanco y tonos morados, azules, bronces, granates, rosas, naranjas y amarillos, a menudo con un ojo de color más oscuro, salpicaduras de color o pétalos de diferentes colores. Muchas mezclas de semillas están disponibles, incluyendo la «Can Can Mixed» (con pétalos ondulados, completos y con pliegues). Siembre semillas en cualquier momento excepto a mediados del verano. En la Serie Delta, el «Azure Wing» tiene pétalos claros de una cara de un vivo color malva; la «White Rose» tiene una cara malva y blanca.

Viola tricolor
Pensamiento

Altura, 12 cm (5 in), extensión, 15 cm (6 in)

El pensamiento silvestre es una planta pequeña anual, bienal o perenne de vida corta, que forma una masa en un borde o macetero. Tiene hojas en forma de corazón, dentadas, y bonitas flores de tres colores durante la primavera, el verano y el otoño. De los cinco pétalos, los dos superiores son de color morado oscuro o violeta, los dos centrales de color morado claro y el inferior de color amarillo, con rayas violetas. Los colores no son definitivos, los pétalos del medio pueden ser casi blancos o tan oscuros como el morado. La forma «Bowles' Black» es de color violeta muy intenso con un ojo amarillo. El pensamiento es de vida breve (a partir de semillas sembradas en primavera), pero las semillas se establecen fácilmente y pueden ser invasoras.

Zinnia
Zinia

Altura, 25-60 cm (10-24 in), extensión, 30 cm (12 in)

Grupo de plantas anuales, tupidas y tiernas, con tallos ramificados, de color verde intermedio, con hojas en forma de lanza y flores coloridas, similares a las margaritas; son excelentes para parterres, en verano, o para maceteros y buenas para ser cortadas. La Z. *elegans* es erguida y tupida, con pétalos anchos y flores moradas. Sus formas incluyen la Serie Thumbelina (enana, sencilla o semidoble, magenta, roja, rosa o amarilla) y «Envy» (verde lima). La «Profusion Cherry» es una variedad enana con flores de color rojo cereza. La Z. *haageana* es tupida, con flores de un vivo color naranja. Sus formas incluyen a la «Persian Carpet» (pequeña, semidoble y doble, sencilla y bicolor, en tonos morados, rojos, marrones, naranjas y amarillos). Corte las flores marchitas regularmente para prolongar el periodo de floración. Siembre semillas en primavera.

Bambús, hierbas y helechos

Puesto que los jardineros se han vuelto cada vez más sofisticados en sus gustos, los bambús, las hierbas y los helechos han experimentado un aumento sin precedentes en su popularidad. Mientras que antes, en los centros de jardinería, sólo las flores de vivos colores se vendían bien, los méritos arquitectónicos y el bajo mantenimiento de este grupo de plantas hacen que ahora sean mucho más apreciados. Aunque son diferentes entre sí botánicamente, se usan en jardines por motivos similares, para añadir una nota de calma y estabilidad entre las plantas.

Los bambús son plantas útiles como pantallas y son buenos para los maceteros, con el valor añadido de que el macetero mantendrá sus tendencias más invasoras bajo control. Sus tallos, conocidos como cañas, tienen varios colores, incluidas la forma a rayas y la negra. Dividiendo la longitud de las cañas están los nudos, que también pueden ser decorativos.

Las hierbas relacionadas pueden usarse para aislar los bordes florecientes en más ebullición, dando un sentido de forma y escala. Algunas son invasoras, así que es mejor escoger las que forman grupos, que no buscan extenderse demasiado. Las flores de la hierba se llaman espiguillas; les siguen los semilleros, que son de particular valor en otoño, cuando las flores perennes se van muriendo. Hay muchas formas de hierba, algunas pequeñas, algunas de proporciones gigantescas. Puede encontrar especies que prosperan en suelo húmedo y otras que funcionan bien en condiciones secas.

Los helechos son ideales para los bordes de los arbustos, para crecer bajo los árboles y para jardines boscosos, ya que muchos de ellos funcionan particularmente bien a la sombra. Sus bellas frondas (hojas) pueden adoptar muchas formas, desde las casi planas como una cinta, a las rizadas y divididas en trozos pequeños.

Asplenium scolopendrium
Helecho de lengua de ciervo

Altura 45-70 cm (18-28 in), extensión 60 cm (2 ft)

El helecho de lengua de ciervo es una planta de hoja perenne que habita el suelo y se extiende mediante rizomas cortos. Produce coronas derechas, con forma de volante, de hojas satinadas y correosas, de hasta 40 cm (16 in) de longitud y forma de espada, con un borde ondulado y un nervio grueso de color marrón verdoso en el centro. El frondoso follaje es un excelente contraste para las plantas de color más vivo o para crear un efecto boscoso en una esquina sombría. Hay muchas variantes de este helecho, exhibiendo cada una características ligeramente diferentes, incluida la «Crispum», que tienen bordes muy ondulados, casi formando volantes, en sus frondas de color verde intermedio. Se reproduce por división o sembrando esporas en primavera.

Dryopteris filix-mas
Helecho macho

Altura, 1m (3 ft), extensión, 1m (3 ft)

El helecho macho, a veces semiperenne, prospera a la sombra, pero tolera una luz más fuerte. Constituye una masa con forma de volante, de frondas con forma de lanza y talladas muy profundamente, que alcanzan hasta 1m (3 ft) de altura; es una planta maravillosamente arquitectónica, ideal para un rincón sombrío en el borde o un macetero. Las formas cultivadas incluyen la «Grandiceps Wills», una planta realmente espectacular, con una cresta amplia y pesada en la punta de cada fronda, y la «Crispa Cristata», que tiene frondas y foliolos (las hojitas que forman una fronda) con crestas. El Grupo Linearis tiene una apariencia delicada. La «Linearis Cristata» se llama así porque los foliolos y las puntas de las frondas forman crestas. La *D. affinis*, el polipodio dorado, es muy similar a la *D. filix-mas*; se distingue por una mancha oscura donde los foliolos se unen a la arteria central. La *D. a.* «Crispa Gracilis» es una forma enana que crece hasta justo 30 cm (12 in) de altura. Es de hoja perenne con foliolos retorcidos. Se reproduce por división en primavera o sembrando esporas tan pronto como estén maduras.

Fargesia nitida
Bambú de manantial

Altura, 3 m (10 ft), extensión, 1,5 m (5 ft)

Es de hoja perenne y de crecimiento lento, ideal para un jardín boscoso, un borde con arbustos o una planta de macetero. Forma una masa densa de cañas de color verde violáceo oscuro, cada una mide 4-8 mm (⅛–⅜ in) de grosor y puede alcanzar 3 m (10 ft) o más de altura. Las cañas se cubren de polvo grisáceo al principio, volviéndose de rayas de color marrón violáceo, blancas por debajo de los nudos, según envejecen. Las ramitas moradas se producen al segundo año, arqueadas a medida que crecen hasta que finalmente parece como si formaran cascadas de agua. Las hojas de color verde oscuro, finamente afiladas, titilan suavemente incluso con la más ligera de las brisas, dándole un movimiento constante. Se reproduce mediante la división de las agrupaciones en primavera.

Matteuccia struthiopteris
Helecho del avestruz, helecho ondulado

Altura, 1,5 m (5 ft), extensión, 1m (3 ft)

El helecho ondulado caducifolio se cultiva por sus hojas atractivas, que están organizadas como un volante en dos anillos distintos. El anillo exterior consiste en frondas estériles de color verde claro amarillento que se arquean elegantemente y miden hasta 1,5 m (5 ft) de altura. El lado interior tienen frondas más cortas, fértiles, de color marrón verdoso oscuro, que aparecen a finales del verano y duran todo el invierno. Ambos tipos de frondas están talladas profundamente, en general con forma de lanza, con un nervio central de color marrón negruzco. A este helecho le gusta el suelo entre ligeramente ácido y neutro y prefiere crecer en condiciones muy húmedas, como por ejemplo el borde de un estanque, pero nunca debería estar anegado de agua. Se reproduce por división a finales de la primavera o sembrando esporas tan pronto como estén maduras.

Milium effusum «Aureum»
Hierba dorada de Bowles

Altura, 30 cm (12 in), extensión, 30 cm (12 in)

Esta hierba perenne, de hoja semiperenne, forma un montículo flojo y se propaga lentamente en un borde o macetero. Cada parte de la planta es de un vivo color amarillo dorado, desde las hojas suaves y tiernas hasta las flores y los semilleros. El sol directo de mediodía puede quemar las hojas, que, sin embargo, se volverán de un color verde lima si la planta crece donde haya mucha sombra. Las hojas forman tiras de hasta 30 cm (12 in) de longitud. La floración comienza a mediados de la primavera y continúa hasta finales del verano; las espiguillas doradas y delicadas, de hasta 30 cm (12 in) de longitud, son tan ligeras que las pequeñas flores parecen danzar con la más suave brisa. Se reproduce por división o sembrando semillas en primavera.

Phyllostachys nigra
Bambú negro

Altura, 3-5 m (10-15 ft), extensión, 2-3 m (6-10 ft)

El denso bambú negro que forma masas tiene cañas vacías de hasta 5 m (15 ft) de altura, aunque pueden estar limitadas por su posición en el jardín o el tamaño del macetero en el que crecen. Las cañas jóvenes son verdes, volviéndose de un color negro satinado a medida que envejecen, con un surco a un lado y polvo blanco ceroso por debajo de los nodos. Las hojas tienen forma de lanza, son de color oscuro y miden hasta 12 cm (5 in) de longitud. Esta elegante planta funciona bien en un macetero grande (que restringirá el crecimiento y la expansión) y es útil para bloquear el viento protegiendo a otras plantas o cobijando una zona de asientos. Se reproduce por división en primavera.

Sasa veitchii
Sasa

Altura, 1m (3 ft), extensión, indeterminada

Atractivo bambú de lento crecimiento que tiene cañas suaves de color morado y tolera una amplia gama de condiciones, incluida la sombra profunda. Se expande mediante rizoma y puede ser bastante invasor en el jardín abierto, pero funciona bien en un macetero grande, hundido en un borde, para constreñirlo. Las hojas, de satinado color verde intermedio, tienen forma de lanza ovalada, son anchas y emiten un maravilloso sonido susurrante mientras el viento las mece. Los bordes de las hojas tienden a marchitase durante el invierno, proporcionando a cada hoja un borde beige. Se reproduce mediante división en primavera, manteniendo las partes más jóvenes del rizoma y descartando las más viejas.

Stipa
Hierba de pluma

**Altura, 60 cm-2 m (2-6 ft),
extensión, 30 cm-1,2 m (1-4 ft)**

Hay varias especies de este género que merece la pena tener en el jardín. La *S. gigantea* es una hierba de hoja perenne densamente adornada y particularmente espectacular cuando está en flor. Tiene hojas delgadas, enrolladas, arqueadas y de color verde intermedio, y crece hasta 70 cm (28 in) de altura. Las altas espigas de las flores, de color verde violáceo, de hasta 2 m (6 ft) de altura, nacen en verano y tienen espiguillas plateadas y erizadas. Se vuelven de color amarillo dorado a medida que maduran, tomando el nombre común de avena dorada por el estrecho parecido que guardan con las panojas de la avena. Las secas cabezas de las flores susurran mecidas por la brisa más ligera; son particularmente efectivas cuando se cultivan contra un fondo oscuro que resalte su color. Otra especie atractiva es la *S. tenuissima*, que mide sólo 60 cm (2 ft) de altura: es caducifolia y forma densos adornos de hojas, esbeltas y de un vivo color verde, y panojas de flores, ligeras y de color blanco verdoso, como plumas que maduran para dar brillo y temblar ante la brisa más ligera. La *S. calamagrostis* también es caducifolia, tiene hojas de color verde azulado, arqueadas, y panojas de flores largas, teñidas de color violáceo, plateadas y ligeramente encorvadas. Crece hasta 1 m (3 ft) de altura. Se reproduce mediante la división en primavera u otoño, o sembrando semillas en primavera.

Hierbas

Las hierbas están entre las plantas más fáciles de cultivar en su jardín y las más gratificantes, proporcionando beneficios culinarios y medicinales, aparte de tener como ventaja unas hojas atractivas y a menudo aromáticas. La mayoría de las hierbas son plantas perennes, pequeñas, resistentes o semiresistentes; algunas son arbustos o árboles, incluyendo el romero (*Rosmarinus officinalis*) y el laurel (*Laurus nobilis*), y una o dos que son tiernas; son tratadas como plantas anuales en climas más fríos e incluyen la popular hierba de la albahaca (*Ocimum basilicum*).

La mayoría de las hierbas prefieren un lugar soleado y un suelo bien drenado, ya que muchas son originarias de la región mediterránea de Europa. Puede cultivar muchas de ellas con éxito en maceteros, incluidas las jardineras.

La lista siguiente es sólo una pequeña selección de algunas de las mejores hierbas culinarias disponibles, pero hay cientos entre las que puede elegir y muchas tienen una gama de variedades que ofrecen unas formas y colores de hojas interesantes.

Las hierbas son plantas ideales para cultivarse en maceteros, y puede cultivar una buena selección de las más pequeñas, como el tomillo, el perejil, la albahaca, las cebolletas y la mejorana, en una jardinera, por ejemplo.

Puede secar muchas de las hierbas para su uso en la cocina, en particular el tomillo, el perejil, el laurel, la salvia, el romero y la menta.

Allium schoenoprasum
Cebolletas

Altura, 30 cm (12 in), extensión, 30 cm (12 in)

Este bulbo perenne y resistente se cultiva por sus hojas, de un delicado aroma a cebolla, que son útiles en ensaladas y como un elemento más para sopas y platos compuestos de huevo. Tienen unas atractivas cabezas redondas de flores de color morado claro en verano. Cultive grupos de cebolletas con 30 cm (12 in) de separación en un suelo bien drenado y ligero o en un macetero. En un lugar cobijado, continuarán creciendo bien en invierno. Se reproduce dividiendo los grupos en primavera.

Anethum graveolens
Eneldo

Altura, 1,5 m (5 ft), extensión, 30 cm (12 in)

El eneldo es una planta anual resistente que tiene unas hojas parecidas a las de los helechos y unas decorativas umbelas grandes, de flores amarillas, en verano. Se cultiva mejor en un lugar soleado y en un suelo ligero. Tanto las hojas como las semillas se usan en cocina; las cabezas de las flores y las semillas dan aroma a los adobos, mientras que las hojas tienen una fragancia a anís. El eneldo es una ayuda excelente para la digestión. Se reproduce mediante la siembra de semillas a mediados de la primavera.

Coriandrum sativum
Cilantro

Altura, 60 cm (2 ft), extensión, 10 cm (4 in)

El cilantro es una planta anual resistente con hojas picantes y divididas y semillas muy aromáticas. Es una de las hierbas de cultivo más antiguo y un ingrediente básico en la cocina asiática, donde se usa para condimentar curries y adobos. Se piensa que ayuda enormemente a la digestión. Siembre semillas in situ en primavera en un lugar resguardado y soleado. Adelgace los semilleros a 30 cm (12 in) de separación. Riegue copiosamente en verano.

Laurus nobilis
Laurel

Altura, 3-12 m (10-40 ft), extensión, 3-10 m (10-30 ft)

Originario de la zona mediterránea, este árbol resistente de hoja perenne tiene hojas ovales, aromáticas, de brillante color verde oscuro; está mejor en un lugar soleado y bien drenado. A las pequeñas flores de primavera le siguen unas bayas negras. Las hojas se usan para condimentar sopas y estofados: son uno de los ingredientes clásicos para condimentar. Hay también una forma de hojas doradas llamada «Aurea». El laurel se puede recortar para formar estándares (Nota del traductor: plantas podadas sin ramas laterales) o pirámides. Se reproduce cogiendo esquejes semimaduros en verano.

Mentha
Menta

Altura 10-100 cm (4-36 in), extensión 45 cm (18 in) hasta indefinido

La menta es una planta perenne vigorosa de hojas de color verde intermedio, ligeramente peludas, que son muy aromáticas cuando se trituran. Las flores son blancas o de color malva rosáceo y aparecen en verano. La menta funciona bien en la penumbra, pero necesita mucha humedad. Puede ser invasora si no se controla cultivándola en un macetero. Hay muchos tipos, incluidas las reptantes (*M. pulegium*) y aquellas con hojas de diferentes sabores, la *M. spicata* (menta verde) y la *M. suaveolens* (menta de burro) por nombrar tan sólo dos. Se reproduce mediante división en primavera u otoño.

Origanum majorana
Mejorana

Altura, 45 cm (18 in), extensión, 20 -30 cm (8-12 in)

Cultivada como una planta anual en climas templados, este subarbusto de hoja perenne tiene hojas aromáticas y pequeñas flores de color blanco, rosa o malva en verano. Las hojas se usan para sopas, rellenos y salsas. La *O. onites*, el orégano, es un subarbusto resistente con flores rosas o blancas y hojas similarmente aromáticas. Hay también orégano silvestre, *O. vulgare*, que es más resistente que la mejorana con flores rosas y hojas que son menos aromáticas. Su forma dorada «Aureum» es un cultivar popular y tienen hojas pequeñas de color verde amarillento. Cultive la mejorana en un jardín de hierbas, un borde mixto o macetero. Se reproduce sembrando semillas a finales de la primavera o se dividen las plantas perennes en otoño.

Petroselinum crispum
Perejil

Altura, 20-30 cm (8-12 in), extensión, 20-30 cm (8-12 in)

El perejil es una planta bienal de hojas estrechamente onduladas, profundamente talladas, que son ricas en vitaminas A, B y C y microminerales. Se usa para condimentar sopas, estofados y ensaladas. El «Moss Curled» es un cultivar alto con hojas estrechamente onduladas, mientras que la variedad *neapolitanum*, conocida también como «Italiana», tiene hojas planas con un sabor picante. Con la ventaja de tener raíces carnosas y comestibles, la variedad *tuberosum*, el perejil de Hamburgo o de raíces de nabo, tiene unas hojas menos aromáticas. El perejil se cultiva normalmente en un jardín de hierbas, pero también es adecuado para los maceteros. Se reproduce mediante la siembra de semillas a mediados de la primavera (verter agua hirviendo sobre las semillas sembradas apresura la germinación).

Rosmarinus officinalis
Romero

Altura, 1,5 m (5 ft), extensión, 1,5 m (5 ft)

Este arbusto de hoja perenne, resistente a las heladas, tiene unas hojas sumamente aromáticas, cerosas, con forma de aguja, y flores de color azul malva a principios del verano. Las hojas se usan para condimentar asados y platos compuestos de patatas. Hay muchas formas diferentes de romero, algunas con flores rosas y otras que o crecen lentamente o se expanden. Las formas derechas se pueden domar como estándares, que parecen muy efectivos con las hierbas que crecen más bajas. Todos los tipos de romero necesitan un lugar a pleno sol y un suelo bien drenado. Se reproduce cogiendo esquejes de la punta semimaduros en verano.

Salvia officinalis
Salvia común

Altura, 60 cm (2 ft), extensión, 60 cm (2 ft)

La salvia común es una planta de hojas perennes, similar a un arbusto, de la zona mediterránea, con hojas de fieltro sumamente aromáticas y flores de color azul violáceo en verano. Las hojas se usan particularmente para platos de cerdo y asaduras y para hacer rellenos. La forma «Purpurascens», ampliamente cultivada, tiene hojas moradas, mientras que la «Kew Gold» tiene hojas de un vivo color dorado. Cultive la salvia en un jardín de hierbas o en maceteros de un patio. Las variedades de hojas coloridas resultan buenas para la parte delantera de los bordes. La salvia necesita podarse poco, aparte de arreglarla a principios de la primavera. Se reproduce cogiendo esquejes básicos y tiernos en primavera o esquejes de los extremos semimaduros a finales del verano; siembre las semillas en primavera.

Thymus vulgaris
Tomillo de jardín

Altura, 15-30 cm (6-12 in), extensión, 38 cm (15 in)

El tomillo de jardín se cultiva, en maceteros o jardines de hierbas, por sus pequeñas hojas aromáticas y perennes, usadas para condimentar sopas, estofados y rellenos; normalmente tiene flores malvas en verano. Hay muchas otras especies en este amplio género. Las variedades de arbusto más tiernas son originarias de la zona mediterránea. Las formas más resistentes, reptantes, se dan, naturalmente, en climas templados. El *T.* x *citriodorus* común, conocido como tomillo de aroma a limón, tiene hojas de olor a limón y flores rosas, mientras que el cultivar «Aureus» tiene hojas jaspeadas de color dorado. La «Silver Queen» está jaspeada de color blanquecino. El tomillo necesita un suelo bien drenado y un lugar soleado. Se reproduce sembrando semillas en primavera o tomando esquejes semimaduros de los extremos a finales del verano.

Fruta

La fruta casera es deliciosa, pero necesita un cultivo más cuidadoso que la mayoría de vegetales y hierbas. Los árboles frutales y los arbustos no sólo son más proclives a las plagas y enfermedades, sino que también la alimentación y el riego es más exigente. Sin embargo, se están creando nuevas variedades resistentes a las enfermedades que merece la pena cuidar. Algunas, como las fresas, las frambuesas, la grosella, las moras y las manzanas producen una buena cosecha sin demasiados problemas.

Desgraciadamente, la mayoría de las variedades de fruta son más difíciles de cultivar que los vegetales, aunque unas pocas, como las fresas, la frambuesa, la grosella, las moras las manzanas, son relativamente fáciles. Las fresas tienen la ventaja de fructificar bien en maceteros. Los arándanos necesitan un suelo ácido, pero también funcionan bien en maceteros: si usted vive en una zona alcalina, no están fuera de su alcance ya que puede plantarlos en maceteros llenos de abono (ácido) ericáceo.

La gama de árboles frutales disponible está en expansión y hay algunos especiales que se han criado sobre rizomas reducidos, de manera que son adecuados para espacios pequeños. La mayoría de la fruta de hueso más tierno, como los melocotones, es bastante difícil de cultivar en climas más fríos, pero se puede favorecer su fructificación contra una pared resguardada y soleada, por ejemplo. En cuanto a los árboles frutales, una buena cosecha depende de una poda correcta, que favorece el máximo número de capullos y, en consecuencia, de fruta.

Para asegurarse de que su cultivo no cae presa de los pájaros, necesitará cubrir el árbol o arbusto con una red fina una vez que la fruta comience a hincharse. Un alimento rico en potasa ayudará a asegurar una buena cosecha.

Fragaria x *ananassa*
Fresa

Altura, 15 cm (6 in), extensión, 30 cm (1 ft)

Estas plantas herbáceas perennes son fáciles de cultivar y se propagan a sí mismas enviando plantas trepadoras (tallos largos) con nuevas plantas en los extremos. Para alargar la temporada, escoja cultivares de cada estación de la fruta: las tempranas, como la «Elvira», de media temporada, como la «Cambridge Favourite», y las tardías, como la «Domanil». Alcanzando cerca de 30 cm (12 in) de altura, con igual extensión, las fresas funcionan mejor en suelos bien drenados y producen cosechas durante cerca de tres años. Plántelas con 45 cm (18 in) de separación, en filas de 60 cm (2 ft) , en un arriate elevado o en caballones ligeramente elevados. Cubra las plantas con paja una vez que la fruta comience a formarse. Como alternativa, plántelas a través de un plástico negro. Riéguelas bien, particularmente una vez que se forme la fruta.

Malus domestica
Manzana

Altura, 7 m (21 ft), extensión, 5 m (15 ft)

Los manzanos producen grandes cantidades de fruta si se cultivan y podan bien. Los cultivares populares incluyen la culinaria «Bramley's Seedling» y el postre de «Cox's Orange Pippin». La mayoría de las manzanas no se autofecundan, por lo que necesitan un polinizador compatible (compruebe la compatibilidad cuando lo compre). Plante los árboles a finales del otoño o principios del invierno en suelos bien abonados. Riéguelos desde que florezcan en adelante. Para las manzanas que fructifican a partir de brotes (grupos de capullos a lo largo de los tallos), pode en invierno, reduciendo los tallos principales a un tercio de lo crecido en la estación en curso, y los brotes laterales hasta dejar 4-5 capullos. Otras manzanas dan fruta en la punta de los brotes y necesitan una poda renovada (cortando algunos de los brotes viejos fructificados hasta sus bases) cada año.

Prunus avium
Cereza

Altura, 7 m (21 ft), extensión, 5 m (15 ft)

Las cerezas están entre las frutas más deliciosas que puede cultivar. Los árboles son vigorosos y están normalmente insertados sobre los rizomas reducidos para hacerlos más manejables en los jardines pequeños. Escoja un cultivar que se autofecunde, como la «Stella». Las cerezas necesitan un lugar soleado y un suelo profundo que retenga humedad; funcionan bien adiestradas como abanicos contra una pared o valla. Plántelas a finales del otoño, dejando a cada árbol unos buenos 6 m (20 ft) de espacio alrededor. Alimente los árboles con gran cantidad de materia orgánica y asegúrese de que estén bien regados durante los periodos secos. Utilice una red para la fruta a medida que se vaya formando. Pode los abanicos después de fructificar, cortando los brotes laterales dejando tres hojas.

Prunus persica
Melocotón

Altura, 5 m (16 ft), extensión, 3 m(10 ft)

Los melocotones, con su maravillosa piel aterciopelada, son bastante más difíciles de cultivar que las cerezas ya que las flores son susceptibles de helarse. Cultive los árboles como abanicos en un lugar soleado, contra una pared o valla, con alambres para amaestrarlos. Proporcione un suelo profundo que retenga la humedad y mucho espacio alrededor de cada árbol (como para las cerezas). Los melocotones se autofecundan, pero la polinización se puede mejorar frotando ligeramente cada flor con un cepillo, transfiriendo el polen en el proceso. Los melocotones producen fruta sobre la parte que ha crecido en la estación anterior, así que cuando se acabe la fructificación, corte los brotes laterales que han tenido fruta y ate nuevos brotes para sustituirlos. Si es necesario, proteja las flores de las heladas con una lámina de plástico.

Prunus domestica
Ciruela

Altura, 5 m (16 ft), extensión, 4 m (13 ft)

Las ciruelas son muy prolíficas, produciendo una buena cosecha de un solo árbol, y son más fáciles de cultivar que otros miembros de la familia *Prunus*. La «Victoria» es muy conocida y se cultiva mucho. En pequeños jardines, escoja las formas de arbustos enanos. Es recomendable el cultivo de más de uno para mejorar las posibilidades de polinización. Plante árboles en suelo fértil y profundo. Asegúrese de que estén bien alimentados y regados regularmente. Puede ser necesario disminuir la cosecha si es especialmente pesada ya que las ramas se pueden romper bajo la presión. La poda consiste en disminuir las ramas superpobladas y mantener el resto a una longitud de cerca de 1,5 m (5 ft). Las ciruelas son susceptibles de contraer la enfermedad de la hoja plateada, que provoca que las ramas se mueran; podar a finales del verano reduce la posibilidad de un ataque.

Ribes nigrum, R. rubrum
Grosella negra, grosella roja

Altura, 1,2 m (4 ft), extensión, 1,2 m (4 ft)

Se cultivan por sus frutas negras, rojas o blancas, para las mermeladas. Siendo arbustos tupidos de cerca de 1,5 m (5 ft), funcionan bien en un lugar soleado, abierto pero resguardado. Plántelos en otoño en un suelo profundo que retenga la humedad, con una separación de 1,5 m (5 ft). Tienen cosecha la primera temporada después de plantar, pero fructifican más vigorosamente al año siguiente. Cúbralo densamente con materia orgánica en primavera y riegue regularmente una vez que las frutas se hayan formado. Pode en otoño o en invierno para crear un esqueleto abierto: con las grosellas negras, quite un cuarto de la madera de dos años de edad cada año; con las grosellas rojas, corte los brotes laterales hasta dejarlos en un capullo. Las grosellas negras están listas para cosecharse a mediados del verano; las grosellas blancas y rojas maduran pocas semanas después.

Ribes uva-crispa variedad reclinatum
Grosella espinosa

Altura, 1 m (3 ft) extensión, 1 m (3 ft)

Las frutas verdes, amarillas o rojas de los grosselleros espinosos se usan como postre o para mermeladas. Algunas frutas rojas, más grandes y más dulces, se pueden comer crudas, otras necesitan cocinarse. Los arbustos de la grosella madura alcanzan cerca de 1,2 m (4 ft) de altura. Plántelos desde el otoño hasta principios de la primavera, a cerca de 1,2 m (4 ft) de separación, con 1,5 m (5 ft) entre las filas. Necesita un suelo bien abonado y fértil para cosechar bien. Pode los arbustos para crear un esqueleto abierto, cortando los tallos principales cerca de la mitad. Quite los tallos muy viejos y cualquiera que esté superpoblado o cruzado. Mantenga todos los brotes jóvenes y fuertes. Coseche la grosella espinosa temprana para cocinar o para mermeladas; más tarde, mientras maduran, son adecuadas para postre.

Rubus fruticosus
Zarzamora

Altura, 1,5 m (5 ft) extensión, 3 m (10 ft)

Aunque en la naturaleza las zarzamoras son arbustos muy espinosos, los cultivares sin espinas, como el «Oregon Thornless», se han criado ahora con fruta dulce más grande de lo normal. Plante las cañas con una separación de al menos 3 m (10 ft) en otoño. Cúbralas bien con materia orgánica y riegue una vez que la fruta comience a formarse. Las moras necesitan un sistema de apoyo fuerte: amaestre los tallos con cables atados a gruesos postes y ate los brotes a los alambres horizontales para exponer el mayor número de tallos al sol y favorecer la fructificación. Las moras son vigorosas y requieren una poda implacable: después de fructificar corte todas las cañas viejas que han fructificado al nivel del suelo; pode las cañas jóvenes principales hasta 1,5 m (5 ft) al año si es necesario.

Rubus idaeus
Frambuesa

Altura, 1,8 m (6 ft), extensión, 1 m (3 ft)

Las frambuesas son arbustos que forman cañas que producen grandes cosechas en verano u otoño, de acuerdo con el cultivar. Prefieren el suelo bien drenado y muy fértil y un lugar resguardado, preferiblemente a pleno sol. Crecen hasta cerca de 2 m (6 ft) y necesitan sostenerse con estacas y alambres. Plante cañas desde el otoño hasta finales de la primavera, a 45 cm (18 in) de separación en filas con una separación de 2 m (6 ft). Cubra con paja o materia orgánica para controlar la maleza. Corte hasta 22 cm (9 in) después de plantar. En los años siguientes, pode las frambuesas que han fructificado en verano, después de madurar, cortando todas las cañas fructificadas al nivel del suelo; en cuanto a los cultivares que fructifican en otoño, corte todas las cañas al nivel del suelo a finales del invierno.

Vaccinium corymbosum
Arándano

Altura, 1 (3 ft), extensión, 1,2 m (4 ft)

Los arándanos son arbustos caducifolios que producen bayas azules a finales del verano; el temprano cultivar «Bluecrop» tiene grandes bayas de color azul claro. Necesitan un suelo ácido y fresco y humedad, tolerando la penumbra pero cosechando con más vigor a pleno sol. El arbusto maduro crece hasta cerca de 1,2 m (4 ft) de altura. Plante los arbustos entre otoño y principios de la primavera con una separación de apenas 1,5 m (5 ft). Añada turba para aumentar el nivel de acidez si es necesario, o cultive las plantas en maceteros de abono ericáceo. Cubra con abono bien podrido a principios del verano. Los arándanos no necesitan poda hasta que tienen 3-4 años, cuando algunos de los brotes más viejos deberían cortarse al nivel del suelo en otoño. Coseche a finales del verano.

Hortalizas

Hay una amplia gama de hortalizas que puede cultivar en su jardín. Algunas hortalizas son más fáciles de cultivar que otras, incluidas la remolacha, los nabos, los calabacines, las zanahorias, la lechuga, los rábanos y las habas. Escoja entre estas variedades fáciles de cultivar si va a plantar hortalizas por primera vez.

Las hortalizas contienen una amplia gama de vitaminas y minerales, siendo algunas plantas muy ricas en un nutriente en particular. Por ejemplo, las legumbres, como los guisantes y las judías, son una fuente rica en vitamina B, mientras que los pimientos, las patatas y los tomates contienen todos altos niveles de vitaminas C. Ahora se piensa que los antioxidantes que se encuentran en muchas de las hortalizas de hoja verde, que usted puede cultivar en su jardín, como el broccoli y la col, ayudan a proteger contra el cáncer.

Cultive las hortalizas sucesivamente donde sea posible, plantando unas pocas semillas por semana o quincena, de manera que pueda alargar la temporada de cosecha y evitar un exceso de un tipo de cultivo en cualquier momento en particular. Usted puede almacenar hortalizas de raíz durante varios meses manteniéndolas en un lugar fresco y oscuro. Una opción es congelar, pero necesitará escaldar las hortalizas (hervirlas durante un minuto o dos) de antemano.

La mayoría de las hortalizas necesitan un lugar soleado y un buen suelo rico en humus. Para conseguir la máxima cosecha, escarbe bien el suelo y manténgalo alimentado convenientemente. Riegue las plantas de manera regular. Una gama de plagas y enfermedades atacará sus cultivos. Minimice este peligro escogiendo variedades resistentes a las enfermedades y cuidando bien de sus plantas durante todo el año.

Allium porrum
Puerro

Altura, 60 cm (2 ft) extensión, 15 cm (6in)

Parientes cercanos de las cebollas, los puerros están entre las verduras más resistentes, salvando el invierno incluso en climas muy fríos. El largo tallo es la parte comestible, las plantas del puerro se cultivan en agujeros profundos para favorecer que éste crezca blanco. Los puerros prefieren la luz y el suelo abierto que es alto en nitrógeno. Siembre las semillas al aire libre a principios de la primavera, en surcos, con 30 cm (12 in) de separación. Transplante las pequeñas plantas cuando midan apenas 15 cm (6 in) de altura, plantándolas en agujeros profundos y estrechos creados por un almocafre, en espacios de apenas 20 cm (8 in)de separación, en filas con 30 cm (12 in) de separación. Coseche los puerros desde principios del otoño en adelante; déjelos en la tierra hasta que se necesiten.

Allium
Cebolla, cebolleta, ajo

Altura, 15 cm (6 in), extensión, 15 cm (6 in)

Las cebollas, las cebolletas y el ajo necesitan un suelo rico. Plante bulbos inmaduros en otoño (un periodo de tiempo fresco supondrá un fuerte crecimiento en primavera); el ajo se planta mejor en primavera. Siembre las semillas de cebolla al inicio de la primavera en surcos de 1 cm (½ in) de profundidad y 30 cm (12 in) de separación y adelgace las plántulas a 15 cm (6 in) de separación. Plante los dientes de ajo a casi su propia profundidad, las cebolletas a 1 cm (½ in), con 15 cm (6 in) de separación en todas las direcciones. Coseche los bulbos cuando las hojas se vuelvan amarillas. Arránquelos con una horca de jardín y permita que se sequen naturalmente antes de almacenarlos en lugar fresco, seco y a prueba de heladas. Para hacer trenzas de bulbos, deje 15 cm (6 in) de hoja por encima del bulbo y átelo con un lazo alrededor de un trozo de cuerda doble.

Apium graveolens
Apio, apio nabo

Altura, 60 cm (2 ft) extensión, 15 cm (6in)

Sus tallos de hoja son suculentos y crujientes; escoja las variedades que se auto-blanqueen, son más fáciles de cultivar que aquellas que necesitan blanquearse. Igualmente el apio nabo se cultiva por su tallo comestible similar a un bulbo. Proporciónele un lugar soleado y abierto con suelo fértil y profundo. Siembre las semillas en el interior a principios de la primavera, plantando las pequeñas plantas fuera a finales de la primavera, cuando hayan desarrollado 4-5 hojas verdaderas. Deje cerca de 25 cm (10 in) entre las plantas. Riegue regularmente. Tanto el apio como el apio nabo están preparados para la cosecha aproximadamente seis meses después de la siembra, desde principios del otoño. Quite las hojas de la base del apio nabo a principios del otoño y cúbralo con paja para protegerlo de las heladas. El apio sólo sobrevive a las heladas pequeñas.

Beta vulgaris
Remolacha

Altura, 23 cm (8 in) extensión, 15 cm (6 in)

Es muy rica en minerales y vitaminas. Los buenos cultivares incluyen la «Detroit 2 Crimson Globes», la «Burpee's Golden» (de pulpa amarilla) y la «Chioggia Pink» (de pulpa rosa y blanca). Plante en suelo rico, pero no recién abonado, en filas algo elevadas, siembre in situ, unas cuatro semanas antes de las últimas heladas (empape las semillas en agua fría durante 12 horas para aumentar la germinación). Siembre a 1,5 cm (½ in) de profundidad y 5 cm (2 in) de separación, con 30 cm (12 in) entre las filas. Cuando midan 5 cm (2 in), adelgácelas a 10cm (4 in) de separación. Mantenga las plantas sin maleza y cubra con paja para conservar la humedad. Alimente con líquido durante dos semanas las raíces tiernas. Coseche las raíces al alcanzar su tamaño total, retorciendo las partes superiores para evitar que rezumen. Se puede almacenar en arena durante 6 meses.

Brassica oleracea «Grupo Gemmifera»
Coles de Bruselas

Altura, 60 cm (2 ft), extensión, 30 cm (1 ft)

Estas resistentes hortalizas producen capullos de flores comestibles que forman coles apretadas en las hojas sobre el tallo principal. Las coles de Bruselas necesitan un suelo bien apretado y alcalino para funcionar bien y para impedir la agrupación de raíces, de manera que puede necesitar añadir un poco de cal a su suelo cuando lo escarbe. Siembre las semillas desde mediados a finales de primavera y trasplántelas luego una vez que midan 15 cm (6 in) de altura a su posición final, con apenas 60 cm (2 ft) de separación en todas las direcciones. Apriete bien el suelo. Coseche desde principios del otoño a mediados de la primavera. Abone los tallos restantes al final de la estación.

Brassica oleracea «Grupo Itálica»
Brócoli

Altura, 1 m (3 ft), extensión, 60 cm (2 ft)

Hay dos tipos de brócoli: el brócoli que germina y el calabrés. El brócoli que germina, una planta bienal de 1 m (3 ft) de altura, tiene dos formas: la morada y la blanca. Siembre las semillas a finales de la primavera para dar una cosecha en la siguiente primavera. El calabrés, un brócoli verde, no es tan resistente y se siembra normalmente desde la primavera hasta principios del verano, para cosechar unas 12-14 semanas más tarde. Las variedades modernas incluyen el «Corvet». El brócoli prefiere el suelo alcalino, así que añada cal al suyo si es ácido. El suelo debería ser rico en nitrógeno, pero no recién abonado. Siembre las semillas en maceteros de 15 cm (6 in) y plante con 60 cm (2 ft) de separación cuando se hayan desarrollado 3-4 hojas. Riegue las plantas bien, particularmente después de trasplantar y de nuevo cuando se formen las cabezas.

Brassica oleracea «Grupo Capitata»
Col

Altura, 45 cm (18 in), extensión, 30 cm (1 ft)

En los climas frescos usted puede cultivar y cosechar coles todo el año: siembre coles de verano y otoño desde principios de primavera y verano, coles de invierno al final de la primavera y coles de primavera a finales de invierno y principios de la primavera. Hay una gran gama de variedades de todos los tipos, escoja la que se adecue a sus gustos y necesidades. Todas las coles prefieren un suelo alcalino que sea firme y rico en nitrógeno. Siembre las semillas de todos los tipos a 2 cm (¾ in) de profundidad y trasplante las plantas pequeñas con 30 cm (12 in) de separación a todo alrededor si son coles de primavera, con aproximadamente 15 cm (6 in) más de separación para las coles de verano e invierno. Permita que las cabezas maduren antes de cosechar.

Brassica oleracea «Grupo Botrytis»
La coliflor

Altura, 45 cm (18in), extensión, 30 cm (1 ft)

Las coliflores se dividen en grupos, según el momento de la cosecha: las de invierno se pueden cultivar sólo en zonas templadas o sin heladas, pero las de verano y otoño se pueden cultivar en cualquier lugar. Como las coles, las coliflores prefieren un suelo alcalino con una cantidad media de nitrógeno. Siembre las semillas a 2 cm (¾ in) desde principios de la primavera a principios del verano, dependiendo de la variedad. Trasplante las plantas pequeñas con 60 cm (2 ft) de separación alrededor. Como alternativa, siémbrelas en pequeños maceteros y plántelas fuera cuando se hayan desarrollado 3-4 hojas. Riegue las plantas bien, particularmente después de trasplantarlas y cuando las cabezas comiencen a formarse. Proteja la parte blanca del sol o de las heladas envolviendo las hojas sobre ella. Coseche cuando la parte blanca se ha desarrollado totalmente.

Brassica rapa «Grupo Rapifera»
Nabo

Altura, 23 cm (8 in), extensión, 15 cm (6 in)

Este cultivo resistente, de rápido crecimiento, se considera como una hortaliza de invierno, pero, de una siembra temprana, puede cosechar desde el verano en adelante; los cultivares, como el «Tokyo Cross», maduran rápido y son muy sabrosos. Los nabos prefieren el suelo ligero, rico en nitrógeno, y rinden mejor en condiciones ligeramente alcalinas. Siembre las semillas en surcos con 30 cm (12 in) de separación desde finales de la primavera hasta mediados del verano. Haga más delgadas las plantas, con 15 cm (6 in) de separación, cuando alcancen los 5 cm (2 in) de altura. Asegúrese de que se riegan bien para evitar que se bifurquen las raíces o que se atranquen (produciendo flores y semillas a expensas de las raíces). Coseche los nabos arrancando las plantas cuando las raíces se hayan hinchado como una pelota de golf. Los nabos jóvenes tienen el mejor sabor.

Capsicum annuum «Grupo Grossum»
Pimiento morrón

Altura, 90 cm (3 ft), extensión, 45 cm (18 in)

Hay muchas variedades de esta hortaliza: puede escoger cultivares que produzcan fruta roja, amarilla, verde, naranja o incluso negra azulada. Cultívelos en suelo profundo y bien cultivado o en bolsas de cultivo; para que den los mejores resultados, cultívelos en un invernadero. Siembre las semillas en maceteros individuales en un tiempo cálido a mediados de primavera. Plante las plantas pequeñas con una separación de apenas 60 cm (2 ft); plante en el exterior sólo después de las últimas heladas. Estaque cada planta y pinche el punto creciente cuando alcance los 60 cm (2 ft) de altura. Dé un alimento rico en potasa una vez que los frutos comiencen a formarse y manténgalos húmedos, si es posible. Los pimientos están listos para cosecharse casi tres meses después de plantarlos.

Capsicum annuum «Grupo Longum»
Chile

Altura, 90 cm (3 ft), extensión, 45 cm (18 in)

Cultive estos pimientos picantes igual que los pimientos morrones, en suelo rico o en bolsas de cultivo. Para lograr mejores resultados, cultívelos bajo cristal. Siembre las semillas en maceteros dentro de casa a mediados de la primavera. Plante en el exterior después de las últimas heladas, espaciándolos unos 60 cm (2 ft) y dando una estaca para cada planta. Pinche el punto creciente cuando mida 60 cm (2 ft) de altura. Alimente con un fertilizante rico en potasa una vez que los frutos comiencen a formarse y mantenga la humedad. Los cultivares fáciles de cultivar, como el «Apache», están listos en cerca de tres meses después de plantarse; cuanto más maduros estén los chiles, más picantes serán. Si no están maduros para las primeras heladas, arranque toda la planta y cuélguela del revés dentro de casa en algún lugar cálido donde los frutos continúen su maduración.

Cucumis sativus
Pepino

Altura, 1-3 m (3-10 ft), extensión, 45 cm (18 in)

Los pepinos al aire libre son más fáciles de cultivar que sus contrapartidas de interior, siendo menos sensibles a las plagas y a las enfermedades, pero necesitan temperaturas por encima de los 15 °C (50 °F). Funcionan bien en bolsas de cultivo. Algunos cultivares crecen lentamente y son tupidos, mientras otros reptan y se pueden amaestrar para subir por redes de alambre; entre los más apreciados está el «Burpless Tasty Green». Siembre las semillas a mediados de la primavera en maceteros individuales con calor moderado. Una vez que las plantas pequeñas sean lo suficientemente grandes para manejarlas, endurézcalas gradualmente y plántelas a intervalos del cerca de 1m (3 ft). Amaestre los pepinos reptantes para que suban por una cuerda o red, manteniéndolos en su lugar con nudos flojos. Recorte los brotes laterales a medida que crezcan los tallos principales. Los frutos están listos para cosecharse a finales del verano, unas 12 semanas después de la siembra.

Curcurbita pepo
Calabacín

Altura, 30 cm (12 in), extensión, 15 cm (6 in)

Los calabacines, que son versiones más jóvenes de las calabazas maduras, son rápidos y fáciles de cultivar, estando listos para comer 6-8 semanas después de sembrar. Las calabazas necesitan un cultivo similar y tardan cerca de 16 semanas en crecer. Los cultivares del calabacín incluyen el «Ambassador» (de color verde oscuro) y el «Gold Rush» (amarillo); en cuanto a calabazas, pruebe el «Tivoli» (grande, cilíndrico con pulpa similar al espagueti). A todos les gusta el suelo fértil. Siembre las semillas en maceteros bajo un calor moderado cerca de dos semanas antes de las últimas heladas previstas (empápelas durante la noche para ayudar a la germinación). Plante las plantas jóvenes con una separación de 1 m (3 ft) (mayor para las variedades reptantes). Riegue abundantemente. La recogida regular favorece la continuidad de la cosecha.

Cynara scolymus
Alcachofa

Altura, 2 m (6 ft), extensión, 1,2 m (4 ft)

La alcachofa es una bella planta perenne de hojas plateadas sumamente divididas. El corazón de la flor y las partes carnosas exteriores del capullo son comestibles, una vez hervidos. La «Green Globe» es la variedad más popular. Cultive las alcachofas en un suelo bien abonado, criándolas desde las semillas o brotes arraigados cogidos de la planta madre en primavera. Siembre las semillas en pequeñas macetas, tres en cada una, a cubierto, durante cerca de 6-8 semanas antes de las últimas heladas. Reduzca las plantas a una por maceta y plántelas fuera con una separación de al menos 60-75 cm (24-30 in), a finales de la primavera o principios del verano. Alimente y riegue bien en tiempo seco. Coseche los capullos de las flores en verano cuando midan cerca del tamaño de una naranja.

Daucus carota
Zanahoria

Altura, 30 cm (1 ft), extensión, 15 cm (6in)

Además de la forma tradicional de color naranja, hay zanahorias blancas, amarillas o incluso carmesí. Las variedades de raíces redondas son las más fáciles de cultivar y rápidas en madurar. Todas las zanahorias necesitan un suelo bien preparado que sea profundo, rico y sin piedras. Evite usar el abono fresco inmediatamente antes de plantar ya que esto lleva a crear raíces bifurcadas. Siembre las semillas desde principios de primavera (las siembras más tempranas bajo campana) y sucesivamente para tener un suministro continuo. Reduzca a 2,5 cm (1 in) de separación cuando las pequeñas plantas midan cerca de 5 cm (2 in) de altura. Reduzca de nuevo unas pocas semanas después a 8 cm (3 in). Mantenga la humedad para evitar que las raíces se bifurquen y cubra con paja alrededor de las coronas para evitar que se vuelvan verdes. Coseche tan pronto como las zanahorias sean lo suficientemente grandes.

Foeniculum vulgare variedad azoricum
Hinojo

Altura, 60 cm (2 ft), extensión, 45 cm (18 in)

El hinojo da un bulbo grande y suculento, consistente en las bases hinchadas de las hojas por encima del nivel del suelo. Su aroma distintivo a anís es adorado por algunos, odiado por otros. El «Zefa Fino» es un cultivar popular. El hinojo requiere un suelo bien drenado, pero que retenga la humedad, con mucha materia orgánica introducida en la estación anterior a la siembra. Críe las semillas en módulos con calor moderado a principios de la primavera. Endurezca las jóvenes plantas y plántelas cuando las dos primeras hojas se hayan desarrollado, después de las últimas heladas. Plante con una separación de unos 30 cm (12 in) alrededor entre las plantas. Una vez que los bulbos comiencen a formarse, amontone tierra alrededor de ellos para evitar que los balancee el viento. Están listos para cosecharlos desde finales del verano en adelante, apenas 15 semanas después de la siembra.

Lactuca sativa
Lechuga

Altura, 23 cm (9 in) extensión, 23 cm (9 in)

La hortaliza de ensalada más popular viene en varias formas: romana, semiromana, butterhead, de hojas sueltas y de cabeza crujiente. Las formas en hojas sueltas se atrancan (forman flores y se vuelven amargas) con menor facilidad que las otras y se enfrentan bien a la mayoría de las condiciones de cultivo. Siembre las semillas en surcos a cerca de 30 cm (12 in) de separación, sucesivamente desde principios de primavera a mediados del verano. Reduzca las pequeñas plantas a 30 cm (12 in) una vez que formen dos hojas. Riegue bien en todo momento, pero particularmente cuando las plantas comiencen a madurar. Las lechugas tardan cerca de 12 semanas en alcanzar la madurez: las lechugas de hojas sueltas se cosechan normalmente usando un método de cortar y volver a cortar (cogiendo unas pocas hojas cada vez); con otros tipos, corte toda la cabeza.

Lycopersicon esculentum
Tomate

Altura, hasta 1,5 m (5 ft), extensión, 45 cm (18 in)

Hay muchos cultivares de tomate para cultivar bajo un cristal o en el exterior. Los tomates de arbusto exteriores están entre los más populares; son ideales para los maceteros de patio y no necesitan estacas, a diferencia de los tomates altos o de cordón. Siembre semillas, en maceteros bajo un calor moderado, de principios a mediados de primavera. Plante pequeñas plantas con una separación de 45 cm (18 in) en cada dirección; si se van a plantar en el exterior, espere hasta después de las últimas heladas. Suministre gran cantidad de agua. Cubra con paja y aplique un alimento de potasa cada dos semanas. Para cultivares altos, permita que se desarrollen 5-7 racimos, luego pinche las puntas crecientes de la planta. Quite los brotes laterales a medida que se desarrollen, junto con lo que dé sombra a los frutos. Recoja los frutos cuando se maduren.

Pastinaca sativa
Chirivía

Altura, 15 cm (6 in), extensión, 15 cm (6 in)

Estas resistentes verduras de raíz pasan bien el invierno cuando se dejan en la tierra. Funcionan mejor en suelo profundo y fértil; quite las piedras grandes del parterre para asegurar raíces largas y rectas. Los cultivares de raíces más cortas se pueden cultivar en maceteros. Siembre las semillas en surcos al aire libre a principios de la primavera y reduzca las plantas pequeñas a 10 cm (4 in) de separación una vez que midan 5 cm (2 in) de altura. No permita que se sequen, de otro modo la pulpa se volverá leñosa y las plantas pueden desarrollar raíces bifurcadas. Las chirivías están listas para cosecharse desde mediados del otoño en adelante; déjelas en la tierra hasta que sean necesarias.

Pisum sativum
Guisante

Altura, hasta 90 cm (3 ft), extensión, 45 cm (18 in)

Además de guisantes para desvainar, usted puede cultivar guisantes mollares y guisantes azucarados, que se comen enteros cuando son tiernos. Aquellos para desvainar están agrupados de acuerdo con la duración del tiempo de crecimiento que necesitan: tempranos, segundos y de temporada. Siembre los guisantes en surcos a casi 60 cm (24 in) de separación y 20 cm (8 in) de amplitud. Espácielos con 5 cm (2 in) de separación y 5 cm (2 in) de profundidad. Asegúrese de que no se sequen. Una vez que el cultivo emerja, sosténgalo con palos delgados o una red de alambre. Asegúrese de que las plantas estén bien regadas, particularmente después de florecer. Los guisantes más tempranos están listos para cosecharse 8 semanas después de sembrar; los segundos y los de temporada tardan 10-12 semanas. Coseche las vainas regularmente para favorecer la continuidad de la floración y más vainas.

Phaseolus y *Vicia*
Haba, judía verde y habichuela

Altura, 45 cm-2 m (18 in-6 ft), extensión, 30 cm (12 in)

Las más populares son las verdes (enanas o de arbusto) y las habas. Las judías verdes son frágiles ante las heladas, pero las habas no y pueden plantarse en otoño para tener una cosecha temprana. Todas las judías, habas y habichuelas requieren sol, un suelo rico en humus y mucha agua. Siembre las judías verdes y las habichuelas en el exterior desde mediados de primavera a principios del verano, las habas en otoño o primavera. Plante las judías verdes y las habas a 15 cm (6 in) de separación en filas con una separación de 30 cm (12 in). Espacie las habichuelas a 15 cm (6 in) en filas dobles, con 60 cm (2 ft) de separación. Amaestre las habichuelas para que suban por los postes. Un adobo a mitad de la temporada de extracto de algas marinas mejorará el crecimiento. Coseche las judías, las habas y las habichuelas mientras estén tiernas para una mayor producción.

Solanum melongena
Berenjena

Altura, 90 cm (3 ft), extensión, 60 cm (2 ft)

Las berenjenas necesitan un clima cálido para producir sus frutos de color morado negruzco, por lo que normalmente se cultivan bajo cristal. Necesitan un suelo profundo y fértil. Siembre las semillas a mediados de la primavera, colocando las plantas pequeñas en maceteros. Plante fuera las plantas tiernas tan pronto como las primeras flores comiencen a abrirse; si tienen que ir fuera, espere hasta después de que se hayan acabado las heladas. Espácielas con una separación de 75 cm (30 in) y sostenga sus tallos con estacas. Pinche los puntos de crecimiento poco después de plantar. Aliméntelas con un fertilizante rico en potasa cada dos semanas, una vez que los frutos comiencen a desarrollarse. Coseche 3-4 meses después de plantar. No deje los frutos en la planta, de otro modo la pulpa se volverá amarga.

Solanum tuberosum
Patata

Altura, 75 cm (2 ft 6 in), extensión, 45 cm (18 in)

Hay una variedad enorme de patatas. Las más tempranas están listas a principios del verano; los cultivos de temporada producen patatas más grandes desde finales del verano en adelante; las segundas maduran entre unas y otras. Todas requieren un suelo profundo y rico en materia orgánica. Compre los tubérculos a finales del invierno y colóquelos en un lugar cálido e iluminado para desarrollar los brotes. Plántelos desde principios hasta mediados de la primavera, a 15 cm (6 in) de profundidad y 30 cm (12 in) de separación, en filas con 1 m (3 ft) de separación. Cuando midan 20 cm (8 in), amontone tierra alrededor para que los tubérculos no se vuelvan verdes. Coseche las primeras patatas tan pronto como las flores comiencen a abrirse. Los cultivos de temporada están listos mucho más tarde y pueden almacenarse en un lugar fresco y oscuro durante varios meses.

Glosario

A
Abono
Medio en maceteros o materia podrida orgánica usada para fertilizar el suelo.

Adobo básico
Fertilizante o abono aplicado al suelo antes de plantar o sembrar.

Ácido
Tipo de suelo en el que el pH es inferior a 7.

Acodo aéreo
Véase acodo.

Acodo
Método de propagación por el que cualquier tipo de planta es inducida a formar nuevas raíces a partir de un brote cortado o mellado clavado en el suelo o, en el acodo aéreo, sobre un tallo por encima del nivel del suelo.

Acuática
Planta que crece felizmente en el agua, flotando o anclada en el suelo.

Alcalino
Suelo con pH superior a 7.

Anual
Planta que completa su ciclo de crecimiento desde la semilla a la flor en una temporada.

Arbusto
Planta perenne de un tallo leñoso, que se ramifica en la base. Un árbol normalmente tiene un solo tallo principal.

B
Base
Tira de corteza quitada con un esqueje.

Bienal
Planta que completa su ciclo de crecimiento de la semilla a la flor durante un período de dos años.

Blanquear
Excluir la luz de los tallos de cierta verdura para mejorar el sabor y quitar el amargor.

Brassica
Un miembro de la familia de la col.

Brote
Planta joven que surge por reproducción natural a partir de bulbos.

Bulbo
Órgano de almacenamiento subterráneo.

C
Caducifolia
Planta que pierde sus hojas en otoño.

Cal
Mineral compuesto de calcio, que hace que el suelo sea más alcalino.

Cáliz
El conjunto exterior de segmentos verdes que encierran a un capullo de flor.

Campana
Estructura portátil de cristal o de plástico transparente usada para proteger los cultivos o calentar el suelo antes de plantar.

Cavar doble
Una forma más profunda de lo normal de cavar en la que el suelo se cultiva a una profundidad de dos palas en contraposición a la profundidad de una sola, que es la que normalmente se usa.

Clorofila
El pigmento verde de una hoja que absorbe a la luz, y permite que se produzca la fotosíntesis.

Cordón
Planta entrenada de un solo tallo principal por la poda, usada para producir fruta.

Corona
Base de una planta perenne donde la raíces y el tallo se unen. A menudo necesita protección en plantas sensibles a las heladas.

Cortar flores marchitas
Quitar flores marchitas para favorecer que se formen nuevas flores.

Cultivar
Variedad cultivada opuesta a la variedad de una planta que se produce naturalmente.

D
División
Método de reproducción o de control de plantas dividiéndolas en secciones, cogiendo un trozo de tallo y un nuevo brote en cada sección de la planta.

E
Ericácea
Término usado para describir la familia Erica, que son plantas que detestan la cal.

Espaldera
Planta adiestrada con un tallo central vertical y filas de brotes laterales horizontalmente a cada lado.

Especie
Categoría de planta, en la que se comparten varias características, dentro de un género.

Espolón
Rama corta con capullos de flores.

Esqueje
Porción de una planta, raíz, tallo, hoja o brote, a partir del cual se pueden reproducir nuevas plantas.

F
Familia
El nombre de un grupo de plantas compuesto de géneros relacionados.

Fibroso
Describe a las raíces que son finas y ramificadas.

Forzar
Inducir a cualquier planta a que crezca más rápido de lo que la naturaleza tiene intención, normalmente aumentando la temperatura o la luz.

G
Género
Categoría en la clasificación de una planta usada para describir a las especies que están vinculadas por características comunes.

H
Medio resistente
Planta que puede sobrevivir a cierto grado de heladas durante períodos breves, pero que no es totalmente resistente (véase a continuación).

Herbácea
Planta no leñosa, de igual modo que las perennes.

Humus
Residuo orgánico de materia descompuesta.

Híbrido
Descendencia de padres genéticamente diferentes.

Híbridos F1
La primera generación de plantas criada a partir de dos plantas madre puras. La semilla de los híbridos F1 no llegarán a hacerse realidad.

I
Injerto
Método de reproducción en el que los tallos de dos plantas diferentes se unen de manera que se funden para crear una planta.

J
Jaspeada
Término usado para describir las hojas con varias marcas de color, normalmente blanco o amarillo.

L
Lateral
Crecimiento lateral que surge de un brote o raíz.

Letargo
Estado de la planta cuando cesa el crecimiento. Esto ocurre en los meses de invierno ya que se origina por los bajos niveles de luz.

M
Mantillo
Capa de material aplicada a la superficie del suelo para eliminar la maleza o reducir la pérdida de humedad.

Marco frío
Similar a unas campanas, pero normalmente permanente, con lados de madera o ladrillo.

N
Neutro
Suelo con pH igual a 7.

O
Oxigenador
Planta que vive en el agua y libera oxígeno en el agua. Esencial para la vida de un estanque.

P
Parar
Arrancar para que no crezca más.

Perenne
Cualquier planta que sobreviva durante más de dos temporadas. El término se aplica a las que mueren en invierno y crecen de nuevo a partir de sus raíces en primavera.

PH
Cantidad de acidez o alcalinidad en el suelo.

Pinchar
Quitar la punta creciente de una planta.

Prematuro
Dícese de una planta que produce flores y semillas de manera prematura.

Pétalos inferiores
Los pétalos más bajos de las plantas como las flores de lis.

Poda
Método de quitar partes de arbustos y árboles para aumentar o disminuir el vigor, y para mejorar la floración o fructificación.

R
Raíz desnuda
Plantas que se venden con la tierra quitada de sus raíces.

Raíz principal
Una raíz con una sola raíz principal que crece hacia abajo.

Real
Término usado en la crianza para describir a las plantas que tienen las mismas características que las plantas padres.

Remontante
Planta que florece dos veces en un año.

Resistente
Dícese de una planta que es insensible a las heladas.

Rizoma
Órgano de almacenaje subterráneo, reptante e hinchado.

Rotación de cultivos
Método de plantar cultivos en una nuevo suelo cada año para evitar el aumento de plagas que atacan ciertos cultivos, como el de las patatas.

S
Sacar
Transplantar plantas jóvenes a su posición de cultivo final.

Suculenta
Planta con hojas gruesas y carnosas que almacenan agua.

T
Tallo central
El tallo recto de un árbol o a gusto.

Tierna
Planta que es vulnerable a cualquier daño debido a las heladas.

Topiario
El arte de cortar plantas de hoja perenne con formas geométricas.

Transplantar
Mover una planta de una posición.

Trepadora
Tallo en expansión que repta por encima del suelo, echando raíces en sus nudos para producir nuevas plantas.

Turba
Materia orgánica rica en humus formada en suelos húmedos.

V
Variedad
Variante natural de una planta.

Ventosa
Brote que surge por debajo del suelo o por debajo de la unión del injerto en plantas injertadas.

Índice

Las entradas en cursiva se refieren a las ilustraciones.

EDIMAT LIBROS, S. A.
C/ Primavera, 35
Polígono Industrial El Malvar
28500 Arganda del Rey
MADRID-ESPAÑA
www.edimat.es
© en lengua castellana: Edimat Libros, S. A.

ISBN: 84-9764-498-0
Depósito Legal: M-6963-2004

Título original: The Essential Guide to Gardening Techniques
Traducción: MTM Traducciones Maremagnum

Publicado por primera vez en 2002 por Murdoch Books UK ltd
Copyright 2002 Murdoch Books UK ltd
Un registro catalogado de este libro está disponible en la British Library.

AGRADECIMIENTOS DEL AUTOR
Gracias a Steve y Val Bradley por los proyectos y contribuciones al texto, a Marcus Harpur y Mark Winwood por sus fotografías, a Corinne Asghar por
su trabajo editorial, a Ruth Hope por el diseño, a Amanda Patten por sus ilustraciones y a Iain Macgregor, Anna Osborn y a todos los colaboradores
de Murdoch Books por su ayuda.

AGRADECIMIENTOS DE LOS FOTÓGRAFOS
Marcus Harpur agradece enormemente a los siguientes jardineros, propietarios y diseñadores que muy amablemente le permitieron fotografiar
sus obras para este libro.
Gordon Gardiner, Londres; RHS Hampton Court Palace Flower Show, 2001, 2000; Lee Jackson y Naila Green (Corporate Gardens), Diseño; Christopher
Masson, Diseño, Wandsworth, Londres; Wyken Hall, Suffolk; RHS Chelsea Flower Show, 2001; Andy Sturgeon, Diseño, Londres; Jason de Grellier Payne,
Diseño, Londres; Sr. y Sra. Timothy Easton, Bedfield Hall, Suffolk; Walton Poor Dorking, Surrey; Sr. y Sra. P McPherson, Sussex; Jill Cowley, Park Farm,
Essex; Sr. y Sra. Henry Bradshaw, Norfolk; los Jardines de la Abadía, Malmesbury, Wilts; Jardines Beth Chatto , Mercado de Elmstead, Essex; Paul Dyer,
Diseño; The Really Interesting Landscape Company, Diseño; Parque Pensthorpe Waterfowl, Fakenham, Norfolk; Andy Rees, Diseño; RHS Wisley, Surrey; Dr.
y Sra. NCW Harpur, Ixworth, Suffolk; Antigua Rectoría, Sudborough, Northants; Cressing Temple, Braintree, Essex; Chenies Manor, Buckinghamshire;
Saling Hall, Essex; Ballymalloe Cookery School, Shanagarry, Co. Cork, Ireland; Wickham Place Farm, nr. Witham, Essex; Congham Hall Hotel, Norfolk;
Jonathan Baillie, Diseño, Londres; Geoff Whiten, Diseño, Gales; Sra. MP Giblin, Good Easter, Essex; Julia Scott, The Walled Garden, Worcester; Jorn Lang-
berg, Hillwatering, Suffolk; Tom Stuart-Smith, Diseño, Londres; The Garden in an Orchard, Norfolk; Katie Howlett por amabilísima ayuda y Mary Harpur
por su continua abnegación.

Redactor jefe delegado: Iain Macgregor
Editores: Sarah Widdicombe, Jo Weeks y Corinne Asghar
Diseñador: Ruth Hope
Editor general: Anna Osborn
Jefes de diseño: Helen Taylor y Sarah Rock
Archivador de fotos: Marcus Harpur y Mark Winwood.
Ilustraciones: Amanda Patten

Director General: Robert Oerton
Editor: Catie Ziller
Jefe de producción: Lucy Byrne

IMPRESO EN ESPAÑA - *PRINTED IN SPAIN*